本书出版得到国家文物局专项补助经费资助

绵阳汉平阳府君阙
调查研究与保护工程
技术报告

四川省文物考古研究院 绵阳市博物馆／编著

钟治 谢振斌 潘文军／主编

科学出版社

北 京

内 容 简 介

汉阙是承载两汉时期建筑、雕刻、绘画、书法等历史信息与综合艺术的重要载体，现存汉阙主要分布于四川、重庆、河南、山东等地，数量以四川最多，绵阳平阳府君阙是现存汉阙中保存最完整的一处。本书在多名学者研究成果的基础上，结合最新考古调查，对平阳府君阙的结构、画像雕刻、阙身造像、年代和阙主、史料记载、维修保护历史沿革、周边环境状况、病害现状进行了系统调查与记录，为今后保护研究平阳府君阙提供了较为翔实的资料。同时，本书介绍了平阳府君阙保护工程申报与审批、工程实施过程、工程措施、工程关键技术与主要材料等内容，特别是结合工程特点与施工中的研究成果，对保护前后阙体稳定性评价、地震对阙体的影响、垫层材料性能与作用进行了较为详细的论述，为平阳府君阙后续保护提供了详细的基础资料。

本书适合建筑历史、文物保护、艺术等领域的专业技术人员以及高等院校相关专业的师生参考阅读，也可供广大文物保护爱好者阅读。

图书在版编目（CIP）数据

绵阳汉平阳府君阙调查研究与保护工程技术报告 / 四川省文物考古研究院，绵阳市博物馆编著；钟治，谢振斌，潘文军主编. —北京：科学出版社，2023.9

ISBN 978-7-03-076304-4

Ⅰ.①绵⋯ Ⅱ.①四⋯ ②绵⋯ ③钟⋯ ④谢⋯ ⑤潘⋯ Ⅲ.①石阙 – 研究 – 绵阳 – 汉代 Ⅳ.① K879.1

中国国家版本馆 CIP 数据核字（2023）第 170746 号

责任编辑：柴丽丽 / 责任校对：邹慧卿
责任印制：肖　兴 / 封面设计：张　放

科学出版社 出版
北京东黄城根北街16号
邮政编码：100717
http://www.sciencep.com

北京汇瑞嘉合文化发展有限公司 印刷
科学出版社发行　各地新华书店经销

＊

2023 年 9 月第 一 版　　开本：889×1194　1/16
2023 年 9 月第一次印刷　　印张：15　插页：13
字数：453 000
定价：328.00 元
（如有印装质量问题，我社负责调换）

目　录

第1章　平阳府君阙调查研究

1.1　平阳府君阙综述

平阳府君阙位于绵阳市游仙区芙蓉溪仙人桥畔绵阳科技馆广场，东临芙蓉溪，南至仙人路，西距绵阳市一环路东段（原川陕公路108国道）约30m，地理坐标为东经104°46′12″、北纬31°28′24″，海拔458.5～460.5m。

多年以来，有关平阳府君阙的结构形制、雕刻和阙身六朝梁代造像，在《四川汉代石阙》[①]、《平杨府君阙考》[②]、《四川绵阳平杨府君阙阙身造像——兼谈四川地区南北朝佛道龛像的几个问题》[③]和《由墓阙到浮图——四川绵阳平杨府君阙研究》[④]等图书或论文中均有详细论述，因为以上研究成果时间较早，加之1990年之前阙身下半部分被掩埋在地表之下，所以部分描述不全，测量数据有误，经现场调查，并结合2020年夏四川大学考古文博学院对阙身造像调查的最新成果，综述如下。

1.1.1　结构

平阳府君阙（图版1～图版3）由南北两个双阙组成，相距26m，坐西向东。北阙方向72°，南阙方向68°，占地面积13.51m²，南北两阙形制相同，均为双出阙（即一主阙一附阙）。全阙采用青灰偏黄色砂岩块石和石板错缝叠砌而成，由阙基、阙身、楼部、阙顶四部分组成，其中楼部包括两层斗拱，以及"平台"、"介石"和檐枋等五层。北阙主阙通高5.47、宽2.4m，附阙通高3.38、宽1.38m（图1-1；图版4-1）；南阙主阙通高5.45、宽1.65m，附阙通高3.67、宽1.2m（图1-2；图版4-2）。

主阙共分十五层，其中阙基两层（最下面一层条石为1989年修复时所加），阙身六层，楼部五层（即两层斗拱、平台、介石和檐枋），阙顶两层；附阙现存十二层，其中阙基两层（与主阙共用），阙身五层，楼部四层，阙顶一层。

阙基：由两层石材组成。下层阙基由十块厚24cm的石板平铺而成，四方均较上层阙基宽大，无刻饰。上层阙基由三块大石条平铺而成，高40、宽285、进深190cm。阙基外表刻斗子蜀柱，形同斗子蜀柱平座，四隅和正、背面各刻有一斗，斗子上刻作地面枋。主阙阙身中线与上层阙基中部对应，附阙阙身的一半置上层阙基上，一半置下层地基石上。

阙身：主阙阙身由六层条石错缝叠砌而成，每层由两块大小各异的规整石块组成，高2.43、宽

①　重庆市文局，重庆市博物馆，徐文彬，谭遥，龚廷万等，编著. 四川汉代石阙［M］. 北京：文物出版社，1992：24-27.

②　孙华，巩发明. 平杨府君阙考［J］. 文物，1991（9）：61-69，73.

③　孙华. 四川绵阳平杨府君阙阙身造像——兼谈四川地区南北朝佛道龛像的几个问题［C］// 巫鸿主编. 汉唐之间的宗教艺术与考古. 北京：文物出版社，2000：89-138.

④　林圣智. 由墓阙到浮图——四川绵阳平杨府君阙研究［C］// 石守谦，颜娟英主编. 艺术史中的汉晋与唐宋之变. 台北：石头出版股份有限公司，2014：127-168.

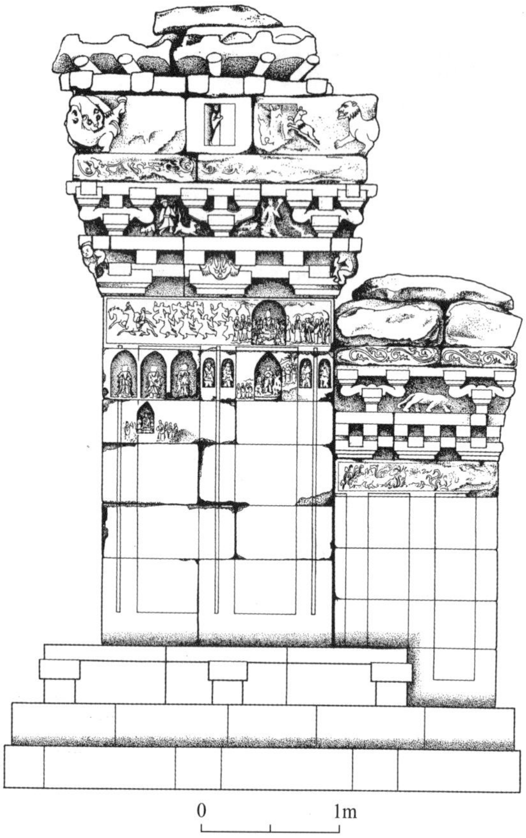

0　　　1m

(a) 北阙东立面

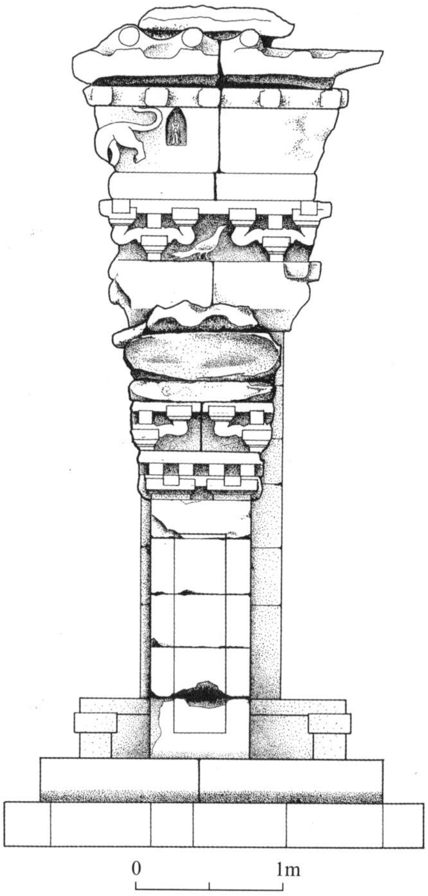

0　　　1m

(b) 北阙北立面

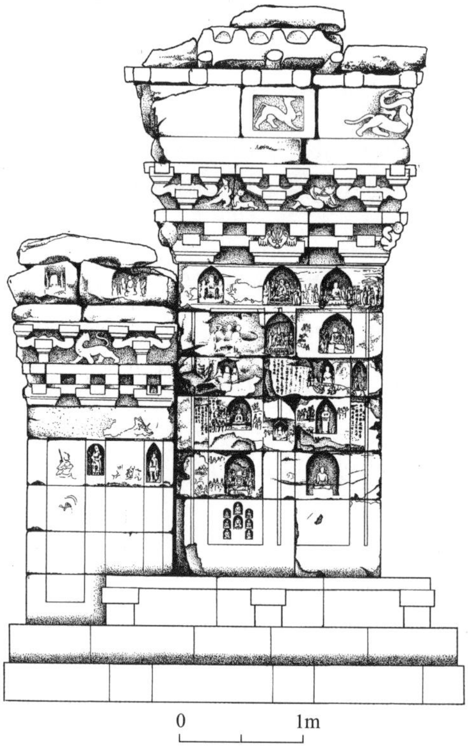

0　　　1m

(c) 北阙西立面

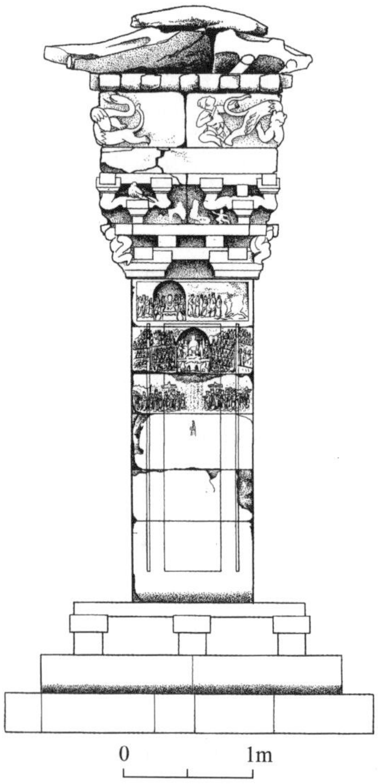

0　　　1m

(d) 北阙南立面

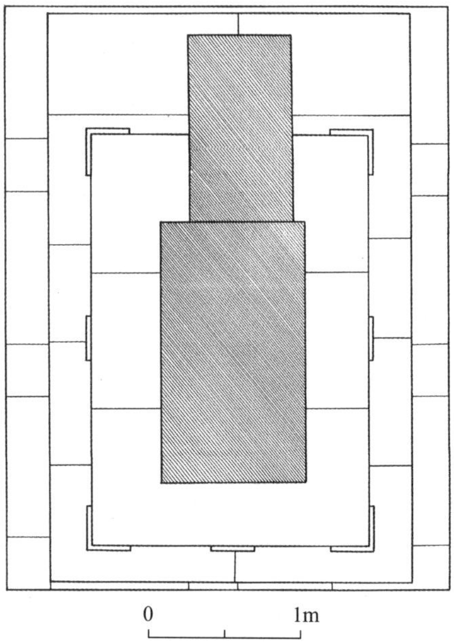

0　　　1m

(e) 北阙平面

图 1-1　北阙立面、平面图

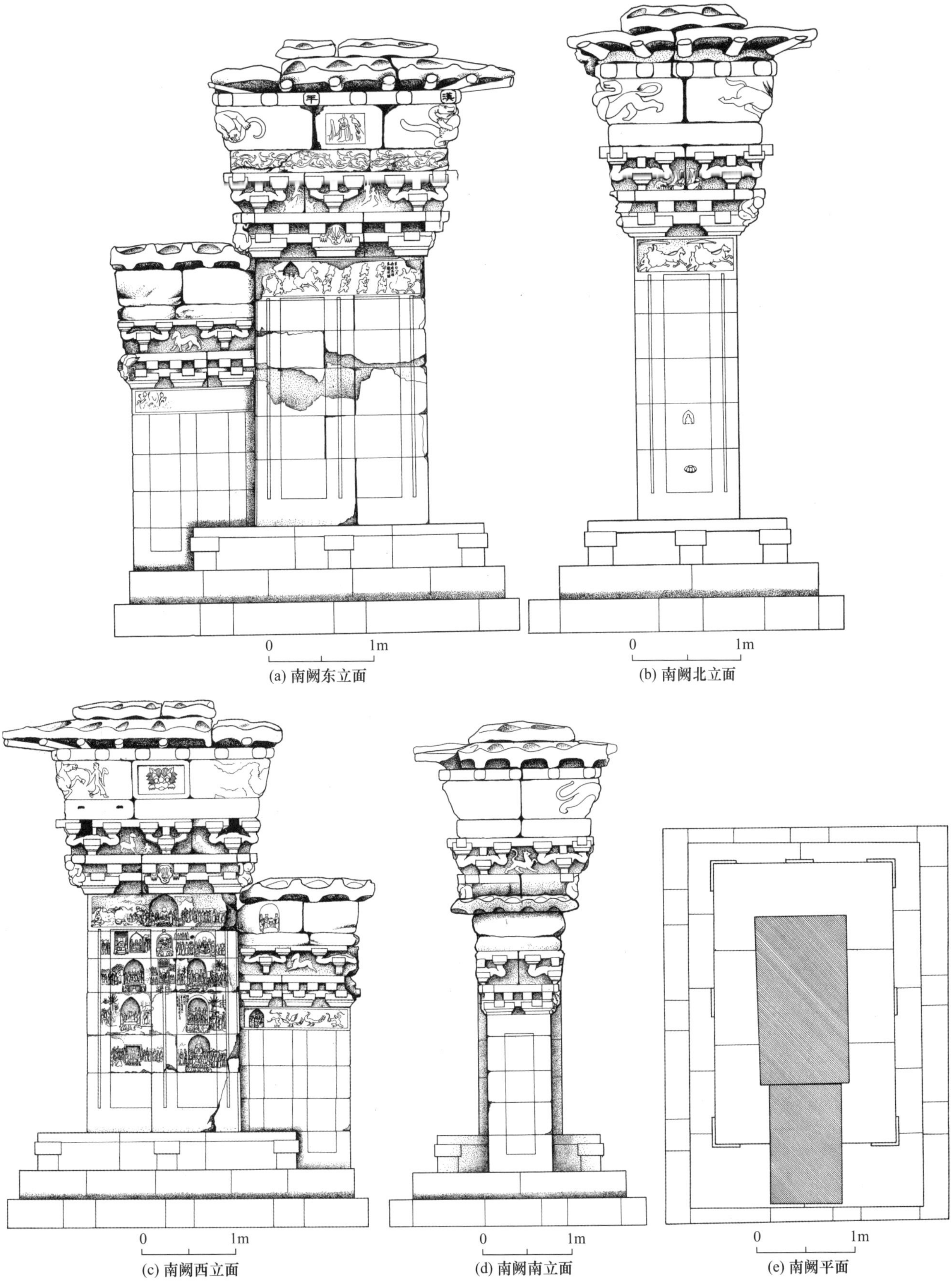

(a) 南阙东立面

(b) 南阙北立面

(c) 南阙西立面

(d) 南阙南立面

(e) 南阙平面

图 1-2　南阙立面、平面图

1.66m。正背面各刻方柱三根，柱中皆凿中分的凹槽，柱脚连以宽大的地栿，柱顶横贯宽阔的阑额。阙外观形成似面阔两间、进深一间的建筑式样。附阙由五层条石砌成，阙身高1.74（从下层地基石计）、宽1.18m。形制与主阙相同，仅柱额尺寸略小，柱中无凹槽。

楼部斗拱：由两层石条叠成。下层石条刻栌斗和两层枋。栌斗坐于阙身檐柱头上。主阙施栌斗六朵，前后各三朵。其当心栌斗形同齐心斗，外表浮雕双爪前伸的兽头；其余转角栌斗形同交互斗，承托纵横相交的枋。枋共两层，其间垫以蜀柱，枋头伸出转角栌斗外。附阙施栌斗四朵，前后檐各两朵，结构与主阙相同，仅尺寸较小。上层石条刻伸出的拱头，其上承托一斗二升式斗拱。主阙共用斗拱十朵（前后檐各三朵，两山各两朵），附阙共用斗拱四朵（前后檐及两山各两朵）。主阙的斗拱分两种形式，一种如前后檐当心的柱头铺作，拱头卷杀规整；另一种如转角铺作，拱头弯曲下垂，拱头圆和突出。两种斗拱拱心皆伸出一构件，似为梁头。附阙斗拱形式与主阙当心柱头铺作相似，仅尺寸略小，且无拱心的梁头。

楼部"平台"、"介石"和檐枋："平台"是指斗拱部分以上与一斗二升式斗拱承托柱头枋平齐的石块，与其下柱头枋相对。"介石"是指"平台"上、檐枋下的下小上大的斗状石块，用以挑出阙盖、增大出檐。檐枋为"介石"上、阙盖下，共计二十二个枋头围绕一周，其中南阙东面第一、第四、第六以及南面第一个枋头上分别残存"汉""平""杨""府"四字（图1-3）。"汉"和"平"两字清晰可见，"杨"字略模糊，但笔画明白可辨，"府"字尚依稀可识。枋头上其余诸字则漫漶不清，已不可见。

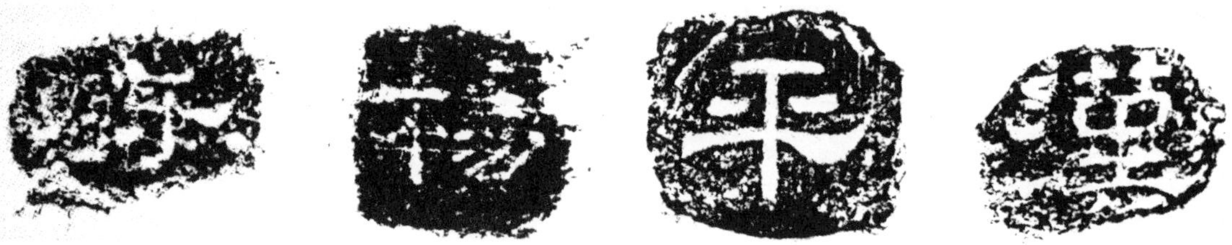

图1-3 残存阙铭文字

阙顶：为重檐四阿顶，由两层石板叠成，桷檐下刻形同薄板的"桷"和截面为圆形的"椽"。桷、椽上下相叠，其形式和作用大概与后世的檐椽和飞椽相当。屋面刻有屋脊和瓦垄。阙盖前后出檐0.58、两山出檐0.6m，举折平缓，出檐深远。阙顶之上原有脊饰，惜年代久远，脊饰皆已损坏失落。

附阙阙顶已残，尚存一些雕刻的椽头痕迹。

1.1.2 画像雕刻

在平阳府君阙主、附阙阙身顶层和楼部斗拱、平台、介石等部位分布多种题材的雕刻，形象古朴生动，技法纯熟精湛，具有较高的艺术价值。画像雕刻的描述为先北阙后南阙，从每个阙东面开始，按阙身至阙顶、先主阙后附阙的顺序逐一进行。

北阙主阙阙身顶层阑额采用减地平钑的雕刻技法雕刻"车马出行图"，总长420、宽27cm。这组雕刻虽被梁代造像破坏了一小部分，且由于风雨侵蚀，部分画像漫漶不清，但其主要内容尚可辨认，出行队列从东面阑额北端开始，朝向南方，从南面绕至西面，呈顺时针方向。队前为两导骑，其后有10名执便面的"车前伍伯"，列双行纵队随行，再后为轺车七乘，队末还有两骑吏跟从（图1-4）。

(a) 东面(局部)

(b) 西面(局部)

图 1-4　北主阙车马出行图

《续汉书·舆服志》："公卿以下至县三百石长导从，置门下五吏、贼曹、督盗贼功曹，皆带剑，三车导；主簿、主记，两车为从。县令以上，加导斧车。公乘安车，则前后并马立乘……璅弩车前伍伯，公八人，中二千石、二千石、六百石皆四人，自四百石以下至二百石皆二人。""公以下至二千石，骑吏四人，千石以下至三百石，县长二人，皆带剑，持棨戟为前列，捷弓鞬九鞬。"[①]据此，诸王、列侯、秩万石的官僚出行，其导从共有车七乘，车前伍伯八人、骑吏四人，这正与平阳府君阙的"车马出行图"相符。可知其为王、侯、王公等方能使用的规格。

斗拱部分的雕刻也分为上下两层，下层叠枋部分，主阙前后（东西）正中栌斗之上各高浮雕一铺首，分别高 26、宽 29cm 和高 24、宽 29cm。造型基本相同，为一兽头，形状似虎而头生双角，左右各伸出一爪，抓于栌斗上，形象狰狞（图版 5-1）。四角枋头交错处，各采用近似圆雕的高浮雕技法雕刻一角神。东南角角神，残高 28、宽 19cm。为一金刚力士，头戴平巾帻，袒胸露腹，肌肉健硕，抱膝耸肩，半蹲负重状（图版 5-2）。西南角角神，高 25、宽 21cm。保存较差，为一兽，似猴，背负枋木，蹲坐状。上层雕刻分别位于斗拱之间的拱壁上，均采用剔地浅浮雕的技法雕刻，因风化严重，画像大多已模糊不清，东面拱壁南侧雕一人，行走状，肩扛一杆状物。身前一走兽，立耳，长尾上翘，似犬。身后一兽，站立状，臀部向人，行人回头看向兽。高 28、宽 54cm（图版 5-3）。东面拱壁北侧画像，风化剥蚀严重，可辨一人左手上举一物，身后有一立鸟。高 28、宽 45cm。西面拱壁南侧雕持剑侧卧人。高 22、宽 52cm。图中一人穿交衽广袖短袍，左手枕头，右手持剑横于胸前，侧卧状（图 1-5；图版 5-4）。该图所反映的内容似与《史记·高祖本纪》中所载"高祖斩蛇"的故事相似。《史记·高祖本纪》载："高祖以亭长为县送徒郦山。徒多道亡。自度比至皆亡之。到丰西泽中止饮。夜乃

---

① （宋）范晔. 后汉书［M］. 唐李贤等注. 北京：中华书局，2000：2495.

解纵所送徒曰：'公等皆去。吾亦从此逝矣。'徒中壮士，愿从者十余人。高祖被酒夜径泽中。令一人行前。行前者还报曰：'前有大蛇当径。愿还。'高祖醉曰：'壮士行。何畏？'乃前，拔剑击斩蛇。蛇遂分为两，径开。行数里，醉因卧。后人来至蛇所。有一老妪夜哭。人问何哭。妪曰：'人杀吾子。故哭之。'人曰：'妪子何为见杀？'妪曰：'吾子白帝子也。化为蛇当道。今为赤帝子斩之。故哭。'人乃以妪为不诚，欲告之。妪因忽不见。后人至，高祖觉。后人告高祖。高祖乃心独喜自负。诸从者日益畏之。"[1]西面拱壁北侧画像雕有人物·奔兽。高21、长52cm。人物已模糊不清。兽双立耳，引颈回望，奔跑状（图1-6；图版5-5）。南面拱壁中部所刻已漫漶不清，似刻有两童子作附壁攀登状，其西侧斗拱雕有一鸟栖息于栌斗上。北面拱壁中部雕有一只鸟。高25、长21cm。长颈，长尾翎，敛翼，站立状。

阙顶"平台"部分采用减地平钑技法雕刻一周精美的卷草纹，惜这些雕刻大都已风化剥蚀，已不能观其全貌（图1-7）。"介石"上，东面中部剔地浅浮雕妇人启门。高26、宽21cm。刻一半启的门

图 1-5 北主阙持剑侧卧人图

图 1-6 北主阙人物·奔兽图

① 田秉锷，周骋编著. 高祖本纪汇注［M］. 太原：三晋出版社，2021：12，13.

扉，一双髻女子身着宽袖长服，正一手扶门探身眺望（图 1-8；图版 5-6）。该图两侧均有剔地浅浮雕画像，南侧惜已漫漶不清，无法辨识。北侧刻持节人物。高 25、宽 20cm。戴冠，着长袍，站立状，头上昂，身体微后倾，左手持节，右手上举似栖有一鸟。身后似有一人跟随（图 1-9）。西面中部浅浮雕一虎。高 25、宽 37cm。昂首躬身，长尾下垂，行走状（图版 6-1）。"介石"转角处的高浮雕雕刻精湛，保存相对较好，是此阙雕刻的精华。东南角为双虎咬噬，高 37、宽 130cm。作扑咬嬉戏状，一虎扑于另一虎之上，张口咬后者腹部；后者仰卧，反咬上面一虎的前爪。在上面一虎的尾部有一束发力士，身体亦裸，肌肉突起，伸臂挽住上面一虎的长尾后拽，似想将两虎分开。《山海经·海外东经》："君子国在其北，衣冠带剑，食兽，使二文虎在旁，其人好让不争。"[1] 此图似为"君子国使二虎"（图版 6-2）。东北角为雄狮捕兽，高 45、宽 136cm。为一体型硕大的雄狮，躯体均匀，肌肉发达，孔武有力，头大而圆，短耳，吻部较短，颈部有鬃毛，长尾弯曲上扬，张口露齿，追赶一兽；兽生双立耳，长颈，短尾，似兔，前足跃起，后足蹬地，回首顾望雄狮，做惊恐飞奔状（图 1-10；图版 6-3）。《尔雅·释兽》："狻麑如虦猫，食虎豹。"郭璞注："即师子也，出西域。汉顺帝时，疏勒王来献犎牛及师子。"[2] 狮子于西汉以后已由西域诸国运入中土，《汉书·西域传》说："遭值文、景玄默，养民五世，

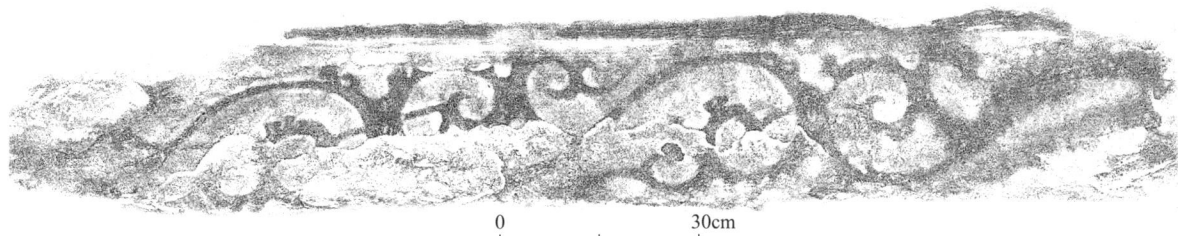

图 1-7　北主阙"平台"部分卷草纹（局部）

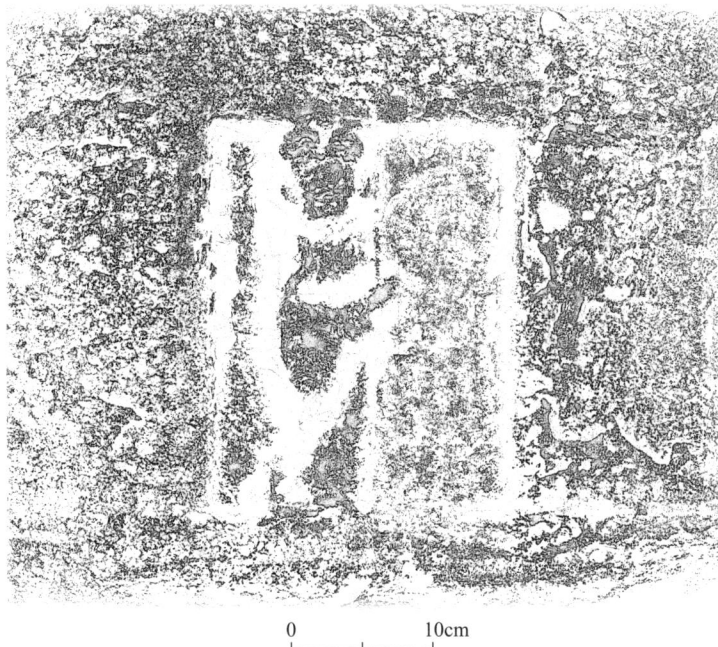

图 1-8　北主阙妇人启门图

图 1-9　北主阙持节人物图

---

① 方韬译注. 山海经［M］. 北京：中华书局，2009：199.

② （晋）郭璞注. 尔雅［M］. 王世伟校点. 上海：上海古籍出版社，2015：191.

0　　　　20cm

图 1-10　北主阙雄狮捕兽图

天下殷富，财力有余，士马强盛。故能……蒲梢、龙文、鱼目、汗血之马充于黄门，钜象、师子、猛犬、大雀之群食于外囿。"[①] 雕刻中出现狮子的形象也印证了文献的记载。西南角为交龙，高 30、宽 95cm。双龙长吻，长颈相交，龙头相对，长尾上翘，左侧一龙四肢着地，右侧一龙左前肢搭于左侧龙颈部（图 1-11）。龙为传说中的四神之一，为东方守护神，担负着升天前导的重要职责，《楚辞·九歌·大司命》有"乘龙兮辚辚，高驰兮冲天"[②] 之说，亦有辟邪压胜的作用，故汉镜中有"左虎右龙辟不祥"的铭文。

北附阙阙身顶部阑额画像采用减地平钑的技法雕刻，风化剥蚀严重，画像保存极差，似雕刻在林中狩猎的场景（图 1-12），已不能辨识全貌。

斗拱部分，在东面上层拱壁中间隐约可见雕刻有虎龙形痕迹，在西面上层拱壁中间采用剔地浅浮

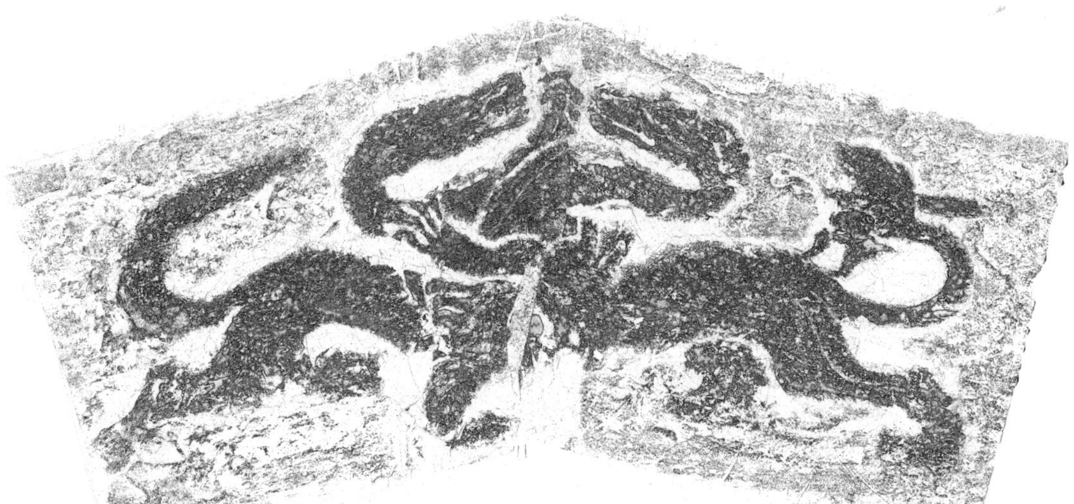

0　　　10cm

图 1-11　北主阙交龙图

---

① （汉）班固. 汉书（第 12 册）[M]. 北京：中华书局，1962：3928.

② （战国）屈原，（战国）宋玉. 楚辞 [M]. 廖晨星注译. 武汉：崇文书局，2020：46.

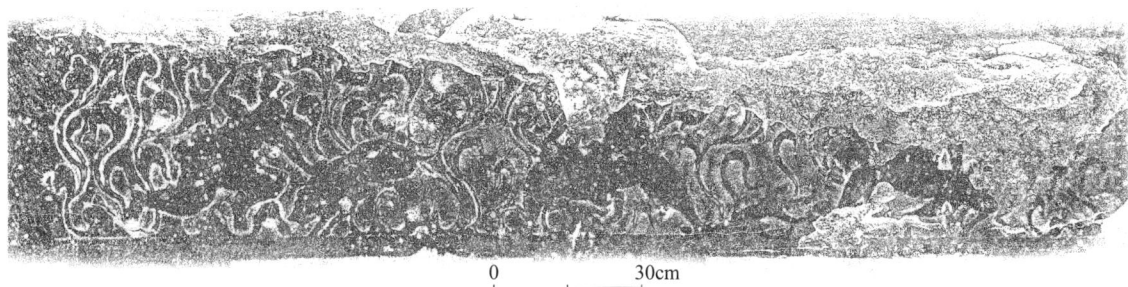

图 1-12　北附阙林中狩猎图

雕技法雕刻玄武图。

　　阙顶"平台"部分采用减地平钑技法雕刻一周精美的卷草纹，惜这些雕刻大都已风化剥蚀，不能辨其全貌（图 1-13）。

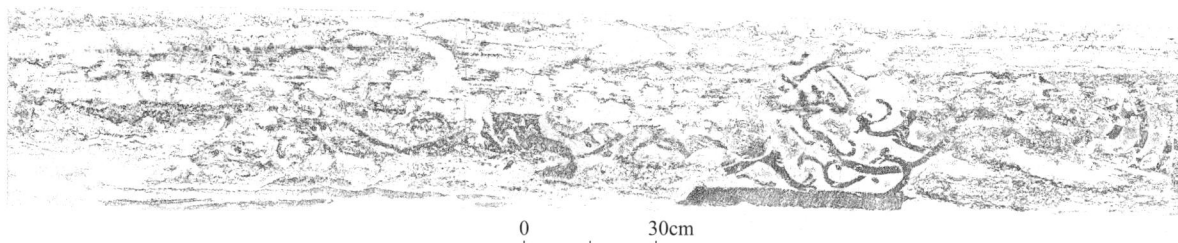

图 1-13　北附阙"平台"部分卷草纹（局部）

　　南阙画像雕刻分布位置、雕刻技法和内容与北阙画像雕刻相似，主阙阙身顶层阑额采用减地平钑的雕刻技法雕刻"车马出行图"，总长 430、宽 31cm。画像虽被梁代造像破坏了一小部分，且由于风雨侵蚀，部分画像漫漶不清，但其主要内容尚可辨认。从东面阑额北端开始，朝向北方，从北面而绕至西面，呈逆时针方向，绕阙身一周。队前为两导骑，其后有左手持便面的"车前伍伯"八名，列双行纵队呈疾行状，再后为辎车七乘。在东面导骑与车前伍佰画像之间的空白处，遗后世"辛巳八月南通冯雄来观汉阙"楷书题记（图 1-14）。

　　斗拱部分的雕刻可分为上下两层，下层叠枋部分，主阙前后（东西）正中栌斗之上各刻一铺首，分别高 25、宽 30cm 和高 28、宽 30cm。造型基本相同，为一高浮雕兽头，形状似虎而头生双角，左右各伸出一爪，抓于栌斗上，形象狰狞（图 1-15）。四角枋头交错处各采用近似圆雕的高浮雕技法雕刻一角神，保存较差，特别是东北角已残损无存。角神造型相似，均是袒胸露腹、抱膝耸肩的负重金刚力士。东南角高 30、宽 28cm，西北角高 25、宽 22cm，西南角高 24、残宽 15cm。上层雕刻分别位于斗拱之间的拱壁上，东面拱壁已严重风化，仅隐约可见三位双手上举作舞蹈状的人物。西面拱壁画像也已风化，仅可辨刻有"牵马图"和"二鸟"的轮廓。"牵马图"，残高 23、宽 48cm。刻一匹高头大马，昂头，四肢立地，身躯略后坠。马前一人，弓步，右手向后，左手曲于胸前，侧身对着马作牵马状。北侧拱壁刻师旷抚琴，高 24、宽 34cm。两人席地而坐，左侧一人着左衽长袍，作抚琴状，右侧一人着长袍，上身微前倾，双手交握放于身前，作聆听状，其上部似刻有一只飞鸟（图版 6-4）。师旷，晋平公乐师。《淮南子·原道训》[①]："师旷之聪，合八风之调。"《览冥训》[②]："昔者师旷奏《白雪》

① （汉）刘安. 淮南子［M］.（汉）许慎注，陈广忠校点. 上海：上海古籍出版社，2016：9.
② （汉）刘安. 淮南子［M］.（汉）许慎注，陈广忠校点. 上海：上海古籍出版社，2016：135.

(a) 东面(局部)

(b) 北面(局部)

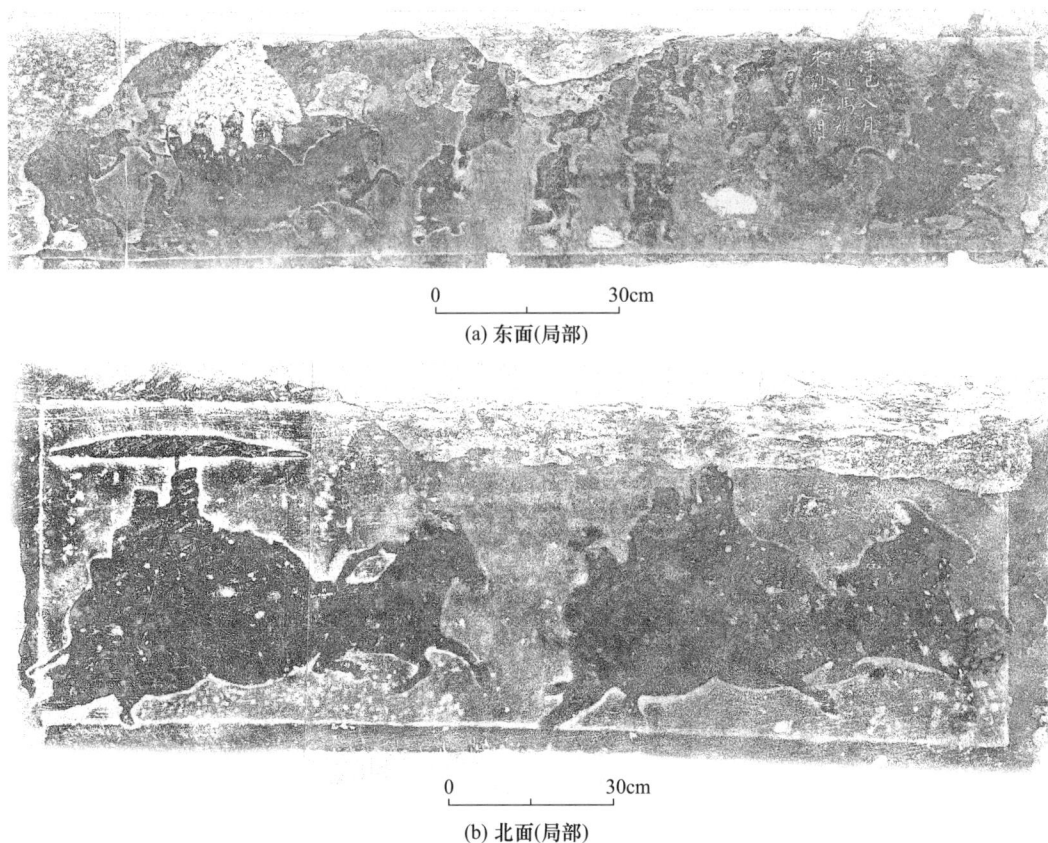

图 1-14 南主阙车马出行图

之音，而神物为之下降，风雨暴至，平公癃病，晋国赤地。"明董斯张《广博物志》卷三四引《瑞应阁》云："师旷鼓琴，通于神明，玉羊白鹊，翙翔坠投。"① 即所谓"神物下降"。南侧拱壁刻一走兽，高 29、宽 37cm。似虎，圆头，昂首挺胸，长尾下垂，行走状。

阙顶"平台"部分，采用减地平钑技法雕刻一周精美的卷草纹，惜这些雕刻大都已风化剥蚀，只余残迹。"介石"上，东面中部刻"三山图"，高 25、宽 32cm。图中刻三座山，中间一山旁有一人，似拥抱山体，右侧一山上立一体态巨大的鸟（图 1-16）。《史记·秦始皇本纪》："齐人徐市等上书，言海中有三神山，名曰蓬莱、方丈、瀛洲，仙人居之。"② 其西面中部高浮雕饕餮图，高 23、宽 36cm。为一巨大的兽头，双立耳，生双翅，似南宋罗泌在《路史》卷十三《后纪四·禅通纪·炎帝纪下》之后附录的《蚩尤传》所描述的"蚩尤，天符之神，状类不常，三代彝器，多著蚩尤之像，为贪虐者之戒，其状率为兽形，傅以肉翅"③（图 1-17；图版 6-6）。饕餮图左侧减地平钑刻人物·鸟，高 25、宽 19cm。画像左侧站立一人，头戴冠微上扬，着长袍，双手似持物捧于腹前；右侧一鸟，细长腿，回望状；人物与鸟之间的地面似放有一方形案几和尊形容器。画像中人物和鸟的构图比例失真，鸟的形体巨大。"介石"转角处雕刻有双虎、交龙和仙人翼马等画像。东南角高浮雕双虎图，残高 28、宽 95cm。作嬉戏咬噬状，两只虎上下扑咬在一起，前虎扑于后虎之上，张口咬后虎臀部，后虎风化剥蚀严重，仅余臀部和一根弯曲的长尾。东北角高浮雕交龙图，高 38、宽 104cm。龙身交绕，龙头相对，为两龙蟠结的图

---

① （明）董斯张. 广博物志 [M]. 长沙：岳麓书社，1991：727.

② 韩兆琦译注. 史记（第 1 册）[M]. 北京：中华书局，2010：538.

③ （宋）罗泌纂. 四部备要·史部·路史 [M].（明）乔可传校. 北京：中华书局，民国：80.

案（图 1-18；图版 7-1）。《周礼·春官宗伯·司常》："日月为常，交龙为旟。"[①]《释名·释兵》："交龙为旟：旟，倚也。画作两龙相依倚也。"[②]《汉书·高帝纪上》："父太公往视，则见交龙于上。已而有娠，遂产高祖。"[③]可知看见两龙相交是祥瑞之兆。西北角高浮雕仙人翼马图，高 38、宽 96cm。马体魄健壮，昂首奋蹄，扬尾嘶鸣，肩生羽翼，双翼上扬，呈飞奔状。马前一人，广袖长裾，衣饰飘飞，神态轻盈，双手上举，似各执一物，正引导翼马向前奔跑（图 1-19；图版 7-2）。《山海经·北次三经》："马成之山……有兽焉，其状如白犬而黑头，见人则飞，其名曰天马。"[④]天马，意为天之所赐，是吉祥符瑞的象征。《汉书·礼乐志·郊祀歌》："天马来，从西极，涉流沙，九夷服。"[⑤]

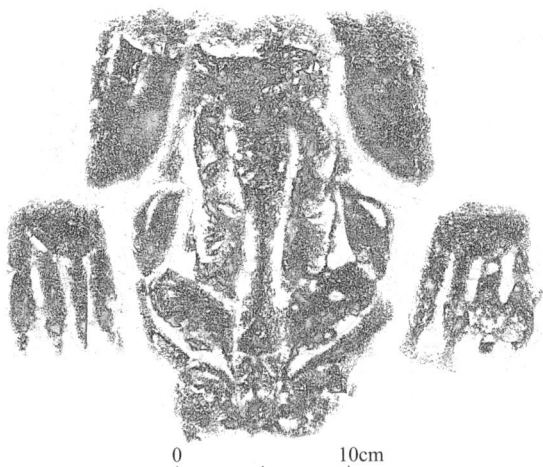
图 1-15　南主阙东侧铺首

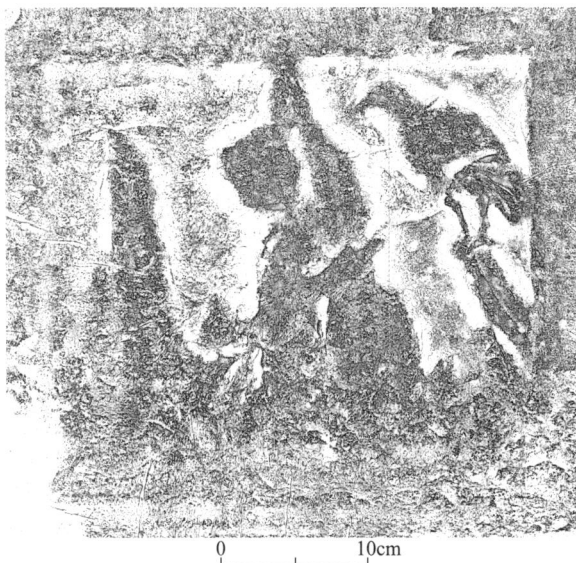
图 1-16　南主阙三山图

图 1-17　南主阙饕餮图（西面）

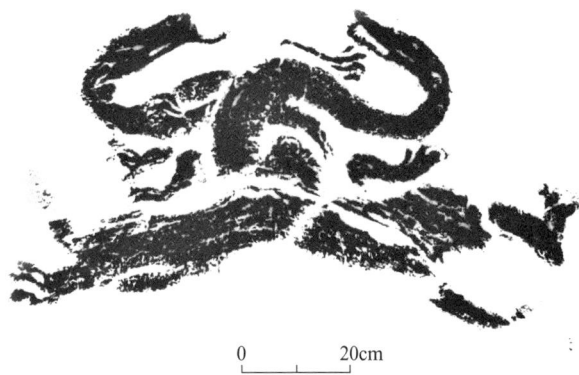
图 1-18　南主阙交龙图

① 徐正英，常佩雨译注. 周礼（上册）[M]. 北京：中华书局，2014：577.

② 郝懿行，王念孙，钱绎，王先谦等. 尔雅·广雅·方言·释名 清疏四种合刊 [M]. 上海：上海古籍出版社，1989：1089.

③ （汉）班固. 汉书（第 1 册）[M]. 北京：中华书局，1962：1.

④ 方韬译注. 山海经 [M]. 北京：中华书局，2009：73.

⑤ （汉）班固. 汉书（第 4 册）[M]. 北京：中华书局，1962：1060.

图 1-19   南主阙仙人翼马图

南附阙阙身顶部阑额画像采用减地平钑的技法雕刻，风化剥蚀严重，画像保存极差，仅在西面隐约可见两鸟和两双手上举作舞蹈状的人物，已不能辨识全貌。

斗拱部分，叠枋转角处的雕刻大多残损无存，仅余东南角的朱雀，高 19、宽 31cm。高浮雕，朱雀立于藤蔓类植物之上，呈展翅欲飞状（图版 7-3）。拱壁东西两面均采用剔地浅浮雕技法雕刻白虎图，东面白虎，长 31、高 22cm（图版 6-5）。行走状。西面白虎，长 30、高 19cm。奔跑状。白虎为西方的守护神，传说中的四神之一。《风俗通义·祀典》说："虎者，阳物，百兽之长也，能执搏挫锐，噬食鬼魅。"[①]《后汉书·礼仪志》刘昭补注云："画虎于门，当食鬼也。"[②] 可见虎能辟邪压胜。

1.1.3   阙身造像

北阙和南阙的主附阙上均有南北朝时期的造像龛分布。龛像绝大多数位于垂直且平整的主阙阙身之上，主阙楼部拱壁、"介石"、阙顶檐枋间和附阙上也分布有少量的龛像。因构筑石阙条石高度的限制，这些龛像都较小，高 30～35、宽 10～30cm，特别是北阙主阙楼部斗拱和"介石"上雕凿的微型小龛，仅高 6～10、宽 5～8cm。两阙共有南北朝造像 60 龛（组）及题记 6 则。其中北阙有 46 龛（组）及题记 5 则，南阙有 14 龛（组）及题记 1 则。大多数龛各自独立，也有数龛构成一组的，其中三龛一组者如第 2～4 号龛，五龛一组的如第 5 号龛，八龛一组者如第 22 号龛。龛两侧多有线刻的供养人，仅有第 26 号龛由于两侧要安排线刻听佛说法场面，从而将供养人刻于龛的下面两侧。这些造像体量虽小，但内容很丰富，不仅有佛教造像，还有罕见的早期道教造像，遗憾的是经过千百年的日晒雨淋和人为的损坏，所有造像都已风化剥蚀，主像的头部更无一幸存。

造像龛的编号，第 1～41 号龛遵循 2000 年孙华先生调查报告对阙身造像的编号方式 [③]。2020 年夏，

①（汉）应劭. 风俗通义校注 [M]. 王利器校注. 北京：中华书局，1981：368.

②（宋）范晔. 后汉书 [M].（唐）李贤等注. 北京：中华书局，2000：2123.

③ 孙华. 四川绵阳平杨府君阙阙身造像——兼谈四川地区南北朝佛道龛像的几个问题 [C] // 巫鸿主编. 汉唐之间的宗教艺术与考古. 北京：文物出版社，2000：89-138.

平阳府君阙保护工程竣工后，绵阳市博物馆配合四川大学考古文博学院对阙身造像开展调查时，在北阙又发现 19 个微型造像龛，从 42 号龛起依次编号。下面按照造像龛所在位置，按先北阙后南阙的顺序，分龛号逐一进行叙述。

1.1.3.1　北阙造像龛

北阙造像共 46 龛（组）以及题记 5 则，主要分布于主阙东、西、南三面，另在主阙楼部斗拱和"介石"上也分布有数量较多风化严重的微型小龛，附阙的造像均分布于楼部和"介石"西面（图 1-20）。

第 1 号龛：位于北阙主阙阙身东面第六层条石上。尖拱形龛。高 30、宽 24cm。内似刻一佛四菩萨二金刚力士像。佛及菩萨头均不存。佛右手施无畏印，左手施与愿印，结跏趺坐于衣裾铺垂的高座上。佛两侧站立四菩萨。二金刚力士像位置较菩萨像低，与两只狮子一起站立在佛座下两侧。龛外两边相对有线刻供养人，其中左侧共九人，右侧共六人，主人体态较高大，褒衣博带，头戴高冠，足着高头履立于供养人前列（图 1-21；图版 7-4）。

第 2～4 号龛：位于北阙主阙阙身东面第五层条石南部。三龛并列。均为高 35、宽 19cm 的尖拱形龛。三龛和三像的形态都非常相近，每龛内均刻立像一尊。像的头部均不存，手也大都残断。从残存迹象看，似为菩萨立像，身着的天衣都在腹部中央作"X"字形相交（图 1-22；图版 7-5）。

第 5 号龛：位于北阙主阙阙身东面第五层条石北部。尖拱形龛。高 29、宽 20cm。内刻一佛二菩萨，主尊为立佛像，头部已残，立于低矮的莲座上。两侧有二菩萨，站立于莲台上。佛像莲座两侧各有一只蹲坐的狮子。龛两侧对称分列尖拱形小龛四个，龛内各刻立像一尊，立像均手持护法器具，可能为四天王之像。在主龛与两侧小龛之间有线刻供养人，因风化残蚀，仅可辨大致轮廓。供养人分上、下两层排列，上层可见华盖，左侧尚有树木（图 1-23；图版 8-1）。

第 6 号龛：位于北阙主阙阙身东面第四层条石南部。尖拱形龛。高 20、宽 12cm。内刻一佛二弟子。佛像结跏趺坐于不高的佛座上，右手施无畏印，左手印相不清。两侧各立一弟子。龛两侧有线刻供养人（图 1-24）。

第 7 号龛：位于北阙主阙"介石"北面即第十二层条石的东侧。尖拱形龛。内刻一立像。因该龛位于阙的迎风面且失去了阙盖的遮掩，造像风化残损严重，模糊不清。

第 8 号龛：位于北阙主阙阙身西面第六层条石北部。尖拱形龛。高 29、宽 18.5cm。保存不好，从残迹隐约可见造像三尊，造像内容估计是一佛二菩萨（图 1-25）。

第 9 号龛：位于北阙主阙阙身西面第六层条石中部，处在北阙西面造像区上方的中央，位置显要，造像也较复杂。尖拱形龛。高 34、宽 32cm。龛两侧为了容纳较多的造像，略向外扩展。龛内造像九躯，除了一佛二菩萨二弟子二金刚力士外，还有二供养人像。佛头已毁，结跏趺坐于座上，衣襞漫垂于座前。佛像后有圆形头光，背光已剥蚀不清，仅可见背光上有七尊小化佛。二菩萨立于台座上，身着交结于胸腹前的帔帛，头部也有圆形头光。二金刚力士立于佛台座下的两侧，左侧者双手持剑，右侧者所持不明。佛与菩萨间为二弟子，菩萨与金刚力士间有着俗家装束的二人，其体量较小，当为供养人形象（图 1-26；图版 8-2）。

第 10 号龛：位于北阙主阙阙身西面第六层条石南部。龛上部残损。残高 32、宽 25cm。内造像七躯，计有一佛二菩萨四金刚力士，布局同第 12 号龛。佛像胸部以上已毁，手印不明，结跏趺坐于座上。二菩萨立于佛的身后两侧，均有圆形头光，右侧者右手上举。四个护法的金刚力士分两上两下布列，上面者戎装徒手，下面者帔帛持剑或金刚杵。二狮子对蹲于佛座两侧。龛外两边为线刻供养人。

(a) 东立面

(b) 北立面

(c) 南立面

(d) 西立面

0   1m

图 1-20   北阙造像龛分布示意图

0　　　　　　　　　15cm

图 1-21　第 1 号龛

0　　　　　　　　　20cm

图 1-22　第 2~4 号龛

0　　　　　　　　　20cm

图 1-23　第 5 号龛及龛侧天王

图 1-24　第 6 号龛

图 1-25　第 8 号龛

图 1-26　第 9 号龛

其中左侧有十人：主人形体高大，褒衣博带，立于华盖下，随从有比丘尼和梳单髻、双髻的侍者；右侧在一道曲线上露出五人的上半身，曲线当表示步障，五人有单髻者三、双髻者一、比丘尼一，从施步障的情况来看，应该都为女供养人（图 1-27；图版 9-1）。

　　第 11 号龛：位于北阙主阙阙身西面第五层条石北端。尖拱形龛。高 32、宽 22cm。龛残损严重，仅可见一佛二菩萨的残迹。佛结跏趺坐，后有尖桃形头光，隐约可见内刻七尊小化佛（图 1-28）。

　　第 12 号龛：位于北阙主阙阙身西面第五层条石中部。尖拱形龛。高 34、宽 22cm。龛内造像内容

0   10cm

图 1-27　第 10 号龛

0   10cm

图 1-28　第 11 号龛

较丰富，作一佛二菩萨四金刚力士的布局。佛像头及左半身均已毁，手印不明。佛跌坐于高座上，衣襞下垂，座前有三足香炉一个。佛像有圆形头光及尖叶形背光，头光内有七化佛，背光中央为坐于莲台上的佛像，两侧排列人物坐像，当为释迦牟尼说法场面。两侧二菩萨及二金刚力士均立于坛座上，头已残损，仅存圆形头光，左侧菩萨和金刚力士的形态基本可见，菩萨左手上举，帔帛交结于胸前；金刚力士穿甲，左手置腰际，右手握拳于胸前。坛座下的二金刚力士也只有左侧者尚存，为身着飘扬帔帛的形象，双手持金刚杵。佛座前的两侧原各有狮子一只，已残沥殆尽，仅有前足尚可辨识。龛左侧的线刻人物：上层为一手施无畏与愿印的立于覆莲台上的菩萨，身后单髻和双髻侍从各一；下层为供养人五六人，主人褒衣博带，立于华盖下，后有树木二株（图1-29；图版9-2）。

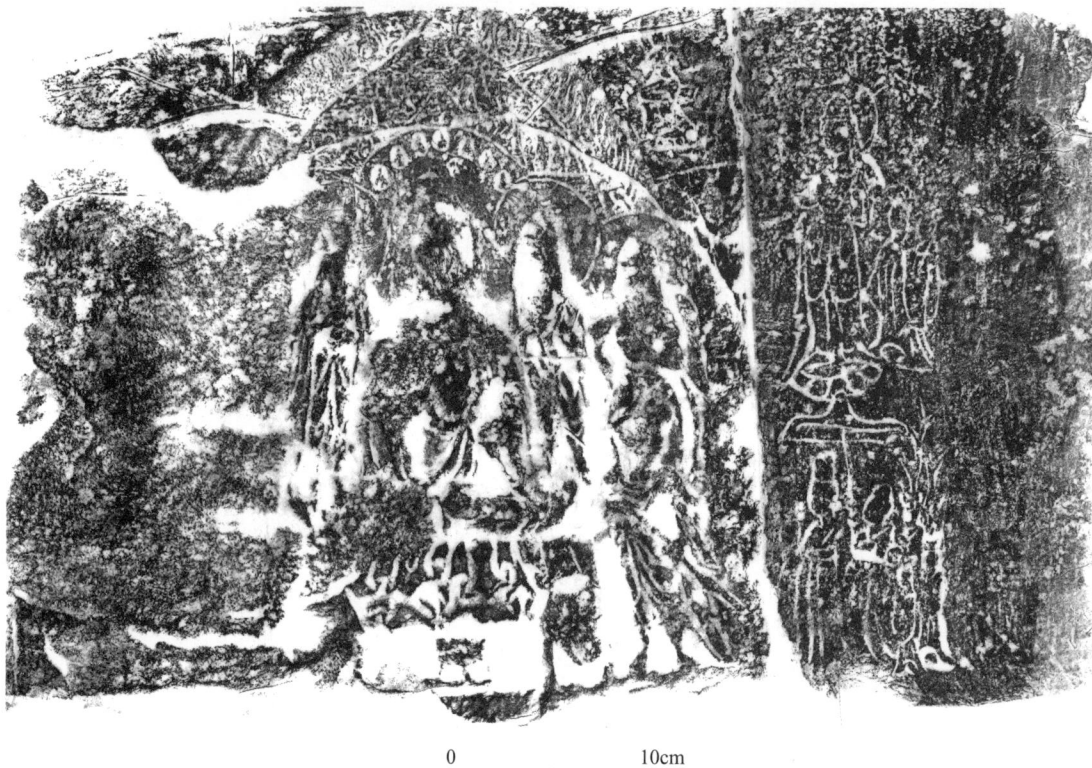

0　　　　　　10cm

图1-29　第12号龛

0　　10cm

图1-30　第13号龛

第13号龛：位于北阙主阙阙身西面第五层条石南端。尖拱形龛。高32、宽30cm。龛两侧外扩，使龛内七躯造像相对显得疏朗。造像残损严重，从残迹看，应为一佛四菩萨二金刚力士。主像头已失，身着通肩大衣，跌坐于座上，背光内隐约可见七尊小化佛。胁侍菩萨仅辨轮廓，两侧的金刚力士仅左侧保存稍好，金刚力士头有发髻，身有帔帛，双手持剑，颇有气势（图1-30；图版10-1）。

第14号龛：位于北阙主阙阙身西面第四层条石北部。尖拱形龛，残损严重。高26、宽16cm。龛内造像似为一佛二菩萨二金刚力士。主像及右侧金刚力士像已不可辨识，二菩萨仅可辨轮廓和衣饰，后有圆形头光。左侧金刚力士双手举于胸前，手握一物，大概是金刚杵。龛外左侧残留线刻供养人像；右侧上方线刻二人，衣带飘起，估计是飞天。飞天身后有题记"大通三年闰月廿三口弟子许善"（图1-31）。

第15号龛：位于北阙主阙阙身西面第四层条石南部。尖拱形龛。高约19、宽12cm。龛内造像大

图 1-31　第 14 号龛

多损毁，仅存结跏趺坐的主像下部及右侧的金刚力士像。主像原有背光，现仅可见背光上的七尊小化佛。主像衣襞下垂于龛外，其下有一对蹲着的狮子。龛外两侧有线刻供养人各二，左侧供养人体态较大，惜均仅余下部。右侧供养人一为僧人，一为胳膊下挟一物的女子，其上方还有飞天的残迹。在右侧供养人外刻有题记一通，共 10 行，前六行上端二三字已残，剩下的文字为："□□辛未岁三月三日，佛弟子章景□□ / 闻妙本虚寂，逾百非之表，灵 / □□□，穷万机之首，无言（？）建神 / □□何能洗于真极，故假形教 / □□被乎遐劫。《经》云：若能修豪□ / □□法，其福实难思议。窃不量 / □辄尔，发心奉为梁主至尊敬 / 造无量寿佛，依碑石像一躯。并为 / 亡长兄□建立，已蒙成就，普□□ /，仰愿圣祚延□"（图版 10-2）。该题记因年代久远，阙体石质风化，铭文字形较小，释读较困难，所以铭文中干支纪年的"辛未"[梁简文帝萧纲大宝二年（551）]或又可释作"丁未"[梁武帝萧衍大通元年（527）]（图 1-32）。

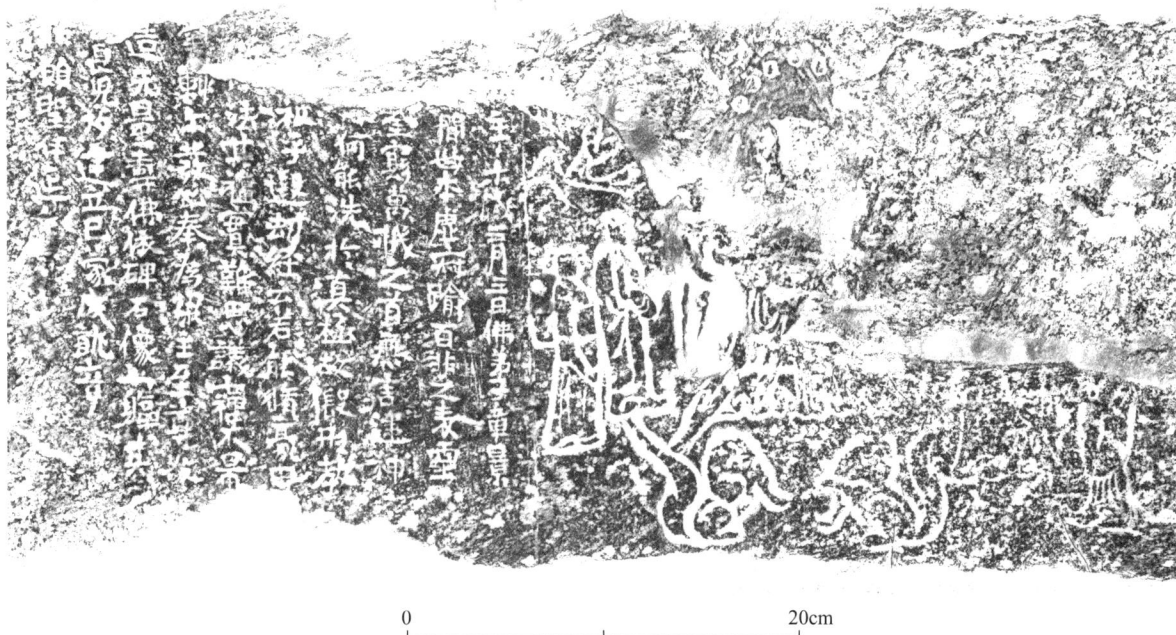

图 1-32　第 15 号龛及题记

图 1-33　第 16 号龛

第 16 号龛：位于北阙主阙阙身西面第四层条石南端。尖拱形龛。高 21、宽 11cm。内造像三尊。主像为立像，着菩萨装，上部已残，旁立二弟子。龛下有二狮子。龛外左侧有供养人五，主人戴冠立于华盖之下。此龛只左边有供养人像，右边因空间已被第 15 号龛供养人像占据，故未雕刻供养人。据此可知，此龛的开凿应在第 15 号龛雕凿完毕以后，龛内主像应当也是观世音菩萨立像（图 1-33）。

第 17 号龛：位于北阙主阙阙身西面第三层条石北部。尖拱形龛。高 26、宽 20cm。龛内造像似为一佛二菩萨，中央佛像结跏趺坐，头部较圆，有头髻，身着通肩大衣，衣襞垂于座前，双手置于胸前。左右菩萨立于莲台上。龛外两侧有线刻人物若干：上部龛拱外侧各有一像结跏趺坐于莲台上，像旁隐约可见侍从若干。下部龛壁两侧为供养人像，左侧为男供养人，人数为两人或两人以上；右侧被步障围绕的是女供养人，数量较多，发髻或单或双，还有作蝴蝶髻的，这应与身份和年龄不同有关。在右边线刻人物北侧刻有造像题记两则。其一为："观音大士　佛像 / 大通三年闰月廿三日弟子许善。"其二为："□□年闰月廿三日，道洪于造□无 / □□像一躯，为七世父母及大正 / □□，愿生生世世 / 普同斯乐。"第一则题记起首"观音大士"与"佛像"之间有一空白未刻字，应该是表示观音大士成佛像之意，这也与主尊作佛装相符（图 1-34；图版 11-1）。

图 1-34　第 17 号龛及题记

第18号龛：位于北阙主阙阙身西面第三层条石中部。龛有内圆外尖的龛楣。高15、宽12cm。造像为一主尊四胁侍，主尊结跏趺坐于低座上，两侧有二弟子和二金刚力士。龛外原有线刻供养人，现仅右侧尚有一人依稀可见（图1-35）。

第19号龛：位于北阙主阙阙身西面第三层条石南部。尖拱形龛。高25、宽15cm。造像为一主尊二胁侍，主尊为立像，双手置于胸前。左右胁侍像已经难以辨识。龛两侧线刻供养人像四组：左侧上方四人，下方三人，从服饰看，男女皆有。右侧上方有男女五人，主人体态较高居前，侍从由前而后体形渐矮；下方供养人有华盖、步障，其下部残沥，人数不明。供养人旁有题记一通，共四行："□通三年七月，/□□□□念敬造光世音/□□一躯，愿过去七世父母/□□现在眷属"（图1-36；图版11-2）。

图1-35　第18号龛

图1-36　第19号龛

第20号龛：位于北阙主阙阙身西面第二层条石北部。龛似为圆拱形，龛的上下端已经残缺。高约19.5、宽26cm。造像为一佛二弟子二菩萨二金刚力士。佛像头已失，身披通肩大衣，双手交叠放于腹部，似作禅定印，结跏趺坐于低矮的座上，衣裾铺垂于座旁。二弟子和二菩萨立于佛像身后，其中左侧菩萨今可见下半身。二护法的金刚力士立于佛座两侧，均作抱拳之形。在龛外右侧有线刻供养人像，分上下两组，已风化剥蚀，不很清晰。供养人右侧有两排线刻人物形象，位于上方者残损严重，位于下方者衣带飘起，头戴冠，有头光（图1-37）。

第 21 号龛：位于北阙主阙阙身西面第二层条石南部。圆拱形龛。高 32.5、宽 27.5cm。该龛似未完成，仅雕凿出了主像和佛座的轮廓，佛像作趺坐状，双手放于胸腹部，似作禅定印。像头部已残，龛外座下有未雕完的莲瓣（图 1-38）。

0 ——— 10cm

图 1-37　第 20 号龛

0 ——— 10cm

图 1-38　第 21 号龛

第 22 号龛：位于北阙主阙阙身西面第一层条石中部偏上。造像为七佛题材造像，由一稍大的主龛与七个较小的龛所组成，龛纵向分为三列，中央一列两龛，两边两列三龛。中央一龛稍大，下端最大的一龛高 9、宽 7cm，上端的一龛高 6.5、宽 6cm；两边两列的龛较小，每龛都高 7、宽 5.5cm 左右。龛内各有坐像一躯，像的姿势略有差异，两侧有的龛内坐像身体略侧，头上似乎无发髻。由于像太小，双手放置状况不清（图 1-39；图版 12-1）。

0 ——— 10cm

图 1-39　第 22 号龛

第 23 号龛：位于北阙附阙阙身西面第四层条石的中央立柱上。尖拱形龛。高 24、宽 14cm。内刻一菩萨立像，像的头部不存，上身也仅见轮廓，下身中央的垂带和两侧的帔帛均清晰可见（图 1-40；图版 12-2）。

第 24 号龛：位于北阙附阙阙身西面第四层条石的南侧立柱上。龛为窄长的尖拱形。高 28、宽 13cm。内刻菩萨立像一尊。像上部已残缺，下部可见褒衣博带的菩萨装，当为观世音像，龛的右侧有线刻供养人像数个，其中主人及其上的华盖还清晰可辨（图 1-41；图版 12-2）。

图 1-40　第 23 号龛

图 1-41　第 24 号龛

在北阙附阙阙身西面第三、四层的条石上还分布有四个较大的线刻半身人像，这四个像对称排列在附阙阙身立柱间的壁面上，这些雕刻好像还没有完成，仅用阴线勾勒了大致轮廓，从手持武器推测为四天王像（图 1-42）。

第 25 号龛：位于北阙主阙阙身南面第六层石条上。圆拱形龛。高 32、宽 25cm。龛内造像损坏严重，可辨为一佛二弟子四金刚力士，主尊头部残缺，身着通肩大衣，作跏趺坐，衣裾铺垂于座前，座下两侧有相对蹲坐的狮子。前方两侧为金刚力士。龛外两侧为线刻供养人群像，场面较大，左侧十人，右侧七人（图 1-43；图版 13-1）。

第 26 号龛：位于北阙主阙阙身南面第四、五层条石上。为平阳府君阙的造像龛中尺寸最大、内容最复杂的一龛。圆拱形龛。高 32、宽 26cm。分上、下两部分。上部似为一佛坛，佛坛上刻一佛十弟子四菩萨。佛有圆形头光，头已残，结跏趺坐矮座上，佛两侧有四位胁侍菩萨，弟子像仅见轮廓，左右各五人，站立于佛像与菩萨身后。主尊下方有双狮与两位朝向中央、双手举于胸前呈跪姿的人物，可能是跪拜的僧人。在龛外左右两侧为线刻的众多僧人与信众听闻佛法的场面。听众两面对称呈"八"字形布局，以表示其位置在佛之前。听众每面前后排成三行，每行同坐于一张长条形座席上，其中左侧的第二列和右侧的第一列为俗家装束的男女，其余为比丘或比丘尼。在座席的两端分别有一根细长的

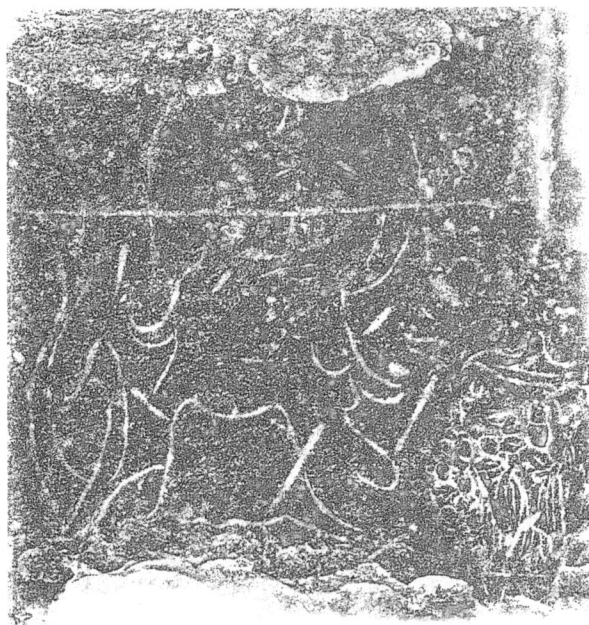

(a) 第23号龛左侧

(b) 第23号龛左下方

(c) 第23号龛右侧

(d) 第23号龛右下方

图 1-42　北附阙四天王

0 _____ 15cm

图 1-43　第 25、41 号龛

经幢，其中内侧两根与佛龛两侧相接。左侧经幢外刻一单层佛塔。右侧经幢外还有听说法者两行。在左右两侧听说法者的上方各有一场面较小的佛说法图，相互对称。左侧画面较明显，中央有一坐于莲花座的坐像，有头光，两侧各有五位僧人。莲座下为一附有莲瓣的香炉。下方两侧各有两排坐于席上的僧人，右侧各三人，左侧前方为五人，后方四人，也作"八"字形构图。右侧上方仅隐约可见有头光、坐于莲座上的主尊，以及右侧五位僧人的头部。在龛下（即第四层条石中央）有题记一通，题记共八行，字数较多，排列工整，刻写流畅，惜风化剥蚀，文义不辨。题记的两侧阴线刻供养人礼佛场面，左侧共十八人，男主人头戴冠，前有女子手捧供品引导，后有人手举伞盖护护。右侧共十人，女主人发髻后垂，前后皆有双髻女子挽扶，上有华盖遮护。主人后面簇拥着家眷随从，他们大小不同，发式多样，后面都有步障遮隔。该组供养人数量较多，排列错落有致，线条简练流畅，系南朝线雕佳作（图 1-44；图版 13-2）。

　　第 41 号龛：在北阙主阙阙身南面第六层条石的东侧偏上。圆拱形龛。高 11、宽 6.5cm。龛内造像一尊，为一坐佛像，左手上举施无畏印，右手不明（图 1-43）。

　　第 42 号龛：位于北阙主阙西面南侧楼部上层斗拱的梁头上。拱形浅龛。高 6、宽 5cm。内雕坐像一尊，风化严重，仅存轮廓。

　　第 43～47 号龛：位于北阙主阙西面楼部第二层枋上，从北至南依次分布。均为拱形浅龛，内有造像一尊。第 43 号龛，高 8、宽 6cm。雕一身菩萨立像，风化严重，仅余轮廓（图 1-45）。第 44 号龛，高 8、宽 6cm。雕一结跏趺坐佛（图版 14-1）。第 45 号龛，高 8、宽 5cm。雕立像一尊，可能是思惟菩萨。第 46 号龛，高 7、宽 6cm。雕结跏趺坐佛一尊，风化严重（图 1-46）。第 47 号龛，高 7、宽 6cm。雕结跏趺坐佛一尊，风化严重，仅存轮廓。

　　第 48～52 号龛：位于北阙主阙西面楼部第一层枋与第二层枋之间蜀柱以及蜀柱间壁板上，从北至南分别开凿。第 48 号龛，高 7、宽 6cm。拱形浅龛，雕一结跏趺坐佛（图 1-47）。第 49 号龛，龛下半部分已残损。残高 6、宽 6cm。拱形小龛，内雕造像一尊，仅余上半身，风化严重（图 1-48）。第 50 号龛，高 18、宽 14cm。拱形浅龛，龛内造像为一佛二菩萨，佛结跏趺坐于覆莲台上，二菩萨侍立两侧。龛外两侧线刻供养人两组，左侧两排，共五人；右侧一排，可辨识的有四人，从服饰看，男女皆有（图 1-49；图版 14-2）。第 51 号龛，高 7、宽 6cm。拱形浅龛，内雕坐像一尊，风化严重，仅见残迹（图 1-50）。第 52 号龛，高 6、宽 6cm。拱形浅龛，内雕坐像一尊，风化严重，仅见残迹。

0 　　　　　　　　　20cm

图 1-44　第 26 号龛

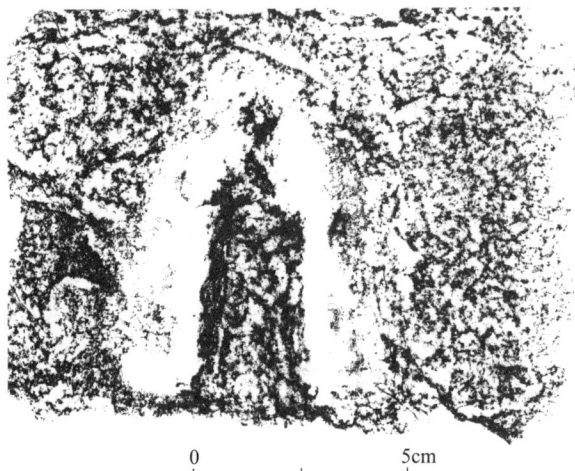

0 　　　　　5cm

图 1-45　第 43 号龛

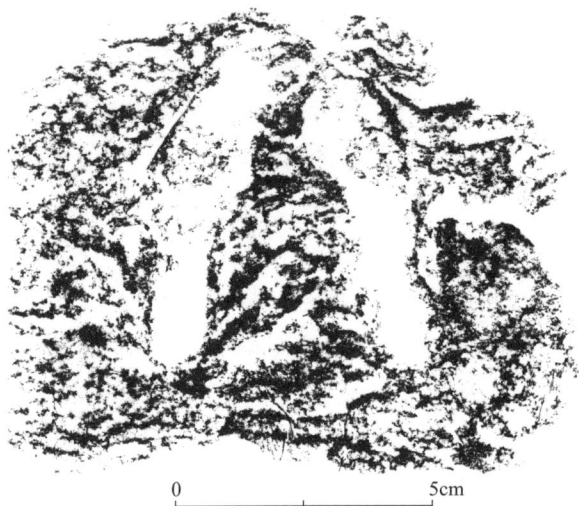

0 　　　　　5cm

图 1-46　第 46 号龛

图 1-47　第 48 号龛

图 1-48　第 49 号龛

图 1-49　第 50 号龛

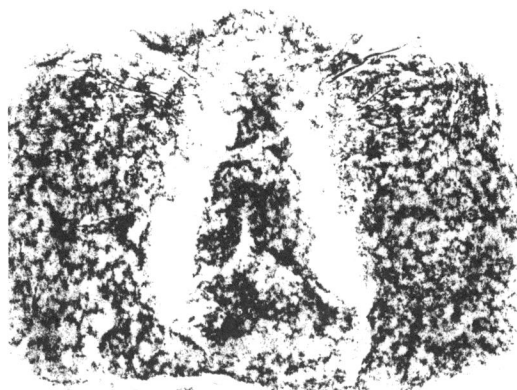

图 1-50　第 51 号龛

第 53 号龛：位于北阙主阙西面楼部第一层枋北部。高 7.5、宽 7cm。拱形浅龛，内雕坐像一尊，风化严重，仅存轮廓。龛外线刻有供养人像，左侧供养人像仅存残迹，右侧仅见一梳双髻供养人像（图 1-51）。

图 1-51　第 53 号龛

第 54 号龛：位于北阙主阙西面楼部底层栌斗之间的北侧壁板。高 7.5、宽 6cm。拱形浅龛，内雕坐像一尊，似为菩萨像，风化严重（图 1-52）。

第 55 号龛：位于北阙主阙西面楼部底层栌斗之间的南侧壁板。高 6.5、宽 6.5cm。拱形浅龛，内雕坐佛一尊，风化严重，仅见肩部以下的轮廓（图 1-53）。

图 1-52　第 54 号龛

图 1-53　第 55 号龛

图 1-54　第 57 号龛

第 56 号龛：位于北阙主阙阙身西面第二层条石北部，第 20 号龛南侧偏下。高 8、宽 5cm。拱形浅龛，风化严重，仅见龛形。

第 57 号龛：位于北阙附阙西面"介石"北部。拱形浅龛。高 23、宽 19.5cm。龛内雕一佛二菩萨，佛结跏趺坐，二菩萨侍立两侧。龛内造像风化严重，仅见轮廓（图 1-54）。

第 58 号龛：位于北阙附阙西面"介石"南部。龛上半部分残损。残高 18、宽 28.5cm。龛内造像五尊，似为一佛二菩萨二金刚力士，佛结跏趺坐，两侧分列两身立像，似为一菩萨一力士。龛内造像均风化严重，仅见轮廓（图 1-55）。

第 59 号龛：位于北阙附阙西面楼部底层中部栌斗上。拱形小龛。高 6、宽 5cm。龛内有立像一尊，风化严重，仅见轮廓（图 1-56）。

第 60 号龛：位于北阙附阙西面楼部底层南侧栌斗上。拱形小龛。高 5、宽 6cm。龛内有坐像一尊，风化严重，仅见轮廓。

1.1.3.2　南阙造像龛

南阙造像均集中分布在阙身的西面。造像共 14 龛，其中以主阙阙身顶层（第六层）中央一龛位置最显要，龛形最宽大，造像也最丰富。由此可知该阙造像是以此龛为中心，从上至下雕刻，附阙造像则分别分布在"介石"和阙身顶层（第五层）（图 1-57）。

0　　　　　　　　　10cm

图 1-55　第 58 号龛

0　　　　　　　5cm

图 1-56　第 59 号龛

图 1-57　南阙西立面造像龛分布示意图

第27号龛：位于南阙主阙阙身西面第六层条石中央。圆拱形龛。高34、宽30cm。是此群造像龛中最大的一龛。其内共造像十一躯，为一佛四弟子四菩萨二金刚力士，在龛的后壁背光中央有一坐佛，两旁或立或坐众多人物，当为佛说法场面。佛结跏趺坐于方座上，头及右手已残缺，左手下垂似呈施与愿印的姿势，佛像褒衣博带，覆盖在佛座上的衣裙褶纹清晰可见。四菩萨仅下部还较清楚，右两尊胁侍菩萨头光尚存。两金刚力士似头有发髻，左侧力士双手按杵拄地，右侧者则作拔杵之状。四弟子相间立于佛与菩萨和菩萨与金刚力士的身后。在龛外两侧各有一狮子（右侧者已毁），其外为线刻的供养人。左侧共十七个供养人，第一人作比丘装束，第四人为褒衣博带的主人，前后侍从男女老幼皆有，其中一人捧供物，一人挟坐席；右侧供养人数量较少，仅有七位，其中第三人为立于华盖下的主人，主人身躯高大，褒衣博带（图1-58；图版15-1）。

图1-58　第27号龛

第28号龛：位于南阙主阙阙身西面第五层条石北部。方形宝帐龛。高26、宽16cm。内刻一主尊二胁侍。主像头已失，衣袖宽大，双手置于胸前，前有凭几。左右胁侍呈拱手站立状，左侧胁侍头部明显可见发髻，应为道教造像龛，龛下（前）有垂帛和几案。龛外右侧有线刻供养人七人，主人为女像，后有步障。

第29号龛：位于南阙主阙阙身西面第五层条石北部，在第28号龛南侧与其并列。尖拱形龛。高18、宽12cm。内刻一主尊二胁侍。主尊为结跏趺坐佛像，胁侍为菩萨像。龛外左侧线刻供养人八人，主人为身躯修长的戴冠男子，侍者为其张举华盖。

第28、29号龛两龛并列，间距仅有4cm，主尊位于同一水平高度，供养人左右对称，朝向中央两像龛，应是一组双龛，右侧是道像，左侧是佛像，为佛道并坐像（图1-59；图版15-2）。

第30号龛：位于南阙主阙阙身西面第五层条石中央，在第27号龛下方。尖楣圆拱形龛。高16、宽12cm。内刻一主尊四胁侍。主尊为趺坐像，褒衣博带，双手交叠施禅定印。龛下有相对蹲坐的狮子。龛左侧线刻供养人分上下两层排列，上层七人，下层八人，上下似有男女之别（图1-60-a；图版16-1）。

第31号龛：位于南阙主阙阙身西面第五层条石南部。尖拱形龛。高27、宽22cm。内刻一佛二菩萨二金刚力士。佛结跏趺坐于高座上，右手上举似施无畏印，左手下垂施与愿印，衣裾漫垂于座前。二菩萨立像位于佛像侧后，二金刚力士与二狮子立于座下。龛左侧线刻供养人（图1-60-b；图版16-2）。

第32号龛：位于南阙主阙阙身西面第四层条石北部。尖拱形龛下部向外凸出。高36、宽28cm。内刻一主尊六胁侍或一佛二菩萨四金刚力士。佛为结跏趺坐像，头部已残缺，双手印相已不可辨识，

图 1-59　第 28、29 号龛

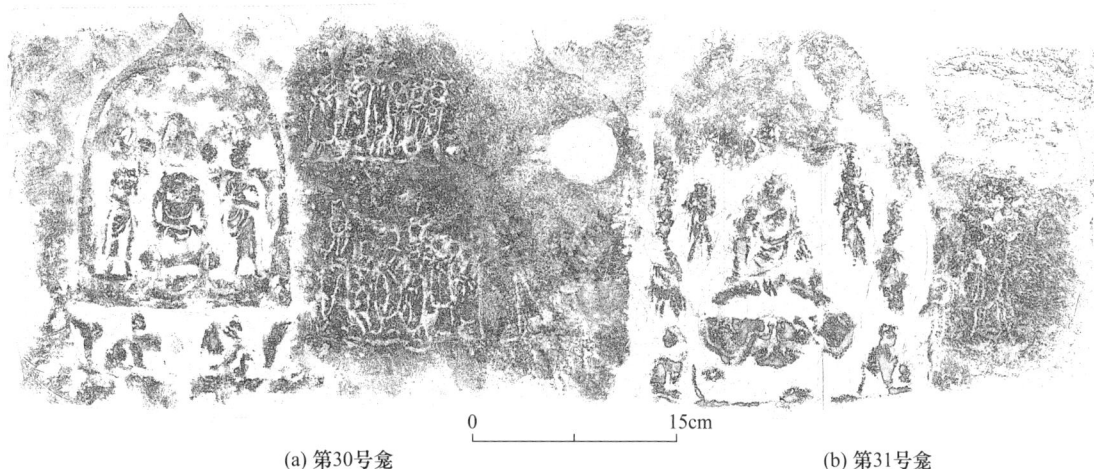

(a) 第30号龛　　　　　　　　　　　　　(b) 第31号龛

图 1-60　第 30、31 号龛

衣襞下垂，覆盖在半球形的座上。二菩萨立于低矮的莲台上，已基本风化剥蚀。后上方的两个金刚力士似乎身披甲胄，一手向上挥拳；前下方的两个金刚力士头有发髻，身着帔帛，双手持金刚杵。龛下部两侧对立二狮子及狮奴。龛右侧线刻供养人（图 1-61；图版 17-1）。

第 33 号龛：位于南阙主阙阙身西面第四层条石中央，在第 30 号龛下方。长方形宝帐龛。高 24、宽 12cm。龛中造像三尊。主像头已失，身着右衽广袖衣袍，右手似执尘尾，左手扶于凭几上。两侧为头束发髻、袖手而立的弟子。龛下有相对的狮子两只。龛外两侧有线刻供养人，分为上下两层，其中左侧上下各四人，右侧上层四人，下层仅存三人。该龛作宝帐形、弟子衣着以及主尊使用凭几等，表明该龛为道教造像，主像应为天尊（图 1-62；图版 17-2）。

第 34 号龛：位于南阙主阙阙身西面第四层条石南部。尖拱形龛。高 34、宽 20cm。内造像七躯，即一佛二菩萨二弟子二金刚力士。七像均布列于佛坛上，中央为褒衣博带、结跏趺坐的佛像，佛像头

图 1-61　第 32 号龛

图 1-62　第 33 号龛

已失，衣裾下垂罩于佛座上。左侧菩萨像身材婀娜，呈"S"形，二弟子像已不清晰，前侧二金刚力士身着帔帛，手持金刚杵而立。坛前中央有一供奉之物，两侧对列二狮子及狮奴。龛外两侧有线刻的供养人：左侧有十四个供养人，前有一人双手捧物，主人袖手拱立于华盖下，侍从僧俗皆有，后有步障，一双髫童子站在步障外，背景有旗幡和树木。右侧只有四位供养人，一俗三僧，两株树木仅见树干（图 1-63；图版 18-1）。

第 35 号龛：位于南阙主阙阙身西面第三层条石北部。尖拱形龛，龛下部外凸。高 39.5、宽 22cm。造像分上下两段布置。上部为一佛二菩萨二弟子二金刚力士，佛像头部残缺，右手施无畏印，左手似施与愿印，结跏趺坐于矮座上。佛像后方两侧为菩萨立像，弟子立像在菩萨像外侧。两侧位置较低为金刚力士，手持金刚杵立于佛像两侧。下部雕有二狮与一地神半身像。龛两侧有线刻供养人若干，右侧尚有步障和树木，惜已经风化不清，难辨细部（图 1-64；图版 18-2）。

第 36 号龛：位于南阙主阙阙身西面第三层条石南部。圆拱形龛，上部为外尖内圆的龛楣，下部外凸。高 41、宽 27cm。上部为二主尊六胁侍，二主尊并列坐于衣裾覆盖的佛座上，头部已残缺，手势等

图 1-63 第 34 号龛

图 1-64 第 35 号龛

细部保存较差，姿态大体相同。二金刚力士昂首凸腹站立于主尊两侧。下部中央有一人托钵侧卧，两侧各有相对的狮子和狮奴。龛外左侧还可见线刻供养人像若干，其后有步障、树木等。龛外右侧上方有题记一则，共五行，后人加刻严重破坏了原有题记的笔画和字迹，现文意不明（图 1-65；图版 19-1）。

第 37 号龛：位于南阙主阙阙身西面第二层条石北部。近方形龛。高 17.5、宽 17cm，龛两侧有捆结的布幔，形制似道教宝帐龛。龛内为一主尊二胁侍，主尊头部已失，宽袍广袖，右手似执尘尾，前依凭几而坐，衣裾下垂至龛外。左右胁侍拱手而立，左侧者头上单髻，右侧者头上双髻，均外罩及膝的道装，当为男女二童子。龛后壁刻有表示座后屏风的一横二竖三道直线。龛外左右各有线刻供养人数个（图1-66；图版19-2）。

第38号龛：位于南阙主阙阙身西面第二层条石南部。圆拱形龛，龛下部两侧外凸。高38.5、宽30cm。内为一佛二菩萨六弟子二金刚力士。佛像头部已失，上身也模糊不清，结跏趺坐于矮座上，后

图1-65　第36号龛及题记

图1-66　第37号龛

壁可见圆形头光。两侧菩萨侍立，下有仰莲座。六弟子对称站立在佛、菩萨身后，二金刚力士紧靠龛
壁两侧。龛下部有双狮和狮奴。龛外两侧有线刻供养人（图 1-67；图版 20-1）。

图 1-67　第 38 号龛

　　第 39 号龛：位于南阙附阙西面"介石"北部。尖拱形龛。高 30.5、宽 23cm。龛内造像风化剥蚀
十分严重，造型内容仅余大致轮廓，似为一主尊四胁侍（图 1-68；图版 20-2）。

　　第 40 号龛：位于南阙附阙阙身西面顶层额枋北部。尖拱形龛。高 20、宽 15cm。风化严重，为一
佛二菩萨二弟子，佛及四胁侍均为立像（图 1-69；图版 20-3）。

图 1-68　第 39 号龛

图 1-69　第 40 号龛

1.1.4　年代和阙主 ①

孙华、巩发明撰写的《平杨府君阙考》一文对阙的年代与阙主进行了考证，兹将其录于后：

平杨府君阙的年代和阙主，史籍无载。阙上铭文中的"汉"字虽然已将此阙的年代范围限制在汉代，但在四川地区，以"汉"作为国号者不仅限于西汉和东汉，还包括了蜀汉。因此，要确定平杨府君阙的年代和阙主，就需要对此阙的建筑形式、结构特征以及铭文内容等作比较全面的分析和解释。

平杨府君阙的形制与四川省雅安县的高颐阙很相似，如都刻作方柱，柱头贯阑额，额上置栌斗，斗上施重枋，枋上出一斗二升式斗栱，柱头铺作栱头卷杀，转角铺作栱头弯作曲木状，栱上置"平台"和"介石"，四阿顶作重檐状等。二者的雕刻内容和手法也大致相同。高颐阙建于汉建安十四年（204年②），平杨府君阙的年代应与之相去不远。

平杨府君阙为双出阙。按照汉代的礼仪制度，一般官吏只能使用一对单阙，如四川省德阳市上庸长阙、山东省平邑县功曹阙等。双出阙只有朝廷重臣以及州郡太守、刺史等高官方能使用，如四川省芦山县樊敏阙（樊敏官至巴郡太守）、雅安县高颐阙（高颐官至益州太守）等。从平杨府君阙阙身所刻的车骑出行图，反映的也是百官第一等的乘舆形式。因此，平杨府君阙的主人应当是一位地位较高的官僚，不会低于州郡太守。

平杨府君阙的铭文，宋洪适《隶续》卷2记有"平杨府君叔神"6字，宋娄机《汉隶字源》记有"汉平杨府君叔神道"8字。但无论是《隶续》还是《汉隶字源》，所记平杨府君阙的铭文都不是完整的。关于这一点，洪适在《求续》中已经说明，无需赘言。在这段铭文中，"汉"字如前所述，包括了西汉至蜀汉这样一个时间跨度。"平杨"有两种解释：一种如宋人《墨宝》所说："'平杨'必姓名，如建平太守之类。'叔'，其字也。"这也就是说，"平"字前还应当有一字，如建平、阴平之类，"杨"字为姓氏。杨姓是汉晋时期绵阳的大姓之一，以此阙为"□平□□杨府君"之阙，虽可备一说，但由于在文献碑志中，我们都未见绵阳有汉代"杨府君"其人其墓的记载，因此，这种解释目前尚难遂人意。另一种解释将"平杨"解释为地名，认为"杨"字应为"阳"字之误，平杨府君就是"平阳侯李府君"李福。我们倾向于后一种看法。"杨"、"阳"二字的繁体本来就形近易混，如百衲本和殿本《汉书·薛宣传》"高陵令杨湛"之"杨"，王先谦《汉书补注》本就误作"阳"；而平杨府君阙铭文中的"杨"，在清同治修《绵州志》和民国修《绵阳县志》等书中也误作"阳"。"平阳"作为地名，在汉代有数处，其中最著名的是作为郡县名的平阳，其地在今山西省临汾市，西汉时为平阳县，属河东郡，东汉依旧，曹魏时始置郡。另一个平阳为乡、亭名，其地在今四川省三台县。此外，在今四川省成都市附近，似乎还有一座山名也为平阳。平杨府君阙铭文中的"平杨（阳）"不可能是山西省的平阳县或平阳郡，因为"府君"是汉晋时期人们对州郡太守一类官员的尊称，而平阳郡据《三国志·魏志·少帝纪》记载，是齐王芳正始八年（247年）"分河东之汾北十县为平阳郡"。这时汉献帝早已被废黜，汉名号在魏已不复存在，魏国的平阳郡

---

① 本节转摘于孙华、巩发明《平杨府君阙考》，《文物》1991年第9期，"年代和阙主"。
② 原文有误，应为209年。

太守决不会称"汉平阳府君",也不可能葬于四川绵阳（三国时期为蜀地）。至于成都附近的平阳山，也不可能是平杨府君阙铭文中的"平杨（阳）"。这一是因为山名不是行政区域名称，不当出现于阙铭上；二是因为成都附近这个平阳山还可能是"阳平"之误。因此，平杨府君阙铭文中的"平杨（阳）"最可能是与平杨府君阙相距仅60余公里的三台县的平阳，也就是平阳乡或平阳亭。乡、亭是汉代的基层组织，按照汉代制度，"大率十里一亭，亭有长。十亭一乡，乡有长老、有秩、啬夫、游徼。"乡、亭小吏当然不可能被称作"府君"，"平杨（阳）府君"只可能是平阳侯这样的爵称。根据《华阳国志·梓潼士女志》记载，蜀汉时期被封为平阳亭侯的李福本来就是"涪（即今四川省绵阳市）人也"，他在"先主初为成都令，建兴九年迁巴西太守，后为江州都督、扬武将军，入为尚书仆射，封平阳亭侯"。李福作过巴西太守，当然可称作"府君"，其官位至尚书仆射，受封亭侯，这与阙身车骑出行图反映的车驾制度又相吻合。李福为绵阳人氏，死后归葬绵阳，这不仅合情合理，而且还有宋代碑记可为佐证。《宋集古堂记》说，宋时绵州（今绵阳）近郊的古代碑碣屡遭损坏，"如公琰之碑、孙德之碣，里父犹了□识其全也。今才卅年耳，而蒋碑则碎于黄冠师之□□□□□之□□□□者而已哉。"这段碑记中的"公琰"即蜀汉的恭侯蒋琬，其墓在今绵阳市西山；"孙德"即蜀汉的平阳亭侯李福（李福字孙德）。由此可知，李福的确就葬于今绵阳市郊。正由于这个缘故，北宋时期的绵州刺史鲜于侁在他的《杂兴三首》诗中才这样感叹道："不见平阳侯，醇酒聊终年……岂意汉道微，侍中惟少年。耆旧无备问，李公所以难。"因此，认为平杨府君阙为蜀汉平阳亭侯李福墓前之阙，应当是没有多大问题的。

《三国志·蜀志·杨戏传》引杨戏《季汉辅臣赞》，"孙德果锐"的赞语，陈寿注道："孙德名福……延熙初大将军蒋琬出征汉中，福以前监军领司马卒。"蒋琬出征汉中事在延熙元年底，是知李福死当不逾延熙二年（239年）。平杨府君阙的建阙年代也应该在此后不久。

1.2 平阳府君阙史料记载

《隶释·隶续》、《汉隶字源》、《蜀碑记补》及同治修《四川绵州志》和民国修《绵阳县志》对阙铭文都有著录。

《隶释·隶续》载："平杨府君叔神，右平杨府君六字，盖汉人神道所刻者，石缺不全，莫知为何人，汉字存于今，鲜矣！譬之麒麟一毛、虬龙片甲，皆可贵也。"[①]

《汉隶字源》载："汉平杨府君叔神道，在绵州，八字，字为一纸，盖刻于石阙橑首。《墨宝》云：平杨必姓名，如建平太守之类，叔其字也。《隶续》止载平杨府君叔神六字。"[②]

《蜀碑记补》载："汉平杨府君神道，《字原》云：在绵州，州本属成都府，今改直隶州。题云：汉平杨府君叔神道，凡八字。《字原》云，刻于石阙橑首。《墨宝》云：平杨必姓名，如建平太守之类，叔其字也。《隶续》止有平杨府君叔神六字。"[③]

同治修《四川绵州志》卷五十一《金石》载："平阳府君神道。《字原》在绵州，州本属成都府，

① （宋）洪适. 隶释·隶续［M］. 北京：中华书局，1985：301.
② （宋）娄机. 钦定四库全书《汉隶字源》［M］. 文渊阁藏本：51.
③ （宋）王象之原撰. 蜀碑记补·附辨伪考异［M］. 李调元补编，胡凤丹考校. 北京：商务印书馆，1960补印本：49.

今改直隶州，题云：平阳府君叔神道，凡八字，刻于石阙。《墨宝》云，平阳必姓名，如建平太守之类，叔其字也。《隶续》止有平阳府君叔神六字。"

民国修《绵阳县志》卷九《艺文·金石》载："平阳府君神道，《字原》在县州，题云：平阳府君叔神道，凡八字，刻于石阙。《墨宝》云：平阳必姓名，如建平太守之类，叔其字也。《隶续》止有平阳府君叔神六字。案：今仙人桥侧所存石阙，刻有梁大通造像，各种阙上端并有'汉平'二字，如瓦当式隶书，第一'汉'字，第二坏烂，第三'平'字。谓是平阳府君阙，乃汉平二字不相联属，又多刻大通造像杂其间，且'汉平'字外无字，殊难肔（同臆），定姑两识之。"

早期有关平阳府君阙的史料记载大都来自金石学家对阙铭文的记录，而对阙的形制和雕刻内容基本没有记载。现可查阅的关于阙结构和雕刻内容记载的著录为法国人色伽兰《中国西部考古记》①（第一章"中国古代之石刻"第7~10页和第三章"四川古代之佛教艺术"第59~62页），文不长，兹录于后：

......

此种建筑在四川省中，据其分配之地而言，可分为三区，东区为渠县区，中区为梓潼与绵州区，西为夹江与雅州区。再就其体范，其大小，其装置言，得自单简之标型，以至复杂之建筑，分其等次，兹先述次其两端之建物。

单简者可以〔冯焕神道〕例之。此碑为绝优美之建物，装饰极简。其各部之设置：下为方座；座上为碑身整石刻成，上端销锐；其上为碑盖，又上为介石；又上为橑；橑上为顶，碑有字二行，文如下：故尚书侍郎河南京尹、豫州幽州刺史冯使君神道。

冯焕碑虽未损缺，然古建筑物尚未完全存至今也。据沙畹君所得之材料，河南山东之建物，皆有扶壁相连，壁上有时有项，且有与主碑相合而为一者。吾人在渠县所见七阙，无一处见有扶壁残遗之物。但有二证证明前实有之。阙身之一面，常有一处形方而面不平，较阙身稍低，上有榫眼，显为连接一种副建物之处，其证一。同一方向之方座伸出，除承受一种副量之外，似无别用，其证二。

但中区及西区之复杂石阙，此扶壁常见保存，阙虽亡而扶壁尚在，其例也不少也。

复杂云者，因其建造以石块层砌交置，（其体较巨，故不能用独石建置。）且其上层较丰，故其雕饰甚富，为冯焕碑之类所不及。

兹举绵州之平阳阙以为复杂石阙之标型，是亦四川有扶壁双阙之独存者也。

其阙层次别为七部：下为座；上为阙身；又上阙盖二层；又上介石一方；再上为橑；橑上为顶。座以板石数面构成。阙身以大石交互层叠砌之，上刻有驾车及行走步卒之状。（浮刻约数公毫）。其事与其体范，颇与山东墓室之石刻相类。下层阙盖之四角，雕有神头之像。上层之介石，饰以平刻曲枝。橑上雕刻甚多，四角雕二猛兽相斗，一人引较大一兽之尾，此外则雕两蛇交缠，又有一怪人手持飞马之缰。（此外阙身雕有上尖弓形下方之小龛，但为后来之增饰，非原有之雕刻，故略而不述。后于研究佛教肖像中别述之。盖此种增饰，固为损毁原有建物之雕刻，然亦为研究佛教最古最可宝贵之材料也。）

......

前所列举诸佛寺、省志皆已志之，惟不乏错误之点。下述之刻品，为籍文的未载，而发

---

① 〔法〕色伽兰. 中国西部考古记［M］. 冯承钧译. 上海：商务印书馆，1930：7-10，59-62.

见亦出于偶然。此物实为四川最古最可宝贵之佛教遗迹，盖 529 年梁时遗物也。

吾人发见此物并不在一种千佛崖上，而在汉代双阙之中，即前文所述之"平阳阙"是也。此阙在绵州之东八里，距西山观隋代遗迹十四五里。

此二阙为纪元二世纪时汉代遗物，（译者按：四川通志卷六十，绵州有平阳府君神道，题云：汉平阳府君叔神道，凡八字，刻于石阙橼首。）保存尚完好，惟其阙身为梁时人增刻佛像。

此种三四百年后之增刻，已将原有汉刻损毁多处，其事固可惋惜，此增刻所留存之教训亦不少也。

增刻题有大通二年，[大]字仅存下半。别有一处刻有[梁主]二字，其为五二九年之刻迹，绝无可疑。阙身之上，凿有佛龛，其式小，而其形极异。唐龛为长方形。元魏龛顶为人字形，而此处龛顶则独为穹顶形。此种曲线，在中国佛教作品之上，极难见之。而在印度造像艺术输入之前，四川某汉代圹石之中，始有具此形者。

龛中雕像，亦与他处佛像有异。龛中仅有一像，服飘扬之衣，像首已亡，不能详为何像，疑为"菩萨"之像。要之其衣服之体范，无一与"希腊与佛教混合式"造像相同者。而其龛形之为穹顶形，与其衣服之宽博，而垂角，左右相称，显为纯粹中国雕画，与汉代体范显有关联。即在同阙上之汉刻中，已可寻见其式样矣。

由是观之，此为四川之梁代佛教刻体之独存至今者也。

1939 年 9 月至 1940 年 2 月，梁思成、刘敦桢、陈明达几位先生开展了川康地区古建筑调查。刘敦桢先生对四川绵阳县汉平阳府君阙的介绍和实测收录于《刘敦桢全集》（第三卷）[①]。梁思成先生考察平阳府君阙时进行手稿记录[②]，因两者内容相近，兹将梁思成先生手稿录于后：

出县治北门沿川陕公路东北行约四公里将抵仙人桥，公路横经小山，上其南侧百公尺处，有石阙矗立麦田中，即汉平杨君墓阙是也。阙凡二座，一西北一东南，相距二十六公尺余，其间为神道，神道之中线，东向，略偏北。

阙之形范，阙身居内，子阙居外，阙身厚而高，子阙薄而低，但其下部已没入泥土中，经发掘后露出台基一层。台之平面随阙身与子阙周转，四周镌蜀柱、栌斗，与雅安高颐阙所刻，不期符契。

台基上，以条石数层累砌阙身及子阙，俗因呼为"书箱石"，而阙名反为所掩。其面阔与进深之比，阙身约为七比四，子阙约为五比三，亦与高颐阙为近。条石表面隐起地栿、枋柱，略如他例。惟梁大通大宝间加镌造像于上，至方柱之间有无铭刻，无从踪迹。此项造像虽损阙之一部，但为川省最古之佛教艺术，甚足珍贵。

阙身以上复施石五层，模仿木建筑之出檐结构。第一层石刻栌斗及角神，其上琢枋三层，纵横相压，而最上之枋于阙身四隅交义出头，殆即后世普拍枋渊源所自。第二层石浮雕蜀柱，柱上施正规栱或弯形栱，栱之中点无齐心斗，而以枋头向外挑出，略如彭山崖墓所刻。第三层石无雕饰。第四层石下狭上广，向外斜出，表面隐起人物、禽兽，但已大部漫蚀。第五层石仅刻枋头一列，位于檐下。

子阙此部，与阙身略同，惟栱之中点，未刻挑出之枋头，并略去最上之枋头一排，与阙

---

① 刘敦桢. 刘敦桢全集（第三卷）[M]. 北京：中国建筑工业出版社，2007：326，327，334-339.

② 梁思成. 梁思成西南建筑图说（手稿本）[M]. 林洙整理. 北京：人民文学出版社，2014：103-105.

身稍异耳。

再次，于阙身上，覆以四注顶檐橡瓦陇，存者犹达三分之一，惟子阙之顶，摧毁殆尽，原有形制无从揣度，宋娄彦发《汉隶字原》载此阙橡端，刻"汉平杨府君叔神道"八字，今东南阙檐下枋头，犹存"汉平君"三字，但非位于橡端，是娄氏所记，不无舛午，然二阙为汉季遗物，于此得以证实。

梁代造像，依条石之高，琢为小龛，龛外隐起施舍信士，及车骑簇拥之状，与龙门潜溪寺北魏末期所刻，简妙生动，如出一手。而西北阙诸龛中，有下裳向外反翘，左右三叠，悉成对称，亦为南北朝造像典型之一。铭名署大通三年（公元 529 年）闰月及七月者，计三处。考是岁十月，改元中大通。此题大通，乃改元前所勒，核之史籍适相吻合。另一处题"主木岁三月三日，佛弟子章景……奉为梁主至尊敬造无量寿佛依碑石像一躯……"。据《县志》艺文志，主木乃辛末之伪，细察石面亦经剟凿，足证其说，信非虚妄。惟文中既称梁主，而萧梁一代享祚不永，仅简文帝大宝二年（公元 551 年）干支与之相合，然则此铭殆即刊于是岁也。

近现代，孙华和巩发明《平杨府君阙考》[①]、徐文彬等编著的《四川汉代石阙》[②]、四川文物管理局编著的《四川文物志》（中册）[③]等对平阳府君阙结构形制与雕刻内容都做了详细论述，此处不再累赘。

从以上史料可以看出，有些金石学家对此阙铭文的记录仅凭一纸拓本，如《汉隶字源》等，没有赴现场核实，将铭名刻于"枋头"误为"橡首"。而《隶续》《汉隶字源》《蜀碑记补》著录铭名中的"杨"字在同治修《四川绵州志》和民国修《绵阳县志》中，误将"杨"作"阳"，这一误著影响到后来的全国重点文物保护单位的定名。20 世纪 80 年代，龚廷万、龚玉曾对该阙檐下枋头上的铭刻进行认真细审后认为："左阙的全部漫漶无存，右阙尚存四字的实况排列如下：'汉□□平□杨府□□……'，前面'汉□□平'二字清晰可辨，'府'字大体可认，'杨'字虽风化较甚，但杨字的笔道尚可辨清。精心细拓后的字迹与早期馆藏拓片核对无误"，故认为"汉"与"平"之间应缺二字，"平"与"杨府"之间缺一字[④]。法国人色伽兰在考察该阙后认为其铭名应是"汉故□平□杨府君叔神道"。有关学者认为"平杨"二字不能连读，故将阙名定为"平阳府君阙"不恰当，应定名为"杨氏阙"或"杨府君阙"[⑤]。但因全国重点文物保护单位公布名称为"平阳府君阙"，本书仍沿用该名称，至于是否需要对国保单位更名，有待学者和文物主管部门更多的调查和研究后决定。

1.3　平阳府君阙维修保护历史沿革

史料及方志都对平阳府君阙的铭名与地点进行了记载，而关于汉阙修建与历代维修情况则几乎没

① 孙华，巩发明. 平杨府君阙考［J］. 文物，1991（9）：61-69，73.

② 重庆市文局，重庆市博物馆，徐文彬，谭遥，龚廷万等，编著. 四川汉代石阙［M］. 北京：文物出版社，1992：24-27.

③ 四川省文物管理局编. 四川文物志（中册）［M］. 成都：巴蜀书社，2005：724-727.

④ 龚廷万，龚玉. 关于汉阙研究尚待商榷的问题［J］. 四川文物，2011（3）：61-66.

⑤ 重庆市文物局，重庆市博物馆，徐文彬，谭遥，龚廷万等，编著. 四川汉代石阙［M］. 北京：文物出版社，1992：24-27；龚廷万，龚玉. 关于汉阙研究尚待商榷的问题［J］. 四川文物，2011（3）：61-66；曹丹. 绵阳平阳府君阙维修技术及相关问题［J］. 四川文物，1996（6）：50-54.

有记录。现能查阅到的维修保护资料均为中华人民共和国成立以后的记录，收录如下。

（1）1949 年中华人民共和国成立以后，因其重要价值，平阳府君阙得到绵阳县（市）文教科（局）和县（市）文化馆的妥善保护。

（2）1959 年，在平阳府君阙修建了仿古木结构建筑——八角亭。

（3）1961 年 3 月，平阳府君阙被国务院核定公布为第一批全国重点文物保护单位。

（4）1962 年始，县文化馆确定干部一名兼管平阳府君阙。

（5）1965 年 3 月，原文物博物馆研究所派员赴川，在四川省博物馆有关人员的配合下，采用聚甲基丙烯酸类材料对平阳府君阙做裂隙灌浆固结和表面封护处理。因八角亭有碍研究，将其拆除，并在汉阙保护范围内修建了围墙[①]。

裂隙灌浆与封护处理材料配方如下。裂隙灌浆固结浆液组成为：甲基丙烯酸甲酯 50%，甲基丙烯酸丁酯 40%，甲基丙烯酸 5%，过氧化苯甲酰 1%，二甲基苯酸 4%。表面封护溶液为：聚合物∶溶剂 ＝ 1∶5～1∶6。聚合物组成为：甲基丙烯酸甲酯 45%，甲基丙烯酸丁酯 50%，甲基丙烯酸 4%，过氧化苯甲酰 1%。溶剂组成为：甲苯 30%，醋酸正丁酯 35%，二甲苯 20%，乙醇 5%，乙酸乙酯 10%。处理工艺为喷涂法，喷涂压力为 2～3 大气压，喷涂距离为 20cm，共喷 2 次。工作完成后，先后于 1965 年 4 月、1965 年 10 月、1969 年 4 月、1972 年 9 月、1977 年 9 月、1979 年 8 月对阙表面外观色泽与质感、憎水性、风化部位表面强度等性状进行了长期观察记录。从记录结果来看出，在材料老化前，封护材料对增强风化部位强度、防止阙表面污染和生物侵蚀具有较好效果。但材料易在表面形成涂层且晶莹反光，7 年左右，材料明显老化变黄，并逐步由淡黄色变成棕黄色和褐色，材料加固强度明显减弱；12 年后，材料基本失效，在涂层较厚和灌浆固结处，材料层明显变黄甚至呈黄褐色，严重破坏石质色泽和质感，用手拭擦就能擦下白色粉末或小块碎屑和碎片（材料老化产物）。此次保护处理及后期对材料实用性能的观察记录为此后四川地区石质文物防风化保护材料与工艺的选择提供了很好的借鉴。

（6）1974 年修建川陕公路时，平阳府君阙围墙被毁。国家文物局文物处罗哲文到绵阳视察平阳府君阙后，由国家文物局拨款，绵阳县文化馆对围墙进行了修复。

（7）1981 年绵阳市文物保护管理所成立，核定编制 5 人，平阳府君阙由绵阳市文物保护管理所负责保护和管理。

（8）1989 年，国家文物局拨专款，绵阳市文物保护管理所组织力量，在四川省文管会专业技术人员指导下对其进行了维修加固。此次工程对平阳府君阙进行落架拆卸，清除了石阙原有基础，开挖至生土，南阙和北阙底部分别铺设 5.5m×3.7m×0.34m、5.8m×3.8m×0.3m 的混凝土垫层，其上采用丁卯结构新砌七层条石，分别在南北阙基下层作了 12、18cm 厚的细石子、沥青布防潮材料和水泥防潮层处理，阙基重新按原形制呈现于地表，使南北两阙长期陷于地下 1.6、1.38m 的阙身重新升至地面之上。基础处理好后，将阙体构件按原形制复原，复原时，水平构件之间的燕尾槽内采用铁质燕尾榫将构件连接，铁质燕尾榫与石构件之间用水泥进行填充（由 1989 年维修保护亲身经历者口述），每层构件之间采用素黏土找平，石构件之间空隙用黏土填实。此次维修，对石阙原松软基础进行加固，并使原掩埋于泥土的阙基和阙身下部恢复至地面以上，有效避免了地下水对阙体的侵蚀破坏，并对倾斜阙体进行了纠偏。此次维修工作对石阙起到了较好的保护作用，但非常遗憾的是，受当时保护理念与条

---

① 李显文，马家郁. 平阳府君阙用聚甲基丙烯酸酯类材料处理后的观察报告［J］. 文物保护技术，1982（2）：50-54.

件限制，在石阙拆卸与基础处理过程中，虽然技术人员在施工过程中对每个环节进行了仔细观察，对石阙石构件之间钱币进行了清理与统计，共清理出钱币 79 枚（南阙 9 枚、北阙 70 枚），其中有铭文的 41 枚（半两 1 枚、货泉 4 枚、五铢 29 枚、大泉五十 1 枚、五行大布 4 枚、开元通宝 1 枚、道光通宝 1 枚）[①]，但维修过程中没有进行考古发掘，部分历史信息可能因忽略丢失，如技术人员对燕尾槽中是否有残留物、石阙基础是否经过处理等问题没有观察和记录，这为此后的研究和保护带来了遗憾。

（9）1991 年重新修建了保护区围墙，平整了积水低洼地段。

（10）2003 年 10 月，绵阳市政府撤销绵阳市文物保护管理所和绵阳博物馆，新组建成立了绵阳市文物管理局（绵阳博物馆），平阳府君阙的保护管理工作由绵阳市文物管理局（绵阳博物馆）承担。

（11）2008 年 5 月 12 日，四川省绵阳市汉平阳府君阙在汶川特大地震中受损严重。国家文物局及四川省文物管理局于 2008 年 8 月在成都召开"'5·12'灾后文物抢救保护第二批对口技术援助会"，根据会议要求，汉平阳府君阙本体保护修复设计方案不仅要解决地震引起的破坏问题，同时要解决以往存在的文物病害问题。西安文物保护修复中心承担了《绵阳市汉平阳府君阙维修保护方案》设计任务。2019 年 3 月，四川省文物局批复同意了该方案（在当时特殊条件下，经国家文物局同意，四川省所有"5·12"汶川地震受损文物的维修保护方案都由四川省文物局组织专家评审，经四川省文物局批准实施），但取消了原方案中的橡胶支座基础隔震措施和防风化加固项目。

（12）根据绵阳市政府《协调平阳府君阙修缮保护工作的会议纪要》（绵府纪要〔2014〕102 号）精神，平阳府君阙的日常保护管理工作由绵阳科技馆负责。

（13）至 2015 年，因各种原因，平阳府君阙维修保护工程没有实施，绵阳市投资控股（集团）有限公司和绵阳市文物管理局又委托成都市文物考古工作队和西安文物保护修复中心编制了《绵阳市平阳府君阙保护维修设计方案（核准稿）》，2015 年 6 月，四川省文物局核准了该方案。

（14）2015 年 12 月，经过竞价性谈判，确定四川省文物考古研究院为平阳府君阙灾后恢复修缮工程监理单位。2016 年 2 月 19 日，绵阳市投资控股（集团）有限公司和绵阳市文物管理局（绵阳博物馆）对平阳府君阙灾后恢复修缮工程公开招标，重庆盛煌建筑工程有限公司为该工程中标单位。

（15）2018 年 5 月，平阳府君阙灾后修缮保护工作全面完成。

1.4 平阳府君阙周边环境状况

阙作是陵墓遗址中最为重要建筑，起着引领和分割陵园空间的作用，其形态与体量、比例与尺度等表现形式在不同环境中呈现出不同的意境和不同的地域特色。石阙与环境之间相互影响的关系，会因为环境的差异而带给人以不同的感受。平阳府君阙的建筑形制、年代、雕刻内容与雅安高颐阙基本相同，结合 20 世纪所留存的照片资料（图版 2）推测，平阳府君阙景观环境和陵园布局也应与雅安高颐阙基本相似，阙坐西朝东，背靠在盆地逐渐上升的山丘，面临芙蓉溪，从阙到坟冢的地势逐渐抬高，背面连绵起伏的山丘，前方溪流环绕，通过与地形紧密结合，彼此依存的关系使陵墓建筑与环境这两个原本相互制约的因素，因为置身其中而获得某种秩序感从而达到和谐统一，形成其特有的历史景观环境。

然而，随着社会经济快速发展与城市化进程不断推进，平阳府君阙周边地形地貌和自然环境也不断被改变。石阙周边原有起伏的山丘被铲平，四周逐步修建现代建筑与公路，且周边现代建筑和公路

[①] 曹丹. 绵阳平阳府君阙维修技术及相关问题［J］. 四川文物，1996（6）：50-54.

都比石阙本体高，使石阙处在被包围的低洼位置，原有地形地貌与历史环境已完全被破坏（图版 3）。现有周边环境主要存在以下问题。

（1）平阳府君阙东面 10m 为绵阳科技馆广场，广场外侧为科技馆，科技馆东侧为芙蓉溪；南面外侧 30m 为科技中环电影城，电影城南侧为仙人路，西面外侧 30m 为川陕公路 108 国道，北面 15m 为绵阳科技馆广场，广场西侧 50m 为芙蓉干道三角地带。周边都高于平阳府君阙广场 2～2.5m，平阳府君阙处于凹陷的位置。

（2）由于工业快速发展和城市车流量的急速增加，大气中二氧化硫含量总体呈上升趋势，二氧化硫、二氧化氮对绵阳空气产生较严重污染，1983 年平均超标率达 85%，以后虽有回落，但超标率仍在 70% 以上。2010 年以后，绵阳市大气质量有了明显改善。

（3）平阳府君阙为露天保存，受日晒雨淋与空气污染作用，石阙石刻表面粉化、起壳、剥落严重。

（4）平阳府君阙位于绵阳市主要交通干线旁，车辆来往引起的震动也对平阳府君阙造成一定影响。

第2章 平阳府君阙保护工程勘察研究

2.1 平阳府君阙工程地质勘察

2.1.1 气候特征

平阳府君阙所在区域属四川盆地北部亚热带湿润性季风气候，气候温和，四季分明，冬长而无严寒，夏热而无酷暑；春早秋温，但时间相对略短；雨量充沛，但季节分布不均；全年日照适度。据绵阳国家基准气象站资料，历年平均气温16.2℃，历年最高气温38.8℃（2001年7月7日），历年最低气温−7.3℃（1975年12月16日）；多年平均降雨量866.4mm，历年最大日降雨量306mm（1961年6月26日），历年最大年降雨量1700.1mm（1961年），历年最低年降雨量577.5mm（1969年），降雨时间多集中于7～9月，占全年的75.5%；风向以北东向为主，最大风速27.9m/s，平均风速1.3m/s；多年平均相对湿度79%。绵阳市1981～2015年主要气象资料统计如表2-1所示。

表2-1 绵阳市1981～2015年主要气象资料统计

项目	数值	备注
年平均气温 /℃	16.6	
年平均最高气温 /℃	20.9	
年平均最低气温 /℃	13.4	
年极端最高气温 /℃	38.8	2001年7月7日
年极端最低气温 /℃	−5.5	1982年12月27日
累年平均日照数 /h	1071.6	
累年平均降雨量 /mm	858.9	
累年最大降雨量 /mm	1275.2	1981年
累年月最大降雨量 /mm	529.4	2001年9月
累年日最大降雨量 /mm	259.5	2001年9月19日
累年平均蒸发量 /mm	808.3	
累年平均气压 /hPa	954.4	
累年平均空气相对湿度 /%	79	
累年年平均降雪日数 /d	3.3	
累年平均风速 / (m/s)	1.3	
累年极大风速 / (m/s)	27.9	2004年4月23日

2.1.2 区域地质构造

根据"绵阳幅地质构造单元简图"，平阳府君阙勘察区在区域构造上属扬子地台的四川台拗的次级构造川北台陷。市境褶皱主要为绵阳帚状构造，绵阳帚状构造处北而南有沉抗铺向斜，工程场区主要位于该向斜区内。该向斜西起市区东方红大桥，以向东 50°～70° 至沉抗铺折向东南，经云间寺、刘家河、玉河场等地，进入三台县白雀寺附近倾没。轴部地层为七曲寺组泥岩夹砂岩，两翼倾角 2°～5° 不等。

据四川省地质矿产勘查开发局川西北地质队 1∶5 万绵阳市城市地质区调资料，深部无大的断裂构造从场地及附近区域通过，新构造运动也只表现为缓慢的升降运动，历史上无破坏性地震发生，距龙门山地震带较近。"5·12" 汶川地震时该区受到一定的影响，属基本稳定区，适宜建筑。

2.1.3　地形地貌

平阳府君阙勘察区地貌属涪江Ⅱ级阶地后缘地带，其地形相对平坦、开阔，交通方便。平阳府君阙所处小广场地面标高为 458.50m。

2.1.4　场地岩土工程勘察

1. 勘察方法及布置

由于保护工程需在南北两阙位置修建独立保护棚，对拟建独立保护棚区域进行岩土工程勘察。每个独立保护棚有 2 个基础，共计 4 个基础。勘察建筑总面积约 320.00m²，拟建独立保护棚特征如表 2-2 所示。

表 2-2　拟建独立保护棚特征

建筑物名称	结构类型	层数	建筑高度 /m	拟用基础形式	基础埋深 /m	标高 /m	荷载 /（kN/柱）	敏感性
独立保护棚	轻钢	1F	5.00	独立基础	1.50	458.50	200	不敏感

《岩土工程勘察规范》（GB 50021—2001）和《建筑地基基础设计规范》（GB 50007—2011）有关条文规定，拟建物工程重要性等级为二级，场地等级为三级，地基等级为三级，岩土工程勘察等级为乙级；当基础底面宽度不大于 5m 时，勘探钻孔深度对条形基础不应小于基础底面宽度的 3 倍，对单独柱基不应小于基础底面宽度的 1.5 倍，且不应小于 5m。本次勘探钻孔深度按天然地基考虑，勘探孔深度为 8.70～9.20m，在规范规定深度内，当遇碎石土或基岩等稳定地层时，勘探孔深度根据情况进行调整。按拟建独立保护棚基础位置布置 4 个勘探点，点距为 15.78～16.10m（勘探钻孔由总平面图 A、B 两点进行定位，地面高程由点 B 高程 460.60m 引测而得，详见第 7 章 7.7 节平阳府君阙地勘钻孔平面布置示意图）。

为了获得素填土层的力学指标，采用 SH-30 型工程钻机重型 $N_{63.5}$ 动力触探进行试验，先取芯至试验土层后，将符合要求并画好刻度的触探用具竖直轻放于孔内试验位置。触探试验前，下稳锤或一定长度的套管作为孔口和探杆导向设备。试验时，采用自由落锤，落距 76cm，严禁用非自由落锤进行试验；击速以慢—中速为宜，锤击速率应均匀，探杆保持竖直，不得任意摇摆；触探初始 30cm 可不记锤击数，以后每锤击 10cm 记一次锤击数，即为实测锤击数。按触探锤击数随深度的变化确定不同密实度的土的分层界线，根据试验结果，确定素填土层承载力及变形指标，共完成素填土重型 $N_{63.5}$ 动力触探测试 3 个。

对粉质黏土采用标准贯入试验。标准贯入试验前，全面检查标贯器具，清除标贯器内的铁锈等异物，并画好刻度。先用钻具取芯至试验土层孔深之上约 15cm，清孔后将标贯器具竖直放于孔内，先打入 15cm 不记锤击数，继续打入 30cm，记下 10cm 锤击数，累计 30cm 的锤击数即为实测锤击数；试验时，一律采用自由落锤，落距 76cm，并保持触探器具稳定、竖直。取出标贯器中的土，供鉴别描述，用以评价土层的物理力学性质，共完成粉质黏土标准贯入试验 8 次。另外，钻孔中采取 6 组粉质黏土原状土样进行室内试验，采取 2 组原状土样进行土的腐蚀性试验。

2. 勘察工作实施情况

勘探工作量如表 2-3 所示，钻孔取样统计如表 2-4 所示，勘探钻孔完成情况如表 2-5 所示。

表 2-3　勘探工作量

钻探		$N_{63.5}$ 动力触探		标准贯入试验次数 / 次	土样 / 组	土腐分析	地下水位观测次数 / 次
孔数 / 个	总进尺 /m	孔数 / 个	总进尺 /m				
4	35.6	3	2.0	8	6	2	无

表 2-4　钻孔取样统计

钻孔编号	取样顶深度 /m	取样组数	取样类型
ZK1	3.2、5.2、7.6	3	土样
ZK3	3.6、4.9、6.7	3	土样

表 2-5　勘探钻孔完成情况

钻孔编号	勘探点类型	X	Y	孔口高程 /m	钻孔深度 /m
ZK1	取土试样钻孔、圆锥动力触探试验孔	3490294.2	485838.94	458.50	8.90
ZK2	标准贯入试验钻孔、圆锥动力触探试验孔	3490299.37	485852.73	458.50	9.20
ZK3	取土试样钻孔	3490307.36	485864.83	458.50	8.70
ZK4	圆锥动力触探试验孔、标准贯入试验钻孔	3490281.37	485845.45	458.50	8.80

3. 场地岩土结构及特征

平阳府君阙场地覆盖地层由第四系全新统素填土、第四系全新统坡洪积物组成。场内各岩土结构及特征从上到下分述如下。

（1）素填土①（Q_4^{ml}）：场地内均有分布。灰色，松散状。以粉质黏土为主，表层混凝土厚约 0.1m。层顶高程 458.50m，层厚 0.6～0.8m。回填时间约 10 年，欠固结。

（2）粉质黏土②（Q_4^{dl+pl}）：场地内均有分布。褐黄色，稍湿，可塑状。土的韧性及干强度低，稍有光泽，无摇振反应，层顶高程 457.70～457.90m。

结合场地周边众多类似工程地质报告可知，粉质黏土以下为粉土，褐黄色，密实稍湿—湿，分布比较稳定。再下为卵石层，其卵石主要为岩浆岩，微—中等风化，一般直径为 2～4cm，最大可达到 30cm 以上，沙砾充填，厚度变化较大，并夹砂层透镜体。底部为基岩，基岩为泥岩，属于软岩。基岩埋深一般小于 15m。

素填土厚度不一，均匀性差；粉质黏土呈层状分布，均匀性好。综合考虑，本场地基土均匀性好。

经勘探钻孔揭示，在本次钻孔深度范围内未发现地下水，根据绵阳地区经验，在下伏更深的卵石层中存在地下水。

4. 地基岩土物理力学性质

根据取芯鉴别和现场原位测试试验，各土层的物理力学性质如下。

（1）素填土①：现场对素填土进行重型 $N_{63.5}$ 动力触探试验，试验成果如表 2-6 所示。测试成果表明，素填土物理力学性质差，为不良地基土。

表 2-6　素填土重型 $N_{63.5}$ 动力触探试验成果

土名	统计孔数 n	区间值	平均值 μ	标准差 σ	变异系数 δ	修正系数 r_s	标准值 N
素填土①	3	3.0~4.0	3.50	0.85	0.07	0.94	3.20

（2）粉质黏土②：现场对粉质黏土进行 8 次标准贯入试验（试验成果见表 2-7），现场取样 6 组进行室内土工试验（试验成果见表 2-8）。试验成果表明，粉质黏土物理力学性质一般，承建力一般，属中等压缩性地基土。

表 2-7　粉质黏土标准贯入试验成果

土名	标准贯入试验数 n	区间值	平均值 μ	标准差 σ	变异系数 δ	修正系数 r_s	标准值 N
粉质黏土②	8	7.2~7.5	7.3	0.35	0.10	0.98	7.1

表 2-8　粉质黏土土工试验成果

项目		统计孔数 n	最大值	最小值	平均值 μ	标准差 σ	变异系数 δ	修正系数 γ_s/%	标准值 N
含水率 w_0/%		6	28.5	23.5	25.5				
湿密度 ρ/（g/m³）		6	2	1.95	1.97				
干密度 ρ_d/（g/m³）		6	1.59	1.55	1.57				
土粒比重 G_s		6	2.74	2.73	2.73				
孔隙比 e		6	0.76	0.70	0.73				
饱和度 S_r/%		6	100	88.0	94.4				
液限 W_L/%		6	36.4	32.8	34.45				
塑限 W_p/%		6	24.8	19.9	21.9				
塑性指数 I_P		6	13.4	11.6	12.55				
液性指数 I_L		6	0.32	0.27	0.295				
压缩系数 α_v/MPa^{-1}		6	0.3	0.25	0.275	0.01	0.06	94.0	0.25
压缩模量 E_s/MPa		6	6.9	5.8	6.3	0.39	0.06	94.0	6.0
天然快剪	黏聚力 c/kPa	6	35.2	33.7	34.3	0.57	0.016	98.0	33.9
	内摩擦角 ϕ/（°）	6	16.7	15.1	15.8	0.61	0.039	96.0	15.3

根据勘察钻探、原位测试和室内岩土试验成果，并结合邻近场地勘察报告，场地土层的主要工程特性指标如表 2-9 所示。

表 2-9　地基岩土主要工程特性指标

岩土名称	容重 γ/（kN/m³）	变形模量 E_0/MPa	压缩模量 E_s/MPa	抗剪强度		承载力特征值 f_{ak}/kPa
				黏聚力 c/kPa	内摩擦角 ϕ/（°）	
素填土	17.0	—	—	10.0	8.0	—
粉质黏土	19.5	—	6.0	30.0	15.0	150.0
粉土	18.0	—	6.0	13.0	9.0	150.0
卵石	20.0	—	35.0	—	38.0	350.0

注：承载力特征值 f_{ak} 的使用条件为无扰动、天然状态。

5. 地基土与地下水的腐蚀性评价

本次勘察在钻孔中取 2 组土样进行室内分析，根据土的腐蚀性分析报告数据，对建筑材料的腐蚀性进行评价，结果如表 2-10 所示。

表 2-10　地基土腐蚀性评价表

地层透水性	腐蚀环境	腐蚀对象	腐蚀介质	规范界限值 /（mg/kg）	在土中的含量	腐蚀等级	结论
弱透水层（B）	Ⅱ类环境	混凝土结构	SO_4^{2-}	<450	68.80～87.40mg/kg	微	微腐蚀
			Mg^{2+}	<3000	10.58～24.13mg/kg	微	
			pH	>5.0	6.7～6.9	微	
			HCO_3^-	>1.0	3.93～4.48mmol/L	微	
		钢筋混凝土结构中钢筋	Cl^-	<250	27.61～43.29mg/kg	微	微腐蚀

根据《岩土工程勘察规范》（GB 50021—2001）第 12.2 条及附录 G，结合场地附近已有水文地质资料及场地所处环境地质条件，综合判定，场地所属环境类别为Ⅱ类。场地地下水对混凝土结构及钢筋混凝土结构中的钢筋具微腐蚀性，土对混凝土结构及钢筋混凝土结构中的钢筋具微腐蚀性。

6. 地震效应评价

根据《建筑抗震设计规范》（GB 50011—2010）及《建筑工程抗震设防分类标准》（GB 50223—2008）、《中国地震动参数区划图》（GB 18306—2015）相关规定，绵阳市游仙区芙蓉村抗震设防烈度为 7 度，设计基本地震加速度为 0.10g，地震动反应谱设计特征周期 T_g 为 0.40s，设计地震分组为第二组。该场地未在绵阳城区地震动参数小区划图范围内，抗震按照《建筑工程抗震设防分类标准》（GB 50223—2008）进行设计。

根据勘察结果和地区经验，场地覆盖层厚度约 12.00m，满足《建筑抗震设计规范》（GB 50011—2010）第 4.1.6 条 3.00～50.00m 的要求，场地类别为Ⅱ类，特征周期 T_g 为 0.40s，场地覆盖地层由素填土、粉质黏土组成。素填土属软弱土，粉质黏土属于中硬土，场地无液化土存在，可不考虑液化影响。按经验估算场地等效剪切波速，如表 2-11 所示。

表 2-11　场地土层等效剪切波速估算表

岩土名称	土层剪切波速 /（m/s）	土层平均厚度 /m	场地土类型	计算深度内剪切波传播时间 /s	土层等效剪切波速 /（m/s）	备注
素填土	100	1.00	软弱土	0.047	255.31	覆盖层厚度 12.00m
粉质黏土	300	11.00	中硬土			

7. 勘察结论及建议

（1）勘察和调查表明，未发现其他不良地质作用，场地稳定性较好，适宜建筑。

（2）根据勘察钻探、原位测试等试验成果，结合本地区众多类似工程经验，该场地地基土主要为素填土、粉质黏土。素填土物理力学性质差，承载力低，不宜作拟建物基础持力层；粉质黏土物理力学性质一般，承载力一般，可作拟建物基础持力层。各地基土层的主要物理力学指标建议值如表 2-9 所示。

（3）从安全、经济、技术可行性及周边环境影响等方面综合考虑，建议拟建独立保护棚基础形式采用柱下独立基础，以粉质黏土作为基础持力层，基础埋深约 1.50m（以标高 458.50m 计）。

（4）该地区地震基本烈度为 7 度，设计基本地震加速度为 0.10g；场地类别为Ⅱ类，特征周期为 0.40s。依据《建筑抗震设计规范》（GB 50011—2010）第 4.1.1 条，拟建石阙保护棚场地为建筑抗震一般地段。

（5）勘察期间在钻孔深度内未测得地下水，根据绵阳地区经验，在下伏更深的卵石层中存在地下水。场地地下水对混凝土结构及钢筋混凝土结构中的钢筋具微腐蚀性，土对混凝土结构及钢筋混凝土结构中的钢筋具微腐蚀性。

（6）由于地质工作的隐蔽性，在施工过程中若发现实际情况与勘察资料不符，应及时通知相关部门处理，当出入较大时应进行施工详细勘察。

（7）若石阙基础和保护顶棚柱下独立基在雨季施工，建议施工时要做好地表水排水工作，确保基坑内无积水。基坑开挖后严禁雨水及地表（下）水浸泡，且应经相关部门验收合格后方可进行下一工序施工。

2.2　平阳府君阙病害勘察

2.2.1　平阳府君阙主要病害现状调查

平阳府君阙经历了近 2000 年的露天保存，在各种自然营力共同作用下，石阙构件存在粉化、剥落、酥碱泛盐、裂隙、空鼓、残缺、污染变色与人为破坏等病害，且粉化、层状剥落、风化开裂、空鼓非常严重，部分构件雕刻风化残损较多。"5·12"汶川地震造成阙体扭曲、构件间错位及构件断裂与崩落，威胁到平阳府君阙的保存。其主要病害如下。

1. 剥落

平阳府君阙构件为灰黄色细粒岩屑石英砂岩，岩石本身具有一定层理结构，在风化过程中易沿层理结构剥落。剥落可依据剥落层的厚薄及剥片的形状分为块状剥落、层状剥落、鳞片状剥落等。剥落病害几乎存在于每一块构件，但剥落程度存在差异，如图 2-1～图 2-4 所示。

图 2-1　NQ-M-L-2-W2 南面层状剥落

图 2-2　NQ-M-J-2-1 北面层状剥落

图 2-3 NQ-Z-L-2-E1 北面鳞片状、块状剥落

图 2-4 SQ-M-S-4-1 北面层状剥落

2. 空鼓

表层空鼓是板状、块状剥落或片状剥落的中间过程，常与其伴生，表现为构件一定厚度的表层向临空方向变形，在表层之下形成空腔，局部或已剥落，形成明显裂口，这种现象在阙楼和阙身上部等部位多处出现，如图 2-5～图 2-8 所示。

图 2-5 NQ-M-L-2-E2 南面空鼓

图 2-6 NQ-M-L-2-E2 东面斗拱雕刻空鼓

图 2-7 SQ-M-S-3-1 东面大片空鼓

图 2-8 SQ-M-L-2-2 南面空鼓

3. 粉化

粉化在石阙的上部构件（如阙楼部）和下部构件（如阙基等部位）已极为严重（图 2-9～图 2-12），不仅影响和破坏了石阙的造型和雕刻纹饰，甚至危及石阙的长久保存。

图 2-9　NQ-M-L-3-E1 东面粉化

图 2-10　NQ-Z-L-1-2 东面粉化

图 2-11　SQ-M-L-1-W2 西面粉化

图 2-12　SQ-M-L-3-1 东面粉化

4. 风化裂隙

风化裂隙是暴晒后高温经暴雨急剧降温或者可溶盐溶解、结晶反复循环过程中盐的结晶膨胀所产生的应力导致沿岩石体纹理发育的裂隙。起初除薄弱区域呈条带状分布且较深外，一般比较细小且较浅，多呈外大内小的 V 字形，但随病害继续发育，风化裂隙常与剥落、空鼓、粉化等其他风化病害伴生（图 2-13～图 2-16）。

5. 机械裂隙

机械裂隙主要是指不与石材自然层理平行的裂隙，在地质工程中也叫荷载裂隙，指岩体因外力扰动、受力不均、地基沉降、岩体自身构造等引起的开裂现象，一般这类裂隙多延伸至岩体内部，严重时会威胁自身的稳定。另外，石阙顶部及阙基局部生长植物，当构件表面产生细小裂纹时，植物就在岩石细小裂纹中生长，并迅速向内衍生，随着根系的发育壮大，对裂纹周边岩石的挤压力也随之加大，细小裂纹逐渐发育变大。同时植物根系分泌的一些酸性物质也会加速岩石风化和可溶性盐的形成，而这些盐分也为植物的生长提供了养分。机械裂隙极易引起石阙构件断裂错位和坍塌，如图 2-17～图 2-22 所示。

图 2-13   NQ-M-L-1-2 东面风化裂隙

图 2-14   NQ-M-L-4-W1 北面风化裂隙

图 2-15   NQ-M-D-1-2 东面风化裂隙

图 2-16   SQ-M-L-2-E1 北面风化裂隙

图 2-17   NQ-M-J-2-3 南面机械裂隙

图 2-18   NQ-M-J-2-3 西面断裂错位

6. 酥碱泛盐

　　绵阳地区潮湿多雨，土壤含盐量相对比北方地区少，且长年雨水冲刷及空气湿度较大，蒸发量比降雨量少，石阙基部盐类富集病害较少，只在一些隐蔽部位出现。而阙檐回水处可溶盐富集比较明显（图 2-23～图 2-26），这是由于阙体岩石中方解石含量较高，方解石在酸雨或含侵蚀性二氧化碳雨水的作用下被溶解，在其表面形成碳酸钙及硫酸钙粉末析出或结壳。

图 2-19　NQ-Z-L-1-2 西面左上角断裂

图 2-20　SQ-M-J-2-3 东面右侧断裂

图 2-21　SQ-M-L-1-1 北面左上角断裂

图 2-22　SQ-Z-S-1-1 南面断裂错位

图 2-23　NQ-Z-S-5-1 东面富盐

图 2-24　SQ-M-L-1-E2 南面表面富盐

7. 残缺

构件残缺主要出现在阙顶,长年经受各种自然营力作用,石材逐步风化,造成阙顶构件残缺,如图 2-27～图 2-30 所示。

8. 污染变色

石阙表面污染主要包括岩石中的方解石溶解析出在表面形成钙垢层、生物尸体腐败沉积于表面引起

图 2-25   SQ-Z-L-4-W1 西面表面富盐

图 2-26   NQ-M-L-1-W1 西面表面富盐

图 2-27   NQ-Z-D-1-1 局部残缺

图 2-28   南阙顶部构件残缺状况

图 2-29   SQ-Z-D-1-1 西面局部残缺

图 2-30   NQ-M-D-2-3 东面局部残缺

变色、大气粉尘沉降对表面污染等，曾经保护引起的变色与污染也归入该类病害，如图 2-31～图 2-34 所示。

9. 人为破坏

平阳府君阙长期露天开放保存，石阙所处场地是当地人长期以来参观和休闲娱乐的场所，来往人员较多，特别是早期没有防护栏的情况下，局部存在人为涂鸦、刻画及涂刷引起的表面覆盖等人为破坏现象（图 2-35～图 2-38）。

图 2-31 NQ-M-L-4-W3 西面污染变色

图 2-32 SQ-M-D-2-3 西面污染变色

图 2-33 SQ-M-S-5-1 西面水渍、钙垢

图 2-34 SQ-M-L-4-W1 西面污染变色

图 2-35 NQ-Z-S-1-1 西面人为刻画

图 2-36 NQ-Z-S-3-1 西面覆盖、刻画

10. 生物病害

平阳府君阙长期处于潮湿温热的环境下，在阙顶及阙基表面生长有苔藓、地衣、藻类、蕨类、藤类及其他高等植物（图 2-39～图 2-44）。阙体表面生长的苔藓植物将假根深入酥松层对其产生根劈破坏，另外，植物分泌的有机酸腐蚀岩石，加速岩石的风化速度。苔藓、地衣及藻类遗体腐烂后产生有机酸和气体，并形成腐殖质，与岩石中的不稳定矿物发生反应，腐蚀与分解岩石。

图 2-37　NQ-Z-S-4-1 人为刻画、覆盖

图 2-38　SQ-M-S-2-2 东面人为刻画

图 2-39　NQ-M-J-1-E3 东面苔藓、地衣

图 2-40　NQ-M-J-2-2 东面苔藓、地衣

图 2-41　SQ-M-J-1-E1 东面苔藓

图 2-42　NQ-M-D-2-E2 东面地衣

11. 地震破坏

"5·12"汶川地震波强大的水平剪应力造成阙体扭曲（图 2-45）、构件间发生错位（图 2-46），构件间最大错位幅度为 5cm，阙体扭曲度约 5° 水平角；另外，地震造成石阙构件断裂、局部崩落（图 2-47～图 2-51）。

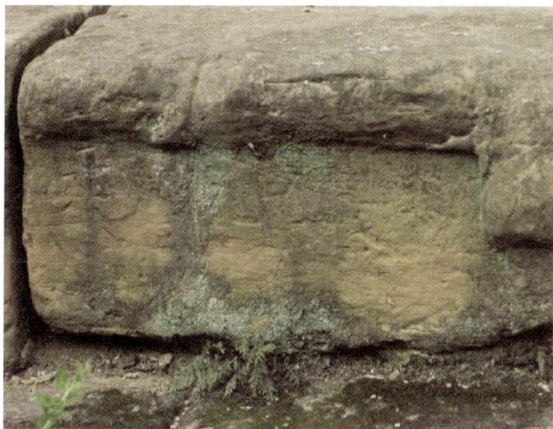

图 2-43　NQ-M-J-2-1 东面苔藓、地衣

图 2-44　南阙阙基西面植物

图 2-45　阙体扭曲

图 2-46　构件错位

图 2-47　SQ-M-S-1-W2 西面地震受损破碎

图 2-48　SQ-M-S-2-1 北面大块崩落

图 2-49　SQ-Z-S-1-1 东面地震受损破裂

图 2-50　NQ-M-S-4-1 西面地震受损破碎

图 2-51　地震中收集的崩落构件

2.2.2　平阳府君阙病害统计

在方案设计阶段，对平阳府君阙各类病害进行了统计，但因有些病害分布于阙体内部（如裂隙、断裂、破碎等），方案设计时无法进行统计，施工时又对各类病害进行了实时统计，病害统计如表 2-12 所示。

表 2-12　平阳府君阙病害统计表

病害类型	生物病害	空鼓、剥落	酥碱	裂隙	断裂	表面泛盐	崩落、崩裂
病害量	50m²	40m²	30m²	85m	25 处	120m²	20 处

2.3　平阳府君阙本体及样品分析检测

为了解平阳府君阙岩石及风化产物特性，分析病害产生原因，更有针对性地制定和实施石阙保护措施，在石阙病害勘察与保护工程实施阶段均有针对性地选择阙体岩石及病害样品进行了分析检测，样品编号、取样位置及外观形貌如表 2-13 所示。

表 2-13　样品编号、取样位置及外观形貌

类型	样品编号	联样位置	样品外观形貌描述	测试项目
岩样	1	NQ-Z-D-1-1 东南角	表面酥碱碎块和粉末	可溶盐
	2	NQ-Z-D-1-1 东南角	表面风化剥落大块体	薄片、扫描电子显微镜、物理性能
	3	NQ-Z-L-3-E2 东南角	表面风化剥落小块体	可溶盐、矿物成分
	4	NQ-M-D-2-E2 下表面	表面风化剥落碎块	可溶盐、矿物成分
	5	NQ-M-D-2-3 下表面	表面风化剥落碎块	可溶盐
	6	SQ-M-L-3-W2 西南角	表面剥落片状较大块体	矿物成分
	7	SQ-M-L-4-E3 南立面	表面酥碱粉末	可溶盐
	8	SQ-M-D-2-3 下表面	片状剥落块体	可溶盐
	9	南阙基座	表面风化剥落碎块	可溶盐
	10	SQ-M-D-2-1	锚孔取出岩芯样，新鲜岩石	薄片、矿物成分、扫描电子显微镜、岩石物理性能
	11	NQ-M-L-2-1 东北角	表面风化剥落碎块	可溶盐、矿物成分
	12	SQ-M-D-2-1 北下表面	表面酥碱碎块和粉末	矿物成分、可溶盐
	13	SQ-M-L-1-W2 南立面	表面风化剥落碎块	矿物成分、可溶盐
水样	1	雨水、北阙南侧（2016.9.5）	按规范取当时雨水封存	钙、镁、钠、钾、pH、SO_4^{2-}、NO_3^-、Cl^-、HCO_3^-、游离 CO_2、侵蚀性 CO_2
	2	雨水、北阙南侧（2016.9.14）	按规范取当时雨水封存	钙、镁、钠、钾、pH、SO_4^{2-}、NO_3^-、Cl^-、HCO_3^-、游离 CO_2、侵蚀性 CO_2
	3	雨水、北阙南侧（2016.9.19）	按规范取当时雨水封存	钙、镁、钠、钾、pH、SO_4^{2-}、NO_3^-、Cl^-、HCO_3^-、游离 CO_2、侵蚀性 CO_2
	4	南阙基坑地下水（2016.9.25）	按规范取地下水封存	钙、镁、钠、钾、pH、SO_4^{2-}、NO_3^-、Cl^-、HCO_3^-、游离 CO_2、侵蚀性 CO_2
	5	北阙基坑地下水（2016.9.20）	按规范取地下水封存	钙、镁、钠、钾、pH、SO_4^{2-}、NO_3^-、Cl^-、HCO_3^-、游离 CO_2、侵蚀性 CO_2

2.3.1　薄片鉴定

岩样薄片鉴定委托自然资源部成都矿产资源监督检测中心进行。

检测依据为：薄片、光片按《地质矿产实验室测试质量管理规范》（DZ/T 0130—2006），岩石分类和命名按《岩石分类和命名方案》（GB/T 17412.1～3—1998），主要仪器为莱卡 DM2700P 偏光显微镜。鉴定结果如表 2-14 和表 2-15 所示，岩样正交偏光如图 2-52 和图 2-53 所示。

表 2-14　2 号岩样薄片鉴定结果

送样编号	NQ-Z-D-1-1（编号 2）	野外定名	无	标本状态	块样
鉴定类别	薄片	产地、产状	无	温度、相对湿度	26℃，60%
鉴定依据	《地质矿产实验室测试质量管理规范》（DZ/T 0130—2006）《岩石分类和命名方案》（GB/T 17412.1~3—1998）				
鉴定仪器	仪器名称：偏光显微镜　　　　仪器型号：DM2700P　　　　仪器编号：K0135				
标本观察	灰黄色块状，致密，硬度低于小刀，滴 5%HCl 起泡，茜素红 S 染色试验变红				
矿物成分及含量 /%	碎屑：70	填隙物：30			
	石英：50~55	泥质杂基：3~4			
	长石：2~3	方解石胶结物：25			
	硅质岩屑：5~10	褐铁矿：1~2			
	泥岩岩屑：7~8				
	白云母：<1				
	不透明矿物：<1				
鉴定内容	岩石具细粒砂状结构，其中碎屑占 70%，填隙物占 30%。 一、碎屑：呈次棱角状、次圆状，磨圆中等，粒度主要集中在 0.06~0.25mm，为细粒砂屑，有少量碎屑粒度小于 0.06mm，分选好。 石英：为单晶石英，广泛分布。 长石：零星散布，斜长石、钾长石均可见，斜长石见聚片双晶，钾长石表面显浑浊。 硅质岩屑：星散分布，呈粒状，由隐晶质石英组成。 泥岩岩屑：星散分布，呈粒状、延长状，由细小鳞片状黏土矿物组成。 白云母：呈细小片状，零星可见，略见弯折。 不透明矿物：呈细小不规则粒状及集合体，大小为 0.01~0.06mm，零星可见。 二、填隙物：分布于碎屑之间起胶结作用，为泥质杂基、方解石胶结物、褐铁矿。 泥质杂基：为隐晶质集合体，集合体呈不规则状、填隙状散布于碎屑之间。 方解石胶结物：较广泛散布，呈粒状、不规则状散布于碎屑之间。 褐铁矿：呈细小分散状混杂散布于泥质杂基中。 三、支撑类型：颗粒支撑；胶结类型：孔隙式胶结				
鉴定结论	（钙质胶结）细粒岩屑石英砂岩				

表 2-15　10 号岩样薄片鉴定结果

送样编号	SQ-M-D-2-1（编号 10）	野外定名	无	标本状态	块样
鉴定类别	薄片	产地、产状	无	温度、相对湿度	26℃，60%
鉴定依据	《地质矿产实验室测试质量管理规范》（DZ/T 0130.9—2006）《岩石分类和命名方案》（GB/T 17412.1~3—1998）				
鉴定仪器	仪器名称：偏光显微镜　　　　仪器型号：DM2700P　　　　仪器编号：K0135				
标本观察	灰色块状，致密，硬度低于小刀，滴 5%HCl 起泡，茜素红 S 染色试验变红				
矿物成分及含量 /%	碎屑：65	填隙物：35			
	石英：40	泥质杂基：5			
	长石：2~3	方解石胶结物：30			
	硅质岩屑：5~10	电气石：偶见			
	石英岩屑：5~10				
	泥岩岩屑：7~8				
	不透明矿物：<1				
鉴定内容	岩石具细粒砂状结构，其中碎屑占 65%，填隙物占 35%。 一、碎屑：呈次棱角状、次圆状，磨圆中等，粒度主要集中在 0.06~0.25mm，为细粒砂屑，5%~10% 的碎屑粒度小于 0.06mm，为粉砂屑，分选好。 石英：为单晶石英，广泛分布。 长石：零星散布，斜长石、钾长石均可见，斜长石见聚片双晶，钾长石表面显浑浊。 硅质岩屑：星散分布，呈粒状，由隐晶质石英组成。 石英岩屑：星散分布，呈粒状，由粒状石英组成。 泥岩岩屑：星散分布，呈粒状、延长状，由细小鳞片状黏土矿物组成。 不透明矿物：呈细小不规则粒状及集合体，大小为 0.01~0.05mm，零星可见。				

鉴定内容	电气石：呈粒状，大小为 ±0.1mm，偶见。 二、填隙物：分布于碎屑之间起胶结作用，为泥质杂基、方解石胶结物。 泥质杂基：为隐晶质集合体，呈不规则状、填隙状散布于碎屑之间。 方解石胶结物：较广泛散布，呈粒状、不规则状散布于碎屑之间。 三、支撑类型：颗粒支撑；胶结类型：孔隙式胶结
鉴定结论	（钙质胶结）含粉砂细粒岩屑石英砂岩

图 2-52　2 号岩样正交偏光

图 2-53　10 号岩样正交偏光

薄片鉴定结果表明，平阳府君阙岩石为细砂岩，胶结类型为孔隙式胶结，支撑类型为颗粒支撑，岩石具有细粒砂状结构，由碎屑和填隙物组成，填隙物含量为 30% 甚至更多，填隙物主要为方解石，方解石较广泛散布，呈粒状、不规则状散布于碎屑之间，起胶结作用，岩石致密，硬度中等。岩石中岩屑含量为 17%～28%，长石含量为 2%～3%。长石含量小于 10%，不参与命名[1]，根据《岩石分类和命名方案》（GB/T 17412.1～3—1998），平阳府君阙岩石为钙质胶结细粒岩屑石英砂岩。

2.3.2　岩样物理性能测试

2 号和 10 号岩样的物理性能按《工程岩体试验方法标准》（GB/T 50266—2013）进行测试，结果如表 2-16 所示，表中数据为 3 次试验数据的平均值。受石阙本体取样限制，岩石力学性能没有测试。

表 2-16　岩样物理性能

试样编号	干密度 /（g/cm³）	饱和密度 /（g/cm³）	吸水率 /%	饱和吸水率 /%	饱水系数
2	2.18	2.36	4.90	6.85	0.72
10	2.31	2.47	4.67	5.15	0.91

2.3.3　岩样矿物成分分析

对采集的新鲜岩样和风化岩样研磨和过筛后，采用 DX-1000 X 射线衍射光谱仪进行测试，检测环境条件为：温度 24℃，相对湿度 56%，检测依据为 DS327—3112—08，利用 K 值法进行半定量分析，结果如表 2-17 所示。岩样 X 射线衍射图谱如图 2-54～图 2-60 所示。

---

① 朱筱敏. 沉积岩石学［M］. 4 版. 北京：石油工业出版社，2008：9-147.

表 2-17   岩样 X 射线衍射测试结果

样品编号	矿物成分及含量 /%					
	石英	方解石	长石	石膏	白云母	黏土矿物及其他
3	65	17.1	—	3.5	4.0	10.4
4	57.4	15.6	0.97	4.0	2.6	19.43
6	60.7	14.7	2.3	3.5	2.4	16.4
10	45	41.9	5.8	—	2.4	4.9
11	54.6	25	3.3	1.9	2.0	13.2
12	52.3	17.8	2.1	—	2.4	25.4
13	57.1	14.7	1.7	1.9	1.8	22.8

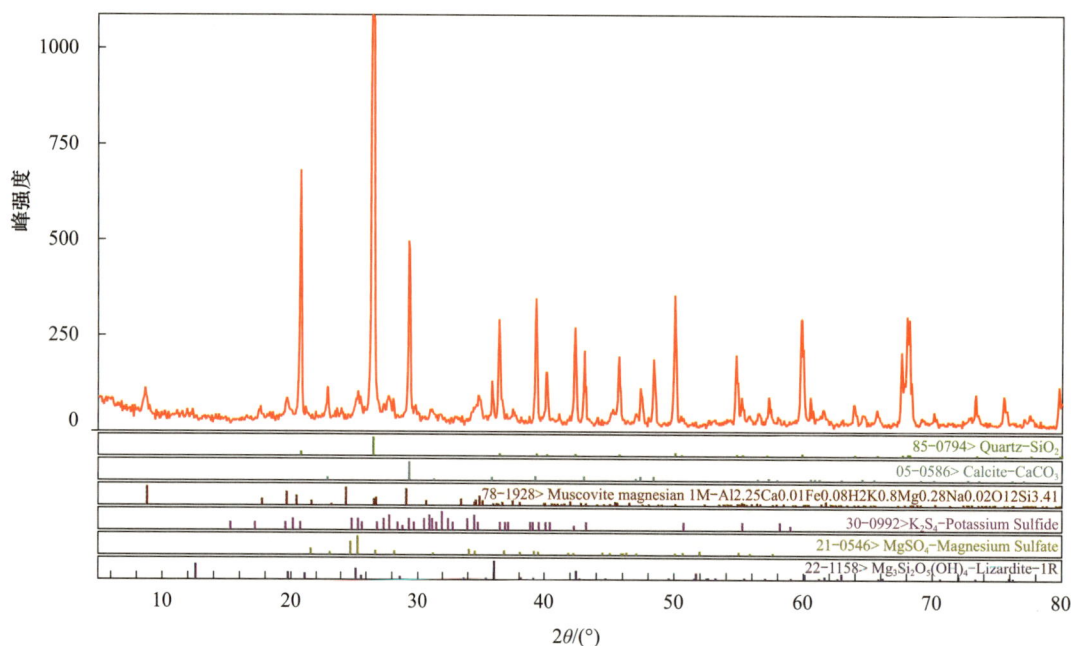

图 2-54   3 号岩样 X 射线衍射图谱

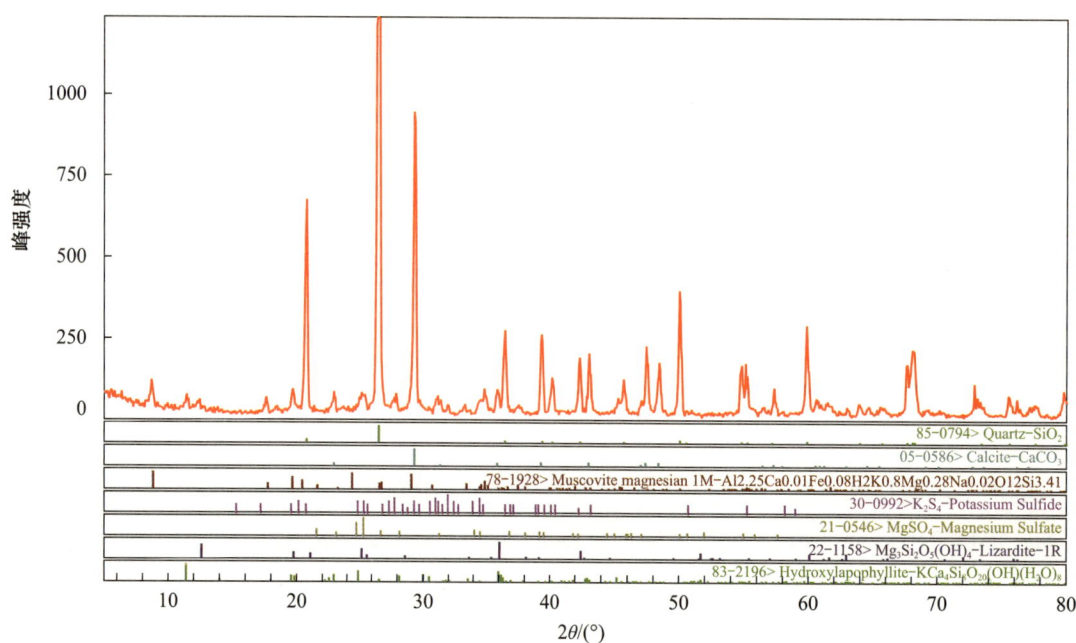

图 2-55   4 号岩样 X 射线衍射图谱

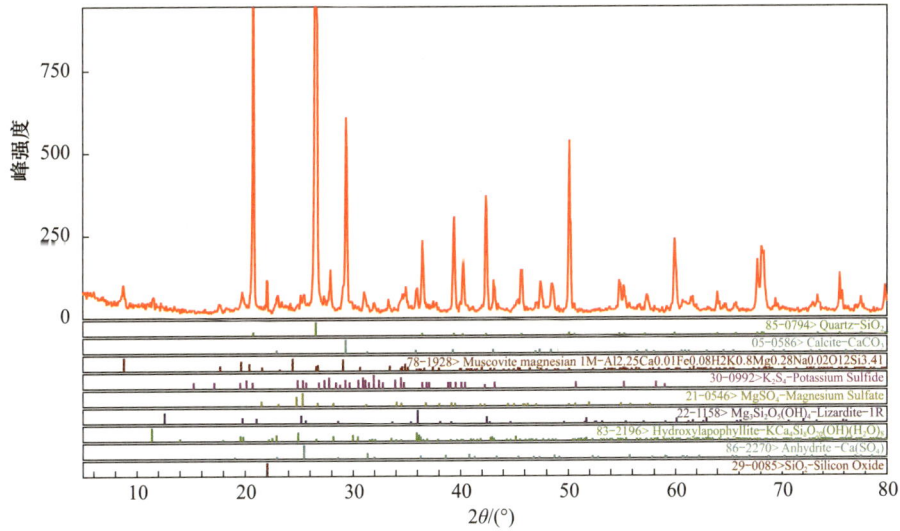

图 2-56　6 号岩样 X 射线衍射图谱

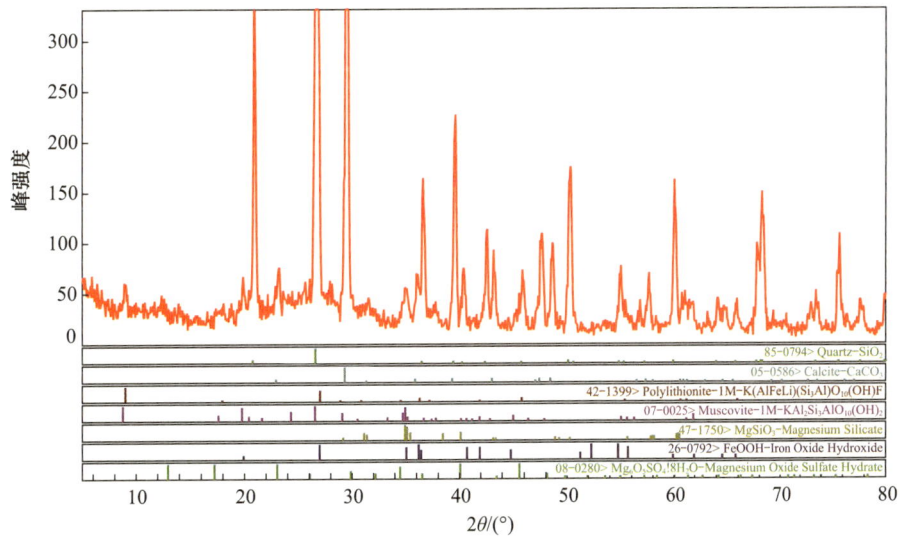

图 2-57　10 号岩样 X 射线衍射图谱

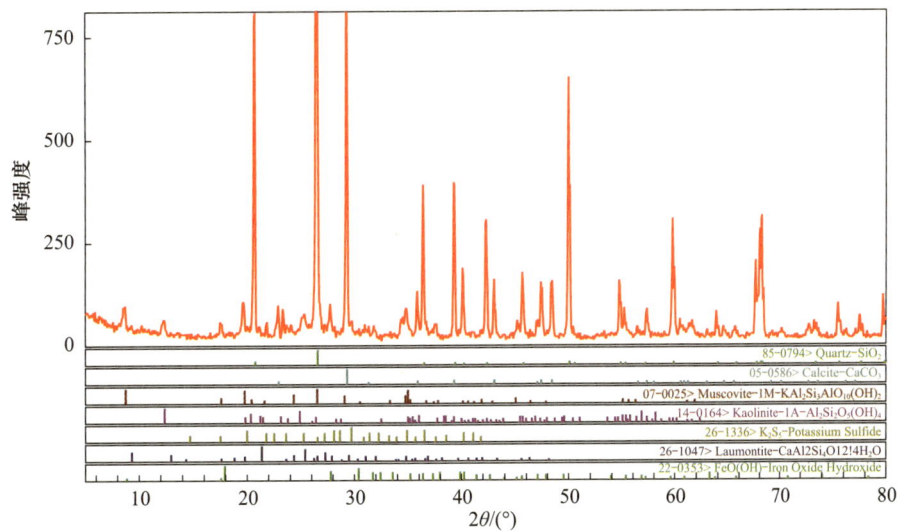

图 2-58　11 号岩样 X 射线衍射图谱

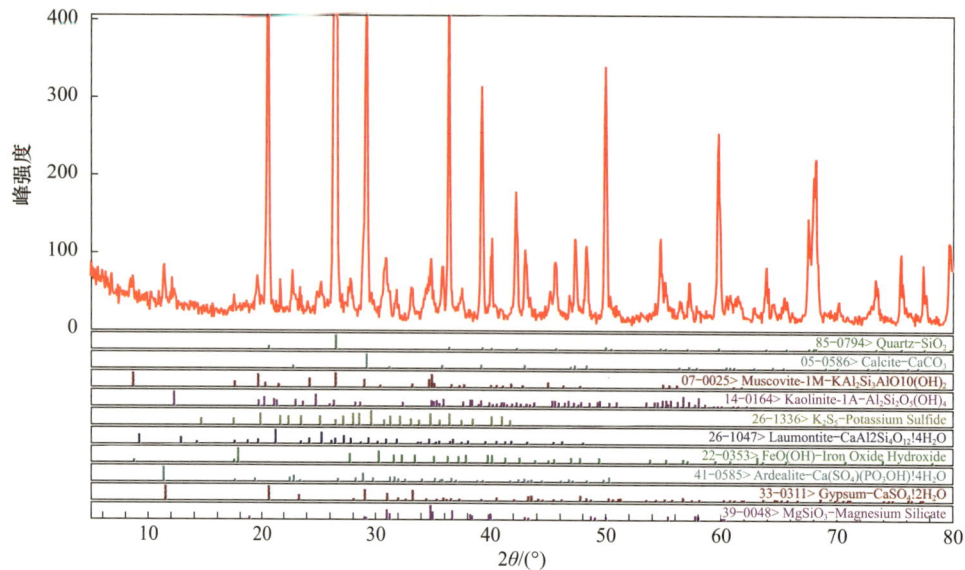

图 2-59　12 号岩样 X 射线衍射图谱

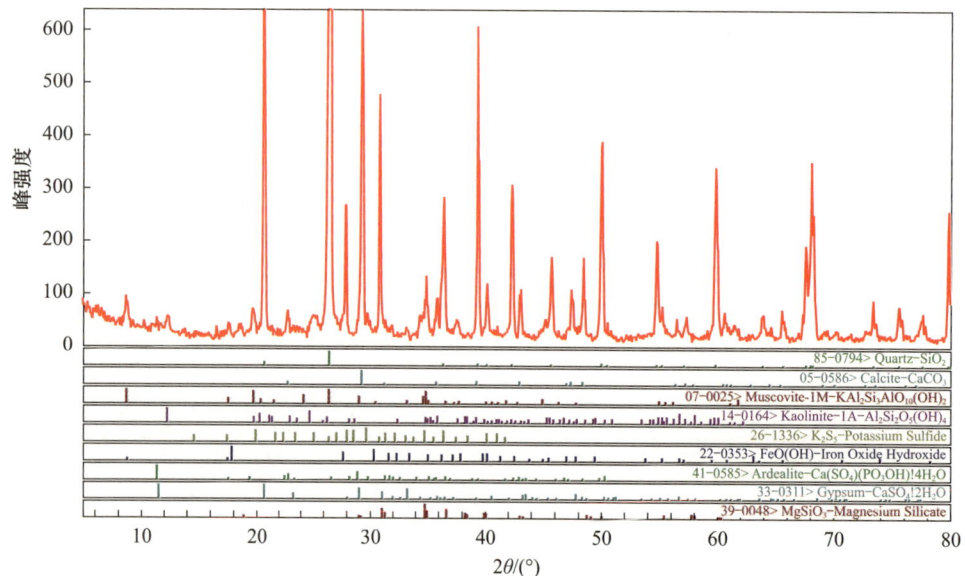

图 2-60　13 号岩样 X 射线衍射图谱

分析结果表明，所有岩样的主要矿物成分均为石英和方解石。10 号新鲜岩样的主要矿物成分为石英和方解石，其次为长石、白云母和黏土矿物，胶结物为方解石和黏土矿物（少量）。与新鲜岩样相比，风化岩样的胶结物方解石含量明显减少，生石膏和黏土矿物含量明显增加，这是因为岩石和方解石风化劣变成高岭石和石膏，长石中的 K、Na 元素变成可溶性盐随水迁移到岩石表层后被雨水带走。而 SiO_2 的变化是因为岩石胶结物被破坏后，表层的石英裸露在外面，有些被雨水冲走，有些则留在原地。在新鲜岩样中没有石膏，而风化岩样几乎含有石膏，可以说石膏是石阙岩石风化的标志性产物。

2.3.4　岩样电镜观察与能谱分析

利用日立 S-4800 型高分辨场发射扫描电镜（scanning electron microscope，SEM）和配套的 X 射线能谱分析（SEM-EDS）分析两组岩样的微观结构信息，并利用配备的能谱仪对微区进行成分分析。

1. 2 号风化岩样电镜观察与能谱分析

2 号岩样局部 SEM 照片如图 2-61～图 2-64 所示，岩样生物残体 SEM 照片如图 2-65 和图 2-66 所示。可以看出，2 号岩样风化严重，片层间的分界模糊且有较大的孔隙，孔隙发育，大小一般为 1～20μm，缺少胶结物，结构松散，呈碎屑状或粉末状，可见长石和方解石整个颗粒被溶蚀而形成的大孔隙。表层石英颗粒几乎不见，新鲜砂岩的胶结物如方解石也基本不可见；长石经水解形成大量高岭石类矿物，以鳞片状填充于粒间孔隙中，或以细小丝带状、条片状或以黏土桥形式分布于颗粒间，黏土矿物在碎屑岩颗粒表面呈定向排列。苔藓、地衣及其他生物残留体存在于风化岩石表面松散结构或空

图 2-61　2 号岩样局部①SEM 照片（×5000）

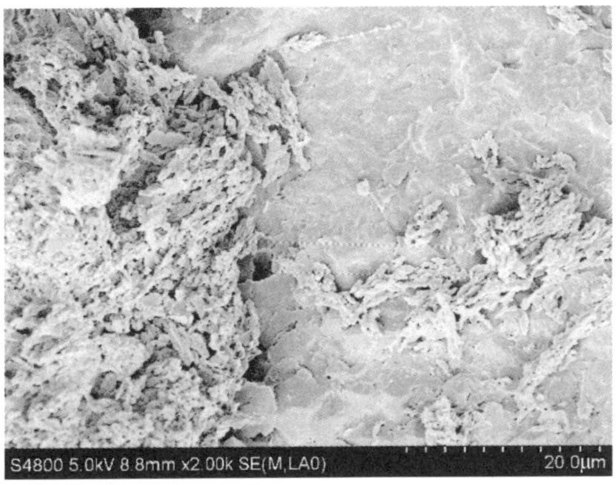

图 2-62　2 号岩样局部②SEM 照片（×2000）

图 2-63　2 号岩样局部③SEM 照片（×500）

图 2-64　2 号岩样局部④SEM 照片（×2000）

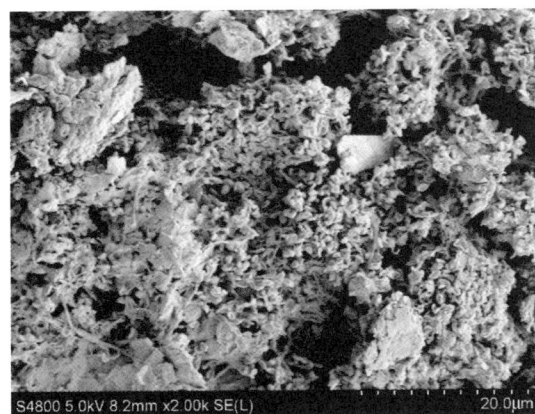

图 2-65　岩样生物残体 SEM 照片（×2000）

图 2-66　岩样生物残体 SEM 照片（×5000）

隙中，局部可见白色生物体。

选择 2 号岩样的两个微区进行能谱分析，结果如表 2-18 所示。

表 2-18   2 号岩样两个微区能谱分析结果

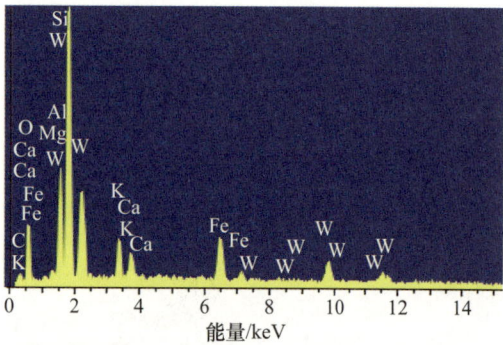

元素	含量 /%
C、K	12.58
O、K	49.82
Al、K	1.86
Si、K	4.22
Ca、K	26.99
Fe、K	1.98
W、M	2.55
总和	100.00

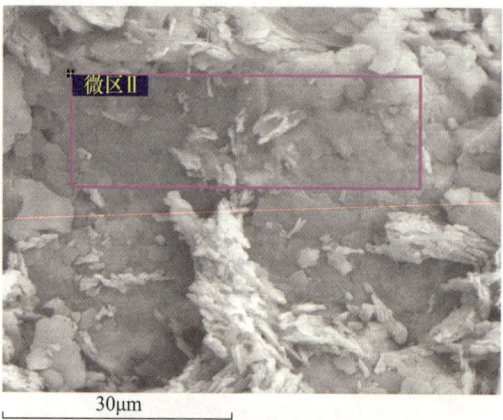

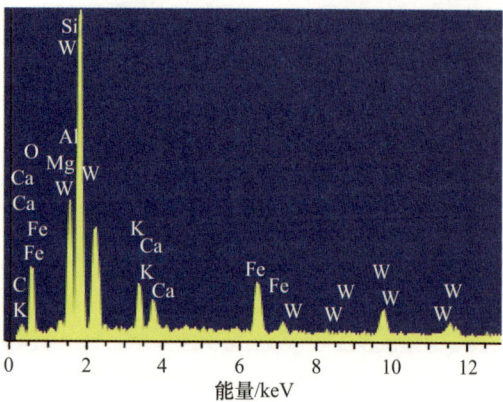

元素	含量 /%
C、K	10.10
O、K	26.53
Mg、K	0.99
Al、K	8.45
Si、K	20.70
K、K	4.88
Ca、K	3.52
Fe、K	11.83
W、M	13.00
总和	100.00

2. 10 号新鲜岩样电镜观察与能谱分析

10 号岩样局部 SEM 照片如图 2-67～图 2-70 所示。可以看出，新鲜岩石相对致密，蚀变较弱，片层状结构排列整齐，岩粒间孔隙较少，层片间的分界较清晰，呈片状或碎屑状，局部为团粒状或似羽状。新鲜岩石中发育有微裂隙[①]（图 2-69），局部因长石和方解石被溶蚀而形成较大的孔洞。明显可见方解石和长石，方解石以及白云母填充于粒间孔隙中；玫瑰花瓣状、针叶状绿泥石覆盖于表面或粒间（图 2-70）。

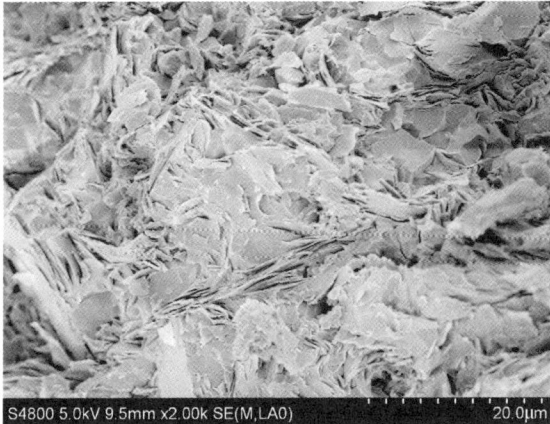

图 2-67　10 号岩样局部①SEM 照片（×2000）

图 2-68　10 号岩样局部②SEM 照片（×5000）

图 2-69　10 号岩样局部③SEM 照片（×2000）

图 2-70　10 号岩样局部④SEM 照片（×10000）

选择 10 号岩样的两个微区进行能谱分析，结果如表 2-19 所示。

2.3.5　岩样可溶盐检测

砂岩中多种矿物（如长石、方解石、黏土矿物等）易发生劣变，导致岩石中可能含多种可溶性金属盐类，如钾盐、钠盐、钙盐、镁盐等。中国行业标准《岩心分析方法》（SY/T 5336—2012）、中国发明专利（公开号 CN 106353411 A、CN 102169115 A）均公开了浸取岩石中盐分的试验方法，该方法对于浸取砂岩、碳酸盐岩中的可溶盐具有较好的效果。因此，我们采用该方法，通过测定岩样品的可溶性阴阳离子来测试可溶盐。

---

① 冯文凯，黄润秋，许强. 岩石的微观结构特征与其力学行为启示［J］. 水土保持研究，2009，16（6）：26-29.

表 2-19　10 号岩样两个微区能谱分析结果

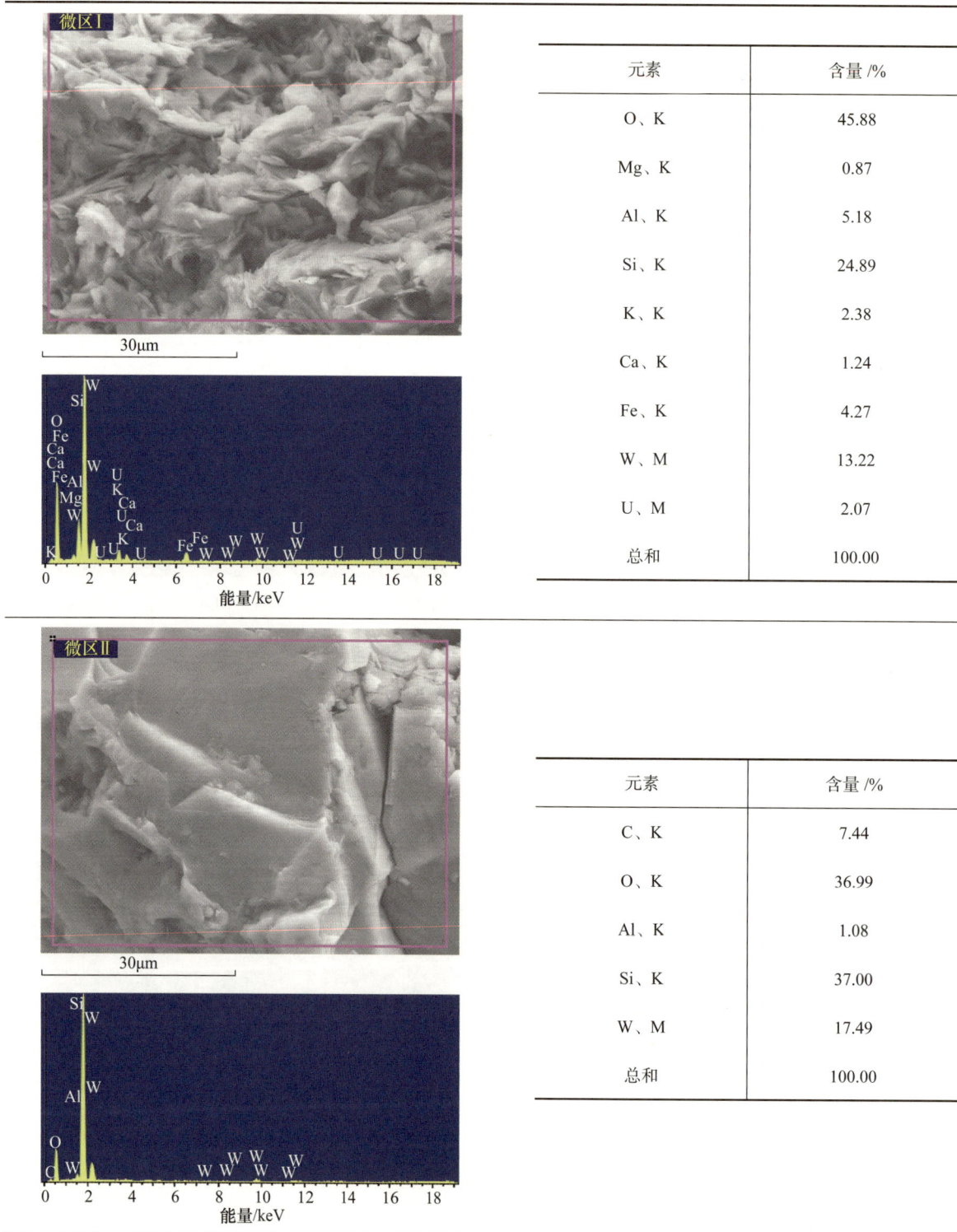

元素	含量 /%
O、K	45.88
Mg、K	0.87
Al、K	5.18
Si、K	24.89
K、K	2.38
Ca、K	1.24
Fe、K	4.27
W、M	13.22
U、M	2.07
总和	100.00

元素	含量 /%
C、K	7.44
O、K	36.99
Al、K	1.08
Si、K	37.00
W、M	17.49
总和	100.00

将岩石研磨至粒径小于 1mm，且以蒸馏水为可溶盐的浸取溶剂，测定岩样中主要阴阳离子种类及含量，检测的阴离子包括 Cl^-、SO_4^{2-}、NO_3^-、CO_3^{2-} 或 HCO_3^-，阳离子包括 Na^+、K^+、Ca^{2+}、Mg^{2+}。阴离子测试依据为《离子色谱分析方法通则》（JY/T 020—2020），测试仪器为 ICP-90 离子色谱仪；阳离子测试依据为《土壤和沉积物　铜、锌、铅、镍、铬的测定　火焰原子吸收分光光度法》（HJ 491—2019），采用火焰法，测试仪器为 ICE3000 AA 原子吸收光谱仪。岩样离子检测结果如表 2-20 所示。

表 2-20　岩样离子检测结果　　　　　　　　　　（单位：mg/g）

样品编号	Mg^{2+}	K^+	Na^+	Ca^{2+}	Cl^-	NO_3^-	SO_4^{2-}	HCO_3^-
1	0.51	1.1	0.27	0.62	0.071	1.1	3.3	0.268
3	0.37	0.92	0.21	0.56	—	<0.04	0.17	0.201
4	0.51	0.94	0.17	0.73	0.043	0.33	2.2	0.140
5	0.34	0.8	0.15	0.32	<0.04	0.11	0.3	0.234
7	0.44	0.81	0.14	1.35	<0.04	0.12	6.6	0.190
8	0.44	0.95	0.22	0.29	<0.04	0.049	3.6	0.183
9	0.51	1.2	0.22	0.61	<0.04	<0.04	<0.04	0.316
11	0.5	1.1	0.26	0.35	<0.04	0.054	0.25	0.215
12	0.6	0.76	0.14	0.43	<0.04	0.16	3.5	0.191
13	0.62	0.85	0.17	0.48	0.009	0.41	4.2	0.195

分析结果表明，阳离子 K^+ 的含量最高，其次为 Mg^{2+} 和 Na^+，并都含有少量 Ca^{2+}。一般认为，Ca^{2+}、K^+、Mg^{2+} 与陆相源相关，Na^+ 与海洋及陆相源相关。考虑到石阙所处的地理位置，认为这三种离子可能来源于砂岩类岩石中的长石和方解石。岩样中含有一定量的可溶解性阴离子，Cl^- 的含量基本可以忽略不计；虽然 CO_3^{2-} 未能检测出，但含有一定量的 HCO_3^-，除 3 号、5 号、9 号、11 号样品外，其余岩样中的 SO_4^{2-} 含量相对较高。9 号样品来源于南阙的基座，Cl^-、NO_3^-、SO_4^{2-} 几乎很少，说明基座岩石中的可溶性氯化物、硝酸盐、硫酸盐几乎没有，但从阳离子测试结果及 HCO_3^- 的含量来看，基座岩石中存在一定的可溶性碳酸氢盐，这可能是因为岩石中的长石、方解石在潮湿多雨环境下，由于碳酸化作用，其分解生成碳酸氢盐。总体上，南阙（7 号、8 号样品）岩石的 SO_4^{2-} 含量比北阙（4 号、5 号样品）高，且都表现出同一岩石外表面的 SO_4^{2-} 含量比内层高。岩石中的可溶性 SO_4^{2-} 可能来源于岩石内石膏的溶解或者大气污染物。岩石的外表面和内层 SO_4^{2-} 含量的较大差异说明大气污染物中的 SO_4^{2-} 是以沉积方式作用于岩石上的（NO_3^- 也存在与 SO_4^{2-} 相同的情况）；北阙和南阙 SO_4^{2-} 含量的不同可能是由于北阙和南阙的岩石表面风化程度或受外界环境影响的不同。

综合岩样的阴、阳离子检测结果，认为岩石中的主要可溶性盐为长石和方解石劣化形成的碳酸氢盐、硫酸盐和少量的硝酸盐。不同位置岩样中的可溶盐如表 2-21 所示。

表 2-21　不同位置岩样中的可溶盐

样品编号	可能的可溶盐	备注
1	钾、钠、镁的硫酸盐、硝酸盐、碳酸氢盐，钙的硝酸盐、碳酸氢盐	硫酸盐稍多
3	钾、钠、镁的碳酸氢盐	量少
4	钾、钠、镁的硫酸盐、碳酸氢盐，钙的碳酸氢盐	硫酸盐稍多
5	钾、钠、镁的硫酸盐、碳酸氢盐，钙的碳酸氢盐	量少
7	钾、钠、镁的硫酸盐、碳酸氢盐，钙的碳酸氢盐	硫酸盐稍多
8	钾、钠、镁的硫酸盐、碳酸氢盐，钙的碳酸氢盐	硫酸盐稍多
9	钾、钠、镁的碳酸氢盐	量少
11	钾、钠、镁的硫酸盐，钙的碳酸氢盐	量少
12	钾、钠、镁的硫酸盐、碳酸氢盐，钙的碳酸氢盐	硫酸盐稍多
13	钾、钠、镁的硫酸盐、硝酸盐、碳酸氢盐，钙的硝酸盐、碳酸氢盐	硫酸盐稍多

注：浓度小于 0.1mg/L 的离子，认为可以忽略其相应可溶盐的存在。

2.3.6　水样检测

共收集雨水样 3 份、地下水样 2 份，雨水取自同一地点同一月份的不同日期，地下水取自两个阙的基础坑的不同月份。对 5 份水样均进行了阴、阳离子和 pH 分析，检测结果如表 2-22 所示。

表 2-22　水样中离子检测结果

样品编号		Mg^{2+} /（mg/L）	K^+ /（mg/L）	Na^+ /（mg/L）	Ca^{2+} /（mg/L）	Cl^- /（mg/L）	NO_3^- /（mg/L）	HCO_3^- /（mg/L）	SO_4^{2-} /（mg/L）	pH
雨水	1	0.117	2.84	0.343	3.14	3.97	4.0	样量太少，没有检测到	7.99	7.866
	2	0.076	1.13	0.1	1.867	2.78	2.8		6.24	6.331
	3	0.045	0.503	0.064	1.13	2.13	1.81		4.35	7.184
地下水	4	19.9	1.02	23	121	6.78	5.94	385	141	7.232
	5	11.2	2.99	23.1	151	8.63	18.2	297	119	7.373

一般认为，pH＜5.6 的雨水为酸雨，从分析结果来看，同一月份不同日期的雨水样品的 pH 变化较大，分别呈现为弱酸性、中性和弱碱性。测试结果表明，该月份本地区的雨水 pH 正常，其差异可能是由空气中的颗粒污染物导致雨水中的碱性离子中和了酸性离子，因此表现出 pH 比正常雨水高。

雨水中的化学组成成分主要来自于海洋、陆壳风化和人为排放。其中 Cl^-、Mg^{2+} 有一部分是海洋来源，而 Ca^{2+}、K^+ 和 SO_4^{2-} 基本为非海洋来源，SO_4^{2-} 和 NO_3^- 几乎全来自于人为排放，如燃煤、工业排放和汽车尾气。绵阳地区，雨水中 SO_4^{2-} 的主要来源为人为排放；Ca^{2+}、K^+ 则与陆相源相关，与西南地区广泛分布的砂岩以及外来污染物如土壤尘、道路扬尘和建筑施工等相关。分析结果表明，雨水中阳离子 Ca^{2+}、K^+ 以及阴离子 SO_4^{2-}、Cl^- 和 NO_3^- 的含量均不低，且酸性离子 SO_4^{2-}、Cl^- 和 NO_3^- 的含量远高于金属阳离子的含量。虽然由于样品量太少，没有能够测出 HCO_3^- 的含量，但雨水呈中性至弱碱性，说明 HCO_3^- 中和了部分酸性离子 SO_4^{2-}、Cl^- 和 NO_3^-，因此在当时条件下，雨水中的 HCO_3^- 含量在所有阴离子中应该是最高的，即 $HCO_3^- > SO_4^{2-} > Cl^-$、$NO_3^-$。但雨水中污染物的变化规律还需要进行多点及长期监测，从而更好地提示雨水中污染物质在不同时期不同区域的分布规律。

地下水分析结果表明，其 pH 呈中性。地下水中的 SO_4^{2-}、HCO_3^-、Ca^{2+} 含量都很高，Na^+ 和 Mg^{2+}、Cl^- 和 NO_3^- 含量也较高，其水化学类型为 HCO_3-Ca 型，属于中性至弱碱性水。地下水的高离子浓度表明，地下水为高矿化度，弱碱性重碳酸钙型，阙基地下水的循环较好，其来源为芙蓉溪渗水和大气降水补给，水中阴、阳离子来源为补给水源污染物和岩石风化溶解。

2.3.7　生物种属鉴定

2008 年 9 月底，西安文物保护修复中心对平阳府君阙生物病害进行了调查与样品采集。经整理鉴定，石阙上共发现生物 7 种，其中低等藻类 1 种、地衣植物 3 种、苔藓植物 2 种、蕨类植物 1 种，结果如表 2-23 所示 [①]。

---

① 西安文物保护修复中心编制. 四川省绵阳市汉平阳府君阙保护修复设计方案 [R]. 2008.

表 2-23　平阳府君阙生物病害

编号及取样位置	种类	名称	病害图片
1 号 NQ-M-J-2-1 东面	蓝藻门	蓝藻目 Cyanophyceae	
2 号 NQ-M-J-2-2 东面	地衣门	癞屑衣属：蓝绿癞屑衣 Lepraria aeruginosa	
3 号 SQ-M-J-2-1 东面	地衣门	茶渍科：墙鳞茶渍 Lecanora muralis	
4 号 南阙阙基东面	地衣门	树花科 Ramalinaceae	
5 号 SQ-M-J-1-E1 北面	苔藓植物门	丛藓科：大叶石灰藓 Hydrogonium majusculum	

续表

编号及取样位置	种类	名称	病害图片
6 NQ-M-J-1-W4 西面	苔藓植物门	绢藓科：绢藓 Entodon cladorrhizans	
7 南阙阙基空隙	蕨类植物门	铁角蕨科：变异铁角蕨 Asplenium varians Wall. ex Hook. elGreN	

2.4 平阳府君阙风化病害影响因素分析

2.4.1 本体材质的影响

平阳府君阙岩石薄片鉴定与矿物成分分析结果表明，平阳府君阙岩石为钙质胶结细粒岩屑石英砂岩，岩石主要矿物成分为石英、方解石、长石、白云母和黏土矿物。胶结类型为孔隙式胶结，支撑类型为颗粒支撑，岩石具有细粒砂状结构，由碎屑和填隙物组成，填隙物主要为方解石和黏土矿物，方解石较广泛散布，呈粒状、不规则状散布于碎屑之间，起胶结作用。碎屑主要为石英和岩屑。研究表明，石英、方解石等矿物成分具有不同的热胀冷缩系数，且热胀冷缩系数具有各向异性[1]，在冷热交替变化情况下，会产生轴向性热胀冷缩，即使在同一温度下，由于岩石内部各个部位热胀冷缩的程度不同，矿物颗粒之间也会产生应力，连在一起的岩石矿物颗粒彼此脱开，使岩石发生表层劣化。

平阳府君阙长期露天保存，阙体受外界温度变化影响极大。由于岩石是热的不良导体，且岩石矿物热胀冷缩系数具有差异性，在夏季高温和冬季严寒等极端气候条件下，岩石均会因表里不一的胀缩而使其表面因热力作用受到破坏。石阙新鲜岩石中含有约 30% 的方解石胶结物及 5%~6% 的钠长石和黏土矿物，酸雨和含侵蚀性 CO_2 的水极易使矿物产生溶解、迁移、变异，从而引起岩石表面产生溶蚀、酥碱粉化等病害。

平阳府君阙岩石致密，饱和吸水率较低；岩石内部除局部发育有微裂隙外，岩石层理构造不发达，岩石基本没有泥质软弱夹层，在保存环境有利条件下，平阳府君阙岩石内部结构有利于长久保存。

---

① 奚同庚. 无机材料热物性学 [M]. 上海：上海科技出版社，1981：213-273.

2.4.2　自然因素的影响

1. 水的影响

水是引起四川地区石质文物风化的主要外部因素。水的运动和变化通过溶解、水解、水合、水化、冻融等作用对砂岩化学成分的迁移溶蚀、矿物成分的变异、盐类物质的转换及表层裂变起着重要作用。在可溶盐、空气污染物、生物等自然因素对室外露天石质文物的风化破坏过程中，水起着重要的媒介作用，其中最具有代表性的是可溶盐对阙体石刻的破坏，可溶盐在石阙表面的迁移、富集、溶解、结晶始终都是通过水的参与来实现的。平阳府君阙主要受雨水和地表毛细水的侵蚀，水害对石阙岩石的破坏作用主要表现在以下几个方面。

1）水的溶解作用

岩石中的矿物成分溶于水的过程称为溶解作用。岩石中各种矿物的溶解度相差很大，岩盐、硬石膏之类的矿物具有较高的溶解度，而其他矿物溶解度很低，因此溶解作用对方解石、硬石膏、岩盐含量较高的岩石的破坏更为突出。矿物在水中溶解度的大小主要取决于岩石本身和化合物的性质，还取决于外界条件，如水中二氧化碳的含量和 pH 会大大提高水对碳酸盐的溶解能力。方解石在纯水中的溶解度很小，仅为 30mg/L，但当溶液的 pH 小于 8 时，方解石在水中的溶解度可超过 100mg/L[①]，因此酸性雨水不仅使岩石中的方解石发生化学反应，也会加大方解石的溶解度，从而促进溶解的 Ca^{2+} 与 SO_4^{2-} 结合生成石膏或随酸雨流失。此次分析表明，岩石表面风化程度越严重，方解石含量就会降低，石膏（$CaSO_4 \cdot 2H_2O$）和黏土矿物含量随之升高。此外，岩石内的湿气在岩石细小通道内流动，溶解岩石的可溶成分，当水为弱酸性时，溶蚀作用加剧。溶解作用使岩石中易溶矿物被溶解而随水流失，难溶物质则残留于原地。岩石中可溶物质被溶解后，岩石的空隙增大，岩石颗粒之间的结合力降低，因而降低了岩石的坚硬程度，力学强度大幅下降，导致岩石更易风化。

另外，石阙岩石风化后产生硬石膏和其他黏土矿物，这些次生矿物吸水发生水合作用形成多种水化物，矿物吸收的水分子与晶架连接起来引起矿物体积的膨胀和收缩，不仅产生较大的侧压力，而且会加速岩石矿物成分的改变，例如，硬石膏（Ca_2SO_4）吸水变成石膏（$Ca_2SO_4 \cdot 2H_2O$）的过程，其化学反应式为：$CaSO_4+2H_2O \longrightarrow CaSO_4 \cdot 2H_2O$，这一反应的结果一方面产生了硬度低的新矿物，削弱了风化岩石抵抗其他破坏作用的能力；另一方面在常温常压条件下，硬石膏水化成石膏，体积增大 31%，同时产生 0.15MPa 的膨胀压力。硫酸钠发生水合作用转化成芒硝，体积增大 104%，产生 0.44MPa 的膨胀压力[②]，这些可溶盐水化作用所形成的膨胀力对粒间联结脆弱的部位产生蠕动作用并将酥松部位胀裂，形成层状剥落和粉状风化。

2）水化作用

岩石中方解石、正长石、钠长石及白云石等矿物一旦与水接触后产生溶解、离子交换、矿物转化等化学风化作用，有些矿物吸水分解而生成 H^+ 与 OH^-，这种作用对硅酸盐矿物表现出强烈的破坏作用，例如，岩石中正长石（K［$AlSi_3O_8$］）和钠长石（Na［$AlSi_3O_8$］）都能发生水解反应生成黏土矿物高岭石（Al_4［Si_4O_{10}］$(OH)_8$），经水解作用形成的 KOH、NaOH 随水流失，析出的一部分 SiO_2 呈胶体

① 彼列尔曼 A U. 后生地球化学［M］. 龚子同等，译. 北京：科学出版社，1975.
② 张赞勋，汪东云，付林森，等. 北山石窟岩体风化产物的形成及其破坏作用［J］. 重庆建筑工程学院学报，1993，15（3）：67-75.

随水流失，一部分形成蛋白石（$SiO_2 \cdot nH_2O$）留存于原地。风化岩样 SEM 观察发现，岩石风化后，结构松散，呈碎屑状或粉末状，长石和方解石整个颗粒被溶蚀而形成大孔隙。表层石英颗粒几乎不见，胶结物如方解石也基本不可见；长石经水解形成的大量高岭石类矿物以鳞片状填充于粒间孔隙中，或以细小丝带状、条片状或黏土桥形式分布于颗粒间。在长石高岭石化过程中，不仅由于钾离子、钠离子和二氧化硅被移去，体积缩小，能产生一定量的孔隙空间，而且自生黏土矿物对砂岩渗透率的破坏远大于对孔隙度的破坏。在水的作用下，长石高岭石化过程逐步导致岩石产生酥粉、剥离脱落等病害，其化学反应式为

$$4K[AlSi_3O_8]（正长石）+6H_2O \longrightarrow Al_4[Si_4O_{10}](OH)_8+8SiO_2+4KOH$$

$$4Na[AlSi_3O_8]（钠长石）+6H_2O \longrightarrow 4NaOH+8SiO_2+Al_4[Si_4O_{10}](OH)_8$$

石阙岩石胶结物主要为方解石，大气降水补给的侵蚀性 CO_2 使方解石发生如下水解反应：$CaCO_3+CO_2+H_2O \longrightarrow Ca(HCO_3)_2$（易溶），生成易溶性碳酸氢钙后，$Ca^{2+}$ 随水逐步流失。岩石中钙质胶结物的溶解、转化直接导致岩石酥碱或粉化。

岩石中的硅酸盐矿物类碱金属与碳酸反应生成碳酸盐。通常空气中的二氧化碳溶解在雨水中形成碳酸，碳酸也是酸雨的成分之一。碳酸盐化作用实质上是水解作用的另一种形式，例如，岩石中的正长石经碳酸盐化产生易溶的碳酸钾（K_2CO_3）而被破坏，其反应式为

$$2K[AlSi_3O_8]+2H_2CO_3+9H_2O \longrightarrow Al_2[Si_2O_5](OH)_4+4H_4SiO_4+2K^++2HCO_3^-$$

经过碳酸盐化作用，碎屑中钾长石、斜长石被溶蚀成黏土矿物，长石中的碱金属转化为碳酸盐随水流失，产生的新矿物高岭土残留在原地，使原有结晶胶结的坚硬岩石劣化为充填大量泥化的软弱岩石[①]。由于水和空气中二氧化碳的存在，长石的碳酸盐化破坏是岩石表面极为普遍的风化作用。

3）冻融和冰劈作用

绵阳地处四川盆地北部，属亚热带湿润性季风气候，降雨量充沛，年均降雨量为 $800 \sim 1000mm$，年平均相对湿度为 $79\% \sim 82\%$，冬季比较寒冷，虽然冬天极端气温仅为零下几度，但室外气温常在零度以下，且常伴有雨水和冰雪，石阙岩石吸水率约为 4.7%。冬季时，石阙表面和内部水分随着气温下降而结冰，其体积膨胀 9.1%，对周围岩石可产生 $98000 \sim 196000kPa$ 的压力，超过一般砂岩的抗压强度，从而使岩石原有微小裂纹和层理构造扩大，使之产生破坏[②]。冰融化成水后，水填充微裂隙，并继续向内部浸入，当水再次结冰时，裂隙又得到进一步扩大，经过若干次结冰和融化反复循环，岩石沿原有裂纹和层理不断扩大、加深，最终使石阙石刻表面开裂、剥落。

2. 热力作用

岩石是热的不良导体，夏季时，石阙表面直接受阳光暴晒，温度较高，表面体积膨胀而内部很少受到热力的影响，夜间当岩石逐渐冷却收缩时，内部却因缓慢传入的热力影响而膨胀，如此表里不一的胀缩致使受阳光暴晒的表面雕刻因热力作用而受到破坏。绵阳年平均日照时数为 $848 \sim 1489h$，年太阳总辐射量为 $4000 \sim 6200MJ/m^2$，在日照强烈的夏季中午，受光照的石阙表面温度超过 45℃，如遇到雷阵雨，雨水会使石阙岩石表面温度骤然下降，温度骤变使岩石内外不同方向的膨胀和收缩不均匀，最终导致阙体表层产生裂纹和片状龟裂。

---

① 赵芳琴. 材料表征技术在砂岩文物风化研究中的应用——以云冈石窟为例 [D]. 哈尔滨：哈尔滨工业大学，2010.

② Yang G, Zhang Q, Pu Y. A Study on the damage propagation characteristics of rock under the frost and thaw condition [J]. Chinese Journal of Geotechnical Engineering, 2004, 26(6): 838-841.

3. 可溶盐的影响

扫描电子显微镜观察与 X 射线衍射分析结果表明，新鲜岩石胶结物方解石经过风化后含量明显减少，并产生大量次生石膏和黏土矿物，在新鲜岩石中没有石膏，而风化岩样中基本上含有石膏，这说明石膏是岩石矿物在外界作用下形成的风化产物。岩样可溶盐检测分析发现，阳离子 K^+ 的含量最高，其次为 Na^+ 和 Mg^{2+}，这些离子可能来源于岩石中的长石和方解石。岩样中含有一定量的 HCO_3^-，这些可溶性碳酸氢盐可能是由岩石中的长石、方解石在潮湿多雨环境下，水中溶解的 CO_2 的碳酸盐化作用使其分解生成碳酸氢盐。大多数岩样含有较高 SO_4^{2-}，且同一岩石外表面的 SO_4^{2-} 含量比内部高，这些可溶性 SO_4^{2-} 来源于岩石内石膏的溶解或者大气污染物；岩石内外表面 SO_4^{2-} 含量的较大差异说明大气污染物中 SO_2 和 SO_3 以 SO_4^{2-} 形式沉积作用于岩石上。NO_3^- 与 SO_4^{2-} 存在相同的情况。可溶盐分析结果与扫描电子显微镜观察和 X 射线衍射分析结果基本吻合。这些可溶盐对石阙的破坏都与热力作用和岩石表面干湿循环变化紧密联系在一起。可溶盐对石阙雕刻的破坏作用主要表现为结晶风化、结晶压力、水合压力和吸潮膨胀、升温膨胀所形成的应力。可溶盐随着石阙岩石的干湿交替变化不断在其表层迁移和富集，当岩体潮湿或夜晚气温降低时，可溶盐直接溶于水或从大气中吸收水分重新溶解，当岩体干燥或温度升高时，它们随水分向干燥或温度较高的岩石表层迁移，并析出结晶，这样一年四季，日复一日，温湿度周期性变化，导致这些可溶盐在岩石表层一定深度范围内形成富集结晶，可溶盐结晶时体积膨胀将对周围岩石产生压力，造成岩石沿软弱结构面开裂及层状剥落。可溶盐的结晶压力与结晶温度和浓度相关，温度越高、浓度越大，结晶压力也越大，对岩石的破坏力也就越大。不同可溶盐（如碳酸盐、硫酸盐、氯化钠）因结晶条件与结晶产生的膨胀压力不同，对岩石风化的影响相差较大[①]。

4. 风力剥蚀的影响

风力剥蚀是对石阙产生破坏的一个自然因素。绵阳地处四川盆地西北部，风向以北东向为主，冬季多刮北风和西北风，最大风速达 27.9m/s，风力易将石阙表层已疏松的颗粒或空鼓起翘表层剥蚀掉，将里层的岩石暴露于表面，使风化病害向岩石里层加速发展，同时风力也是水向岩石内部更深方向渗透的动力，风伴随着雨，雨中夹杂着风，风雨交加，暴雨在短时间内可提供大量的力，使雨水渗入岩石里层，对岩石内部起着风化作用。

5. 空气污染的影响

随着城市工业的快速发展及城镇居民用煤量和机动车保有量的迅速增加，工艺生产、生活用煤和汽车尾气排放到空气中的二氧化硫和氮氧化物在紫外线及粉尘颗粒的催化作用下变成三氧化硫和二氧化氮，三氧化硫和二氧化氮与空气中的水相遇又变成酸，这些酸随雨水、雪花、水汽及微粒物沉降到石阙表面，与岩石中方解石和长石等矿物发生反应，使岩石发生化学风化。由于矿物燃料燃烧时排出的气体废物中以硫氧化物数量最大，酸雨成分中硫的含氧酸浓度最高。20 世纪 70 年代末至 21 世纪初，绵阳是四川省空气污染较严重的地区之一，空气主要污染物为二氧化硫、氮氧化物和粉尘，绵阳市区空气质量 1983 年平均超标率达 85%，以后虽有回落，但超标率仍在 70% 以上。根据 2006～2018 年空气质量监测数据，二氧化硫和二氧化氮含量均达到国家二级标准，而城区酸雨较严重，城区雨水 pH 低于 5.5 的月份数在 2006 年有 8 个月，2007 年有 5 个月，2008 年有 3 个月，2009 年有 3 个月，

---

① 谢振斌、陈显丹. 四川崖墓石刻病害调查与风化机理研究 [M]. 北京：文物出版社，2014：156-180.

2010 年有 2 个月，2011 年 4 个月，2012 年没有，2013 年有 1 个月，2014 年有 2 个月，2015 年有 1 个月，2016～2018 年所监测到的雨水 pH 都高于 5.5。

岩石薄片鉴定与分析结果表明，平阳府君阙构件岩石中含有约 30% 方解石胶结物，岩屑中含有一定长石，当岩石遇到酸（主要为硫酸）侵蚀时，方解石分解成可溶盐随水流失或生成次矿物石膏，胶结物失去原有的胶结作用，从而使岩石表面产生酥粉、溶蚀、剥落等病害。相关研究表明，以方解石为主要胶结物的岩石的耐酸性比以黏土矿物为主要胶结物的岩石差，且岩石孔隙率也会影响酸雨对岩石的风化作用[1]。另外，酸性条件促进岩石中的长石水解，形成钾盐和钠盐随水流失，而生成的风化产物高岭石留在原地[2]。酸的侵蚀会使岩石中褐铁矿物中的铁离子迁移，严重时在石阙表面可形成一些黑壳污染物。各种矿物遇酸发生的化学反应如下：

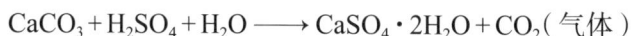

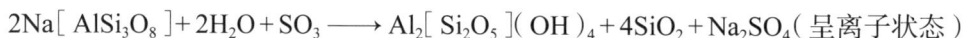

$$CaCO_3 + 2H^+ \longrightarrow Ca^{2+}（随水流失）+ CO_2（气体）+ H_2O$$

$$CaCO_3 + H_2SO_4 + H_2O \longrightarrow CaSO_4 \cdot 2H_2O + CO_2（气体）$$

$$4K[AlSi_3O_8] + 6H_2O \longrightarrow 2Al_2[Si_2O_5](OH)_4 + 8SiO_2 + 4KOH（pH \leqslant 5）$$

$$2Na[AlSi_3O_8] + 2H_2O + SO_3 \longrightarrow Al_2[Si_2O_5](OH)_4 + 4SiO_2 + Na_2SO_4（呈离子状态）$$

平阳府君阙风化不是某一因素独立作用的结果，而是岩石本体材质与各种自然因素相互促进、共同作用的结果。岩石风化后，表面层理结构打破，片层间的分界模糊，岩石表面孔洞增加，原有孔洞扩大，孔隙发育扩张，砂岩表面结构变松散，水更容易侵入，其他一些微生物的菌丝、苔藓植物的假根更容易进入这些空隙，使风化病害向岩石内层加速发育。

2.4.3 生物作用的影响

1. 生物种群在石阙表面的互生关系

地衣、藻类、苔藓和被子植物一起构成一个石阙生物群落，该生物群落沿着裸露岩石→藻类、地衣→苔藓→草本植物→木本植物的方向发展。首先，藻类、地衣的溶蚀作用使岩石浅表层 0～2cm 疏松，降低了岩石表面硬度，增强了保水性，同时，有机物得到富集，支持了苔藓、蕨类植物的产生。在适宜的条件下，苔藓继藻类、地衣之后在岩石表面大量繁衍，苔藓的定居进一步提高了岩石的持水量，在它的生长过程中，假根常常黏结大量的黑色矿物颗粒形成新土，从而缓解岩石表面的恶劣生境，随着生物循环过程的进行，岩石表面聚集了充足的营养元素，为高等植物种子的萌发、生长提供了物质基础。

这个生物群落的发生对石阙本体造成了严重的破坏，蓝藻、地衣和苔藓在降雨后可使岩石表面保持一层水膜，在相对干旱时又可直接从空气中吸收水分，使得岩石持水量大大提高，并延长了水与岩石相互作用的时间。水分条件的改善，同时也刺激了生物新陈代谢活动，促进生物酸的分泌并加速岩面与大气中 CO_2 的交换速率及交换量，生物酸与 CO_2 水化形成的碳酸可进一步侵蚀石质文物基质。随着被子植物的出现，岩体持水量进一步增加，溶蚀作用加剧，岩石裂隙增大。随着时间变化，表层岩石疏松剥离，新鲜暴露的岩石会继续遭受生物侵蚀，持续循环的生物侵蚀过程对石质文物造成不可逆的破坏作用。

---

① 谢振斌，陈显丹. 四川崖墓石刻病害调查与风化机理研究［M］. 北京：文物出版社，2014：156-180.
② 孟田华，杨成全，卢玉和，等. SEM 和 X-Ray 对云冈石窟石雕风化物的分析［J］. 山西大同大学学报（自然科学版），2014，30（4）：18-20.

2. 低等藻类对石阙石刻的危害

经分类鉴定，石阙表面大面积的黑色物质为低等藻类——蓝藻，蓝藻为一类光能自养型生物，原生质浓厚，胶被宽厚且坚硬，可防止藻体内水分过度蒸发，具有很强的生存适应性。蓝藻在石阙表面随着雨水流动的方向扩散，当环境干燥时，生长相对缓慢，细胞处于收缩状态，以保持体内水分，颜色呈现灰色，当经历雨水冲刷时，短时间内细胞即可吸水膨胀，细胞代谢旺盛，呈现黑色，直接影响文物外观。同时，部分蓝藻可溶解岩石，形成钻孔，加速石阙表面风化。

3. 地衣对石阙石刻的危害

地衣是真菌和藻类的共生体，真菌菌丝缠绕包围藻细胞，通过吸收水分和无机盐为藻细胞提供原料，藻细胞含有叶绿素，通过光合作用为共生体制造有机物。地衣具有非常强的生存适应性，可在干旱、低温环境下长期生存，但是生长速度十分缓慢，数年才能生长 1cm。地衣可通过物理、化学及生物化学等多种方式影响石质文物基质，在文物表面着生初期，地衣菌丝可在文物基质缝隙中穿插生长，叶状体在微环境胁迫下胀缩对表层岩石造成机械性破坏，随着生长繁殖的进行，细胞代谢产生的可溶性有机酸如草酸、柠檬酸和具有螯合能力的地衣化合物都可溶解基质岩石，同时，呼吸代谢产生的 CO_2 溶解在水分中产生碳酸，可明显降低微环境的 pH，加快了基质岩石的溶蚀过程。因此，地衣的生长繁殖不仅覆盖了石阙表面的雕刻，大面积的溶蚀作用也可造成石阙表面片状剥落。

4. 苔藓对石阙石刻的危害

苔藓常伴随着藻类、地衣共生，病害勘察时已从石阙石构件表面分离出的大叶石灰藓、绢藓等苔藓植物都易于在潮湿的岩石表面生长，假根较发达，当岩石表面风化形成凹凸不平或岩石本身有微小裂隙时，其假根就沿微小裂隙伸入，使其变宽加深，在强大的根压下，风化岩石表面裂纹不断扩大。同时，苔藓植物不断分泌酸性物质，使石质文物浅表层的矿物颗粒松散、脱落，而其自身的残骸也堆积在阙体表面与矿物颗粒一起形成黑色新土，为其他高等植物创造了生存条件。

5. 被子植物对石阙石刻的危害

石阙石刻表面的植物在生长发育过程中，根系不断向生长介质中分泌阳离子，主要是氢离子（H^+）、阴离子（HCO_3^-、OH^-）、气态分子（CO_2、H_2）以及糖、氨基酸、有机酸等各种有机物能够与岩石中的 Na^+、K^+、Ca^{2+} 等阳离子产生交换，从而促进岩石溶解，在此过程中，环境溶液的 pH 是决定性因素，研究表明，土壤中的生物作用可使 CO_2 分压上升 1%～5%，土壤 pH 相应降低至 4.5～5.5，从而促进岩石中长石和方解石化学反应和溶解。同时，生物膜可使附着的石刻表面的 pH 显著下降至 3～4，在岩石表面生物膜的微环境中，质子交换作用导致岩石溶解速率上升[1]，从而加速了岩石的溶蚀进程。同时，由于植物根系进入岩石细微裂隙，随着根系的发展壮大，又对裂隙产生劈裂作用，造成大型裂隙和石材构件断裂。

2.4.4　人为因素的影响

随着城市化进程的快速推进，平阳府君阙所处地带从原来的荒野田间变成城市中心，加上石阙价

---

① Barker W W, Welch S A, Chu S. Experimental observations of the effects of bacteria on aluminosilicate weathering [J]. American Mineralogist, 1998, 83: 1551-1563.

值受到各界人士的高度关注，生产实践、人类活动甚至旅游业蓬勃发展都会有意或无意地对石阙造成某种程度的人为破坏。另外，在石阙曾经的维修保护过程中，因受当时技术条件或保护理念的限制，不够理想的处理方法、不够完善的技术设备、不熟练的操作或者审视观点的差异等多种因素给石阙造成一定的保护性破坏或部分历史信息损失。

2.5 地震对平阳府君阙影响分析 [①]

2.5.1 地震对平阳府君阙受损情况分析

2008 年 5 月 12 日汶川地震后，平阳府君阙受损严重。受地震影响，阙体出现扭转、构件间错位、构件崩落、燕尾槽压裂等破坏形式，很大程度上影响着阙体的稳定性，具体情况如下。

1）阙体层间水平扭转

由于在竖直方向阙体各层构件（条）间无连接，而在同一层各构件间采用铁质燕尾榫连接，阙体结构在水平方向的整体性要好于竖直方向。在汶川地震水平力作用后，各水平层构件作为一个整体将发生相对水平位移，引起层与层间的水平扭转（图 2-71）。现场勘察结果表明，阙体构件层间最大相对水平位移达到 5cm，阙体水平扭转角约为 5°。

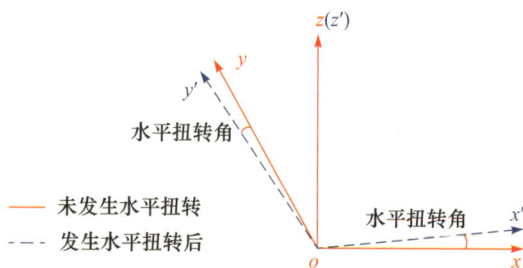

图 2-71 构件层间产生相对水平位移

另外，由于各层构件之间的剪应力主要取决于竖向压应力的大小，而阙体中竖向压应力主要由构件自重产生，因此阙体中竖向应力随高度的增加而减小，即在阙体中越靠近阙顶位置，竖向应力越小，所能提供的剪应力也越小，水平石构件产生的相对水平位移也越大；而越靠近阙基位置，竖向应力越大，相应的层间剪应力也越大，引起的层间相对水平位移也就越小。在汶川地震影响下产生水平扭转后的阙体远视图如图 2-45 所示。

2）阙体构件压裂掉块

在各种自然环境因素的共同作用下，平阳府君阙部分石构件已孕育了一些裂隙，有的裂隙甚至贯通边角导致掉块（图 2-18），汶川地震使阙体构件间突然产生较大的附加剪应力和压应力，超过了砂

---

① 此工作由绵阳博物馆委托四川农业大学土木工程学院完成，本节内容引用了《地震作用下绵阳平阳府君阙安全稳定性评价报告》相关成果。

岩的抗剪强度和抗压强度，产生新的裂隙，有些裂隙已经贯通构件导致破裂。维修过程中观测的构件破裂情况如图 2-72 所示。

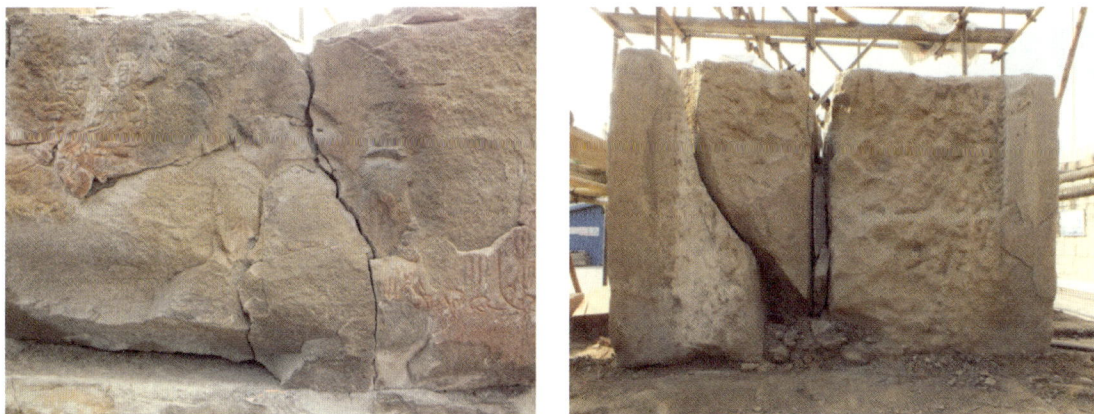

图 2-72　震后阙体构件产生裂隙和剪切破坏

3）阙体燕尾槽压裂破坏

为保证阙体水平方向的整体性，在平阳府君阙垒建过程中，每层石构件之间采用燕尾榫连接水平岩块，最初燕尾榫可能为木质，但是在 1989 年维修时发现木质燕尾榫已经糟朽（由 1989 年维修保护亲身经历者口述，但当时没有留下糟朽木质燕尾榫残留物或做相关测试），修缮时采用了铁质燕尾榫，且燕尾榫与石构件之间用水泥黏结。由于铁质燕尾榫抗压强度很高，在水平地震荷载作用下，铁质燕尾榫和构件之间是刚性挤压作用，产生很大的挤压应力，导致燕尾槽附近岩石的应力超过其极限值而产生开裂甚至被挤碎（图 2-73），从而引起燕尾榫失效。

图 2-73　地震对石阙水平连接燕尾槽破坏

2.5.2　地震对平阳府君阙结构破坏机理模拟分析

现场勘察发现，在汶川地震影响下，平阳府君阙构件发生压裂破坏、水平错位等情况，对阙整体稳定性产生了显著影响。为分析汶川地震对平阳府君阙的破坏机理，采用数值方法模拟汶川地震影响下平阳府君阙的受力情况，对模拟得到的应力和位移结果进行分析，并与现场实际观测到的震害情况进行对比，验证数值计算结果。由于平阳府君阙是由石构件交错垒建的高耸结构，从力学角度分析，该阙属于松散块体结构。为分析汶川地震影响下阙体构件的位移及构件内部的应力情况，分别采用离散元软件 3DEC 和有限元软件 Midas GTS/NX 建立阙体数值模型，通过输入地震波参数模拟地震作用，研究在地震作用下阙体构件的位移和应力情况。其中，离散元软件 3DEC 主要模拟阙体构件的位移情况，而有限元软件 Midas GTS/NX 主要分析石构件的内力。

平阳府君阙修缮工程施工前，为了保证阙体拆解、复位过程中石构件位置不发生变化，拆解前对阙体中每一构件进行了编号（详见图 7-2、图 7-17～图 7-24），并对石阙进行三维测绘，通过三维测绘和拆卸过程中对每一构件的测量，获得石阙每一石构件的具体尺寸，数值计算中建立阙体的几何模型以每块构件编号及尺寸数据为依据。

1. 地震影响下修复前阙体位移分析

1）阙体离散元几何模型的建立

为分析汶川地震影响下平阳府君阙阙体的位移情况，根据石阙构件编号与尺寸数据，采用 3DEC 离散元软件分别建立南阙和北阙的几何模型，如图 2-74 所示。建立几何模型时，坐标轴 X 正向为南，坐标轴 Z 正向为西，坐标轴 Y 正向竖直向上。由于数值计算主要考虑构件的受力和变形情况，在建立几何模型时未考虑阙体外表面的雕刻内容以及阙楼和阙顶部分构件的不规则形状。

(a) 北阙西立面   (b) 北阙北立面

(c) 南阙西立面   (d) 南阙南立面

图 2-74 平阳府君阙离散元几何模型（3DEC）

2）阙体构件力学特性测试

因阙体稳定性的数值模拟需要岩块的力学参数，需要对阙体砂岩进行力学性能测试，平阳府君阙本体上不能取样，因此只能选取平阳府君阙所在场地附近与阙体构件岩性相近的砂岩，通过钻芯和切割制备标准圆柱体试件（直径 50mm、高 100mm）和岩块试样（长 200mm、宽 100mm、高 100mm），然后在 YZW50 岩石剪切试验系统上进行圆柱体试件的单轴压缩试验和岩块的剪切试验，确定砂岩的单轴抗压强度以及砂岩节理面的法向和切向刚度，试验加载方案如表 2-24 所示。

表 2-24　砂岩力学特性试验加载方案

试验项目	试验加载方案
砂岩圆柱体试件单轴压缩试验	法向力控制，目标值为 100kN，加载速率为 0.1kN/s
砂岩结构面法向闭合试验	法向力控制，目标值为 400kN，加载速率为 0.2kN/s
砂岩结构面剪切试验	首先按法向力控制施加法向力，目标值为 40kN，加载速率为 0.1kN/s；再按位移控制施加切向力，加载速率为 1mm/min

（1）砂岩单轴压缩试验。

根据《工程岩体试验方法标准》（GB/T 50266—2013），当测定岩石单轴抗压强度时，同一含水率和加载方向下的岩石试件应为 3 个。这里分别对编号为 1-1#、1-2# 和 1-3# 的圆柱体砂岩试件进行单轴压缩试验，其应力 - 应变曲线如图 2-75 所示，相应的破坏形态如图 2-76 所示。在单轴压缩应力 - 应变曲线上，曲线峰值点即为砂岩的单轴抗压强度 σ_c。另外，根据试件的应力 - 应变曲线还可以计算岩石的弹性模量，测试结果如表 2-25 所示。

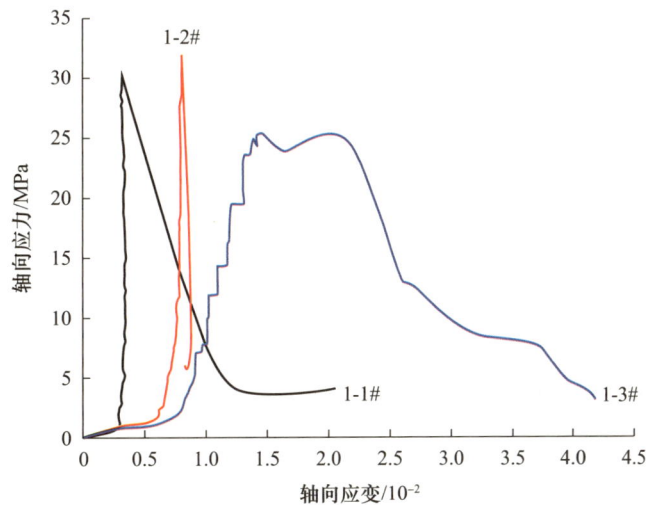

图 2-75　砂岩试样单轴压缩应力 - 应变曲线

表 2-25　砂岩力学特性试验结果汇总

试件编号	单轴抗压强度 σ_c/MPa	弹性模量 E/GPa
1-1#	30.12	22.8
1-2#	32.03	15.4
1-3#	25.45	25.0
平均值	29.2	21.1

(a) 试件1-1#

(b) 试件1-2#

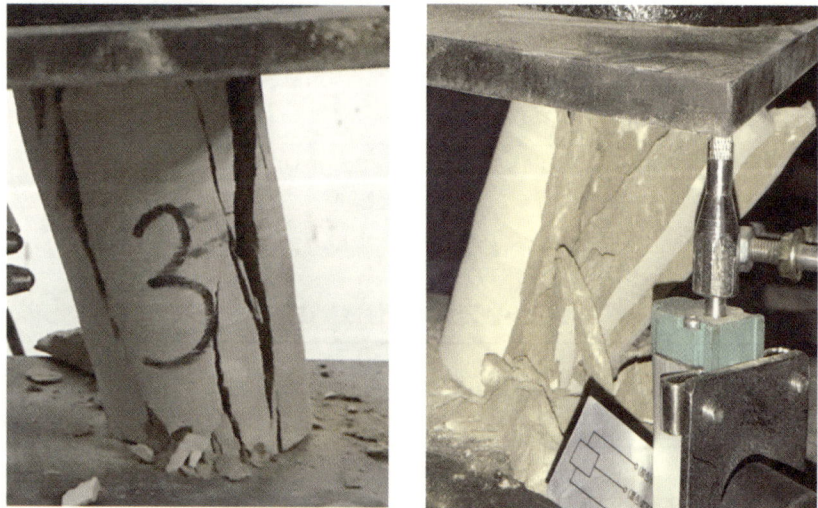

(c) 试件1-3#

图 2-76　试件的典型破坏形态

（2）砂岩节理剪切试验。

在阙体中，当石构件分层叠垒在一起后，上下层岩块就构成了人工节理。在竖向和水平荷载作用下，节理的变形是影响阙体稳定性的重要因素。为了分析砂岩节理的变形参数，采用砂岩节理试件分别进行法向加载和水平剪切试验，分析砂岩节理的法向刚度 K_n 和切向刚度 K_s。由于阙体修缮时拟在岩块间填充本工作所研制的垫层材料，在进行砂岩节理变形参数分析时，分别进行了砂岩节理充填前后的法向加载和水平剪切试验，如图 2-77 所示。

(a) 不含充填垫层材料　　　　　　　　(b) 含充填垫层材料

图 2-77　用于剪切试验的砂岩节理试件

由于现场采样困难，试验时对同一组砂岩节理分别进行充填前后的法向加载和水平剪切试验。为了保证砂岩节理表面的粗糙形貌不受破坏，对未充填的砂岩节理仅进行法向加载试验，当观测到砂岩试件表面出现微裂缝时立即停止试验，卸载后取下试件填充垫层材料，充填垫层材料配合比为土∶砂∶熟石灰 =4∶3∶2。将充填垫层材料在砂岩试件表面均匀抹平，养护至充填垫层材料表面用手轻按不出现水迹后再进行剪切试验。砂岩节理充填前后的法向闭合变形曲线和剪切试验曲线分别如图 2-78 和图 2-79 所示，然后按照《国际岩石力学与工程学会岩石力学试验建议方法》（1988）规定，节理法向刚度 K_n 定义为产生单位法向变形的法向应力增量，而切向刚度 K_s 定义为剪切曲线峰前应力上升区剪切应力增量与剪切位移增量的比值。K_n 和 K_s 可以按下式进行计算：

$$\begin{cases} K_n = \dfrac{\Delta\sigma_n}{\Delta\delta_n} \\[2mm] K_s = \dfrac{\Delta\tau}{\Delta\delta_s} \end{cases}$$

式中，$\Delta\sigma_n$、$\Delta\delta_n$ 分别为法向应力增量和法向变形增量；$\Delta\tau$、$\Delta\delta_s$ 分别为峰前应力上升区剪切应力增量和剪切位移增量。根据砂岩节理变形曲线分别计算砂岩节理的法向刚度 K_n 和剪切刚度 K_s，结果如表 2-26 所示。

3）3DEC 模型基本参数设置

在采用 3DEC 建立离散元几何模型后，通过对几何模型赋予相应的物理力学参数，施加相应的地

图 2-78 不含充填垫层材料砂岩节理试样的法向闭合变形曲线

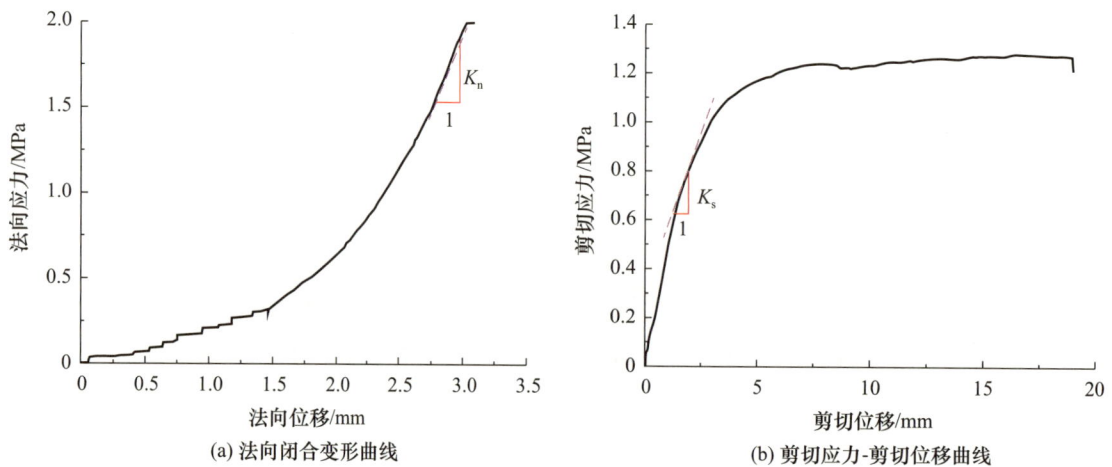

(a) 法向闭合变形曲线   (b) 剪切应力-剪切位移曲线

图 2-79 含充填垫层材料砂岩节理试样的典型剪切试验曲线

表 2-26 砂岩节理变形参数试验结果

节理试件	法向刚度 K_n/(MPa/mm)	剪切刚度 K_s/(MPa/mm)
未充填砂岩节理	8.4	—
充填砂岩节理	1.39	0.31

震作用应力边界条件就可以进行力学分析。其中，阙体构件的基本物理力学参数如表 2-27 所示（由于石阙本体石构件取样有限，不能满足砂岩力学参数测试需要，表中砂岩的单轴抗压强度 σ_c、弹性模量 E、砂岩节理的法向刚度 K_n 采用与石阙石构件岩性相近的砂岩测试所得），其他力学参数参考《岩石力学与工程》（第二版）[①] 所列砂岩构件及节理基本力学参数，如表 2-27 所示。

表 2-27 砂岩构件及节理基本物理力学参数

岩块参数	黏聚力 /MPa	内摩擦角 /(°)	弹性模量 /GPa	剪切模量 /GPa	体积模量 /GPa	容重 /(kN/m³)	泊松比
	3.0	28	21.06	7.71	8.45	25.0	0.38
节理参数	黏聚力 /MPa	内摩擦角 /(°)	法向刚度 /(MPa/mm)	切向刚度 /(MPa/mm)			
	0	23	8.4	0.45			

---

① 蔡美峰. 岩石力学与工程 [M]. 2 版. 北京：科学出版社，2015.

　　然后在几何模型中定义表 2-27 所列物理力学参数，再对几何模型进行单元划分。3DEC 中划分单元时采用四面体单元，在此定义北阙和南阙的四面体单元平均边长为 0.58m 和 0.7m，划分单元后北阙和南阙的单元总数分别为 3277 个和 2336 个。

　　为了尽可能真实地反映汶川地震对平阳府君阙的影响，根据绵阳、绵竹清平和汶川三地的地理位置关系（图 2-80），分析时采用绵竹清平台站记录的地震波数据。清平地震波加速度时程曲线如图 2-81 所示，地震最大加速度为 0.84g，记录总时长为 150s，时间间隔为 0.005s，东西和南北方向出现峰值加速度的时间分别为 46.865s 和 48.525s。在采用 3DEC 软件进行分析时，为了提高计算效率，根据峰值加速度出现的时间，截取 35～55s 的地震加速度时程曲线进行模拟。此外，为了减少动力分析过程中模型边界上地震波的反射，在阙体基础周边设置自由场边界。3DEC 软件中采用自由场网格，会在模型四周生成一维和二维自由场网格，并且通过阻尼器将主体网格和自由场网格耦合，从而使得模型能够等效于无限场地。同时在动力分析时采用局部阻尼，阻尼比设为 0.07。

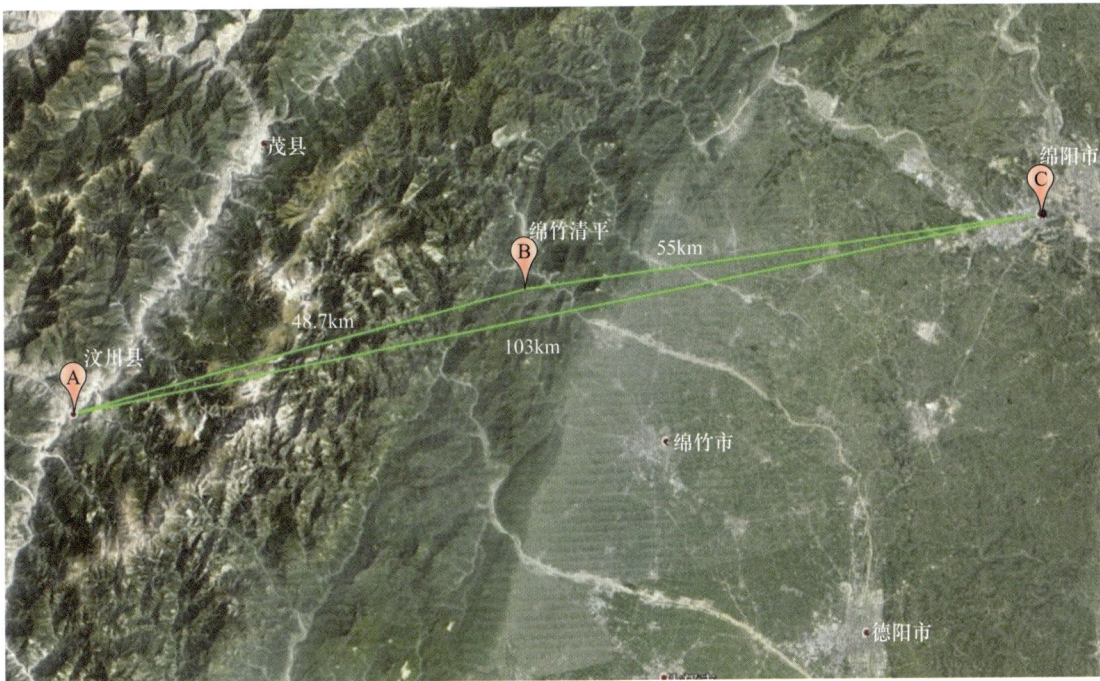

图 2-80　绵阳、清平和汶川的地理位置关系图

　　为了监测石阙构件在地震作用下的变形情况，数值分析时在南北阙体不同构件位置处设置了一系列位移监测点，通过分析监测点的位移变化情况确定阙体在地震影响下的变位情况。位移监测点的具体位置及对应的构件编号如表 2-28 所示。

　　4）计算结果分析

　　（1）石阙构件水平位移分析。

　　通过输入清平地震波参数，对阙体 3DEC 离散元模型进行动力分析，得到了汶川地震影响下北阙和南阙的整体变位情况，如图 2-82 所示。由图可知，在地震水平力影响下，北阙和南阙中产生较大水平位移的位置均位于子阙和母阙相邻的边界处，宏观上可以在子阙和母阙边界处观测到较大的竖向缝隙，该缝隙的宽度可用对应构件的相对水平位移表示。此种缝隙产生的主要原因是构件间的摩阻力不足以抵抗水平地震力作用，其发生在子阙和母阙的边界处主要是因为子阙高度低于母阙高度，子阙阙身构件间由上覆构件自重产生的摩阻力要小于对应母阙处构件间的摩阻力。

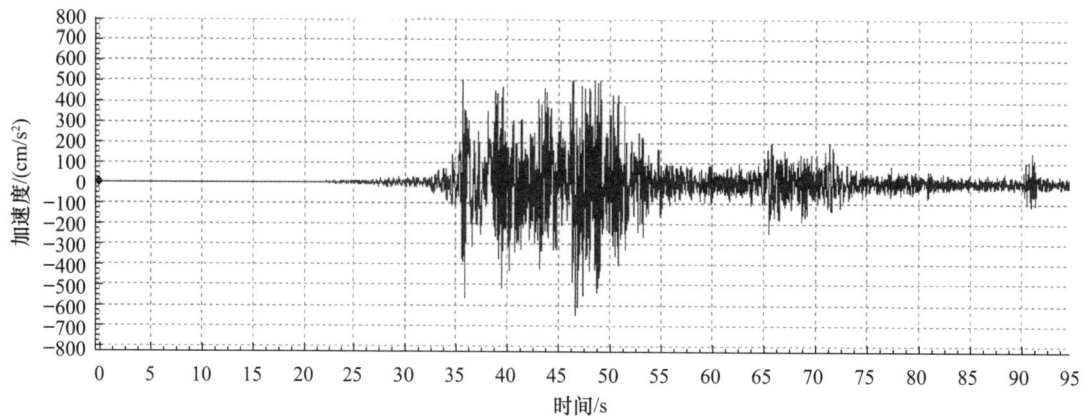

(a) 东西方向

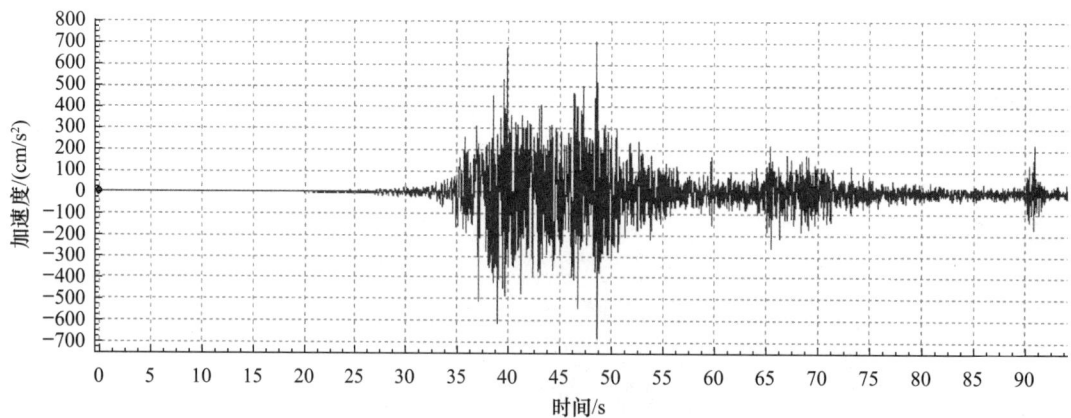

(b) 南北方向

图 2-81　清平地震波加速度时程曲线

表 2-28　位移监测点位置及对应的构件编号

北阙		南阙	
监测点编号	对应的构件编号	监测点编号	对应的构件编号
A	NQ-Z-L-4-1	A	SQ-Z-L-4-E1
B	NQ-Z-L-1-2	B	SQ-Z-L-3-E1
C	NQ-Z-S-3-1	C	SQ-Z-L-2-E1
D	NQ-M-L-1-W1	D	SQ-Z-S-3-1
E	NQ-M-S-4-1	E	SQ-M-L-1-E2
F	NQ-M-S-3-W1	F	SQ-M-S-4-2
G	NQ-M-S-2-1	G	SQ-M-S-2-2
H	NQ-M-S-1-W1	H	SQ-M-S-1-E2

　　地震作用下各位移监测点的相对水平位移如图 2-83 所示。对于北阙阙身部位，子阙和母阙相邻边界上 B 块体处的相对水平位移最大，其值达到 2.81cm，C 块体处的相对水平位移为 1.63cm；在北阙子阙阙楼位置，A 块体处的相对水平位移达到 2.65cm，这说明在水平地震作用下，A 块体向北面发生了水平位移，与相邻块体发生了脱离，而实际观测也发现 A 块体与相邻块体之间有较大缝隙（图 2-84），且 A 块体上只有一块石板压顶，在进一步地震作用下很容易发生掉落；D 块体位于北阙母阙楼部位，

(a) 北阙西立面   (b) 南阙东立面

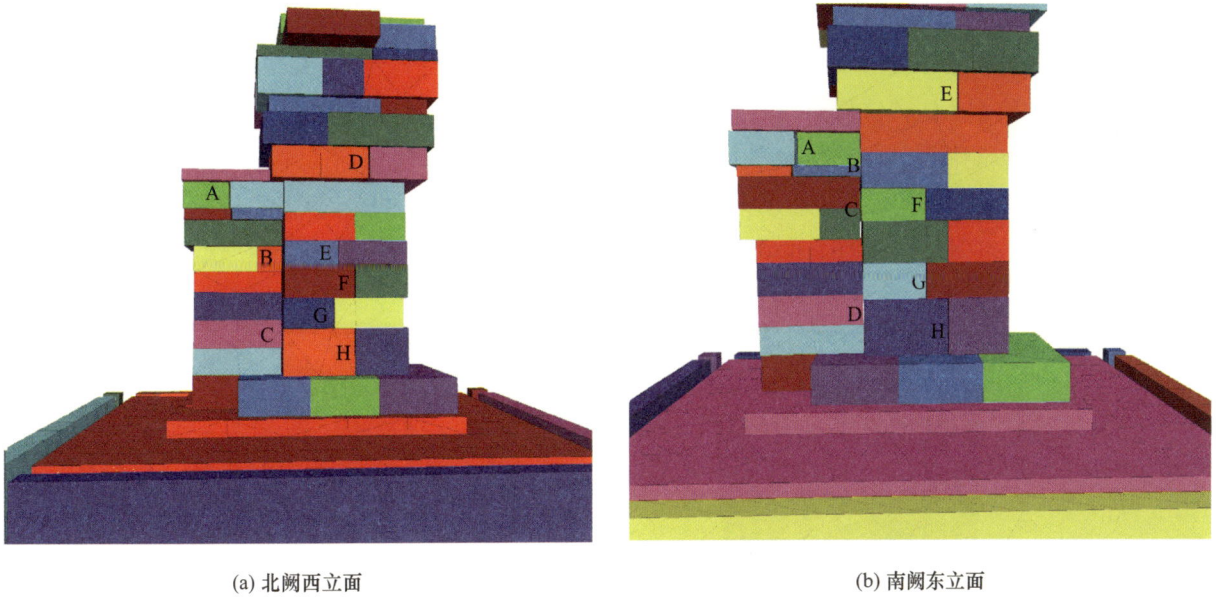

图 2-82 北阙和南阙整体变位情况

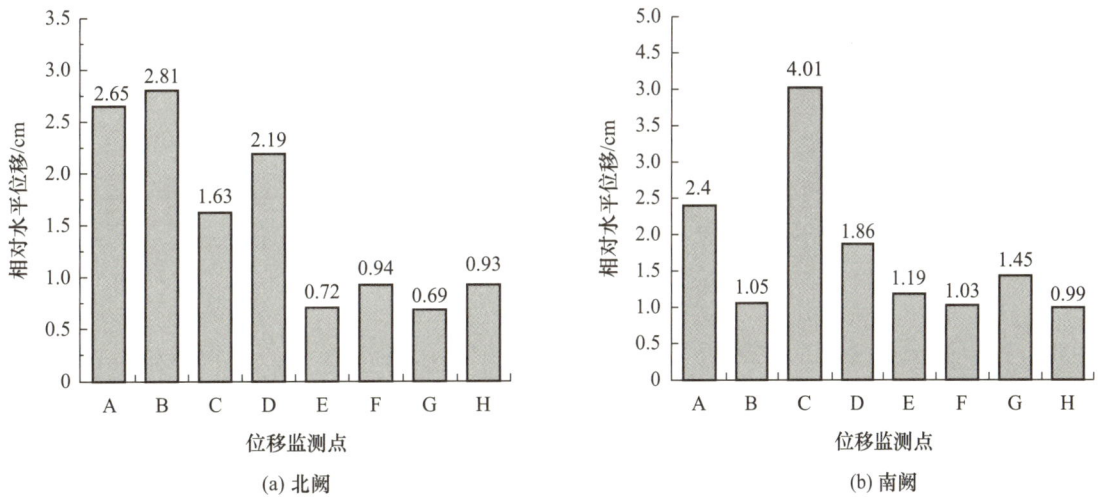

(a) 北阙   (b) 南阙

图 2-83 地震作用下各位移监测点相对水平位移

靠近子阙楼顶位置，其相对水平位移达到 2.19cm，这
主要是由于 D 块体的位置处没有子阙构件的约束作
用；位于母阙阙身的块体 E、F、G、H 的相对水平位
移较小，均未超过 1cm，这是因为子阙阙身块体对母
阙构件有一定的约束作用。对于南阙，相对水平位移
较大值也发生在子阙阙楼部位以及子阙和母阙阙身相
邻边界处。其中，相对水平位移最大值发生在子阙阙
身 C 处，其值达到 4.01cm；子阙阙楼位置相对水平
位移也达到了 2.4cm，在进一步地震水平作用下有发
生掉落的可能；由于块体 D 的位置比块体 C 低，在
上覆自重荷载作用下，块体 D 上产生的摩阻力要大于
块体 C，因此块体 D 处的相对水平位移要小于块体 C

图 2-84 北阙监测点 A（NQ-Z-L-4-1）位移缝隙

处；阙体上其余各监测点位于母阙阙楼和阙身位置，在上覆自重荷载和子阙的约束作用下，其相对水平位移比块体 A、C 处小。

（2）阙体构件水平扭转位移分析。

在汶川地震影响后，南阙和北阙阙体存在一定程度的扭转现象，上下层构件间存在水平位移差。为了分析阙体构件的水平扭转现象，动力分析计算完成后分析阙体构件的水平位移情况，在此基础上结合现场观测结果选取水平位移明显的典型石构件（图 2-85-a），计算石构件角点在地震作用后的最大水平位移，再结合构件边长尺寸，计算石构件的水平扭转角，以此来定量描述石构件的水平扭转情况。

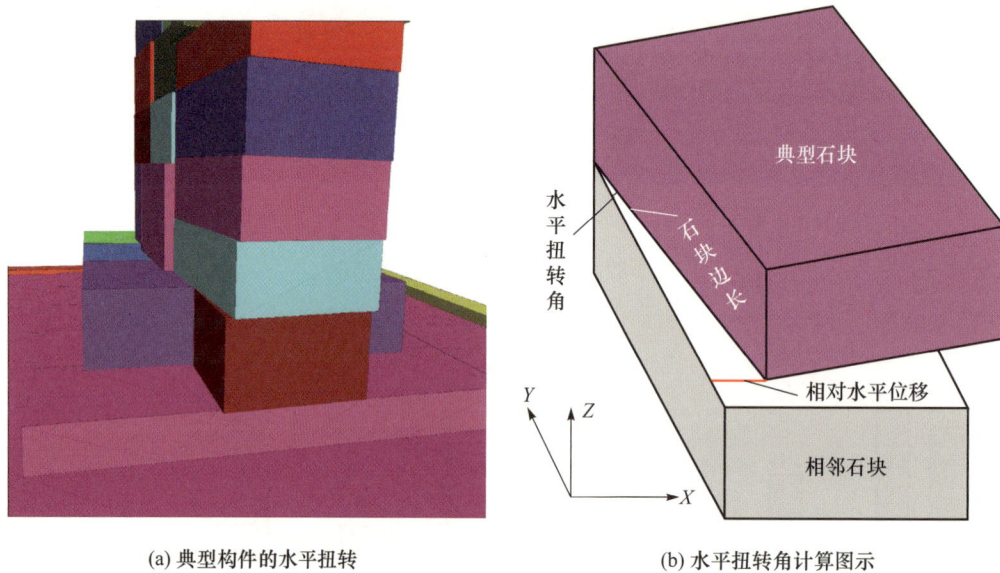

(a) 典型构件的水平扭转 　　　　　(b) 水平扭转角计算图示

图 2-85　典型构件的角点水平位移情况

按照上述原则在南阙和北阙阙体中选择典型石构件，计算相应的角点最大相对水平位移和水平扭转角（计算图示如图 2-85-b 所示），其中相对水平位移根据 3DEC 软件分析结果提取石构件角点的水平位移计算值。南阙选择 SQ-M-D-2-W2、SQ-Z-D-1-1、SQ-Z-L-4-E1 三块典型构件，北阙选择 NQ-M-D-3-1、NQ-Z-D-1-1、NQ-Z-L-4-E2 三块典型构件进行分析，通过提取相应角点相对水平位移的 3DEC 离散元模拟结果（图 2-86、图 2-87），结合现场量测的构件尺寸，根据图 2-85-b 所示计算图示，计算各典型构件的水平扭转角，计算结果如表 2-29 所示。结果表明，在选取的典型构件中，最大水平扭转角为 9.6°，位于南阙母阙顶部位置；其余典型构件的水平扭转角为 1.5°～7.5°。分析表明，阙体在水平地震作用下，位于顶部和楼部的构件易发生明显的水平扭转，对阙体结构的稳定性产生重要影响。

表 2-29　阙体典型构件水平扭转角计算结果

位置	构件编号	角点最大水平相对位移 /cm	构件边长尺寸 /cm	水平扭转角 /（°）
南阙	SQ-M-D-2-W2	22	130	9.6
	SQ-Z-D-1-1	12	123	5.59
	SQ-Z-L-4-E1	9	68	7.54
北阙	NQ-M-D-3-1	10	100	5.74
	NQ-Z-D-1-1	3	116	1.44
	NQ-Z-L-4-E2	5	79	3.62

(a) SQ-M-D-2-W2

(b) SQ-Z-D-1-1

(c) SQ-Z-L-4-E1

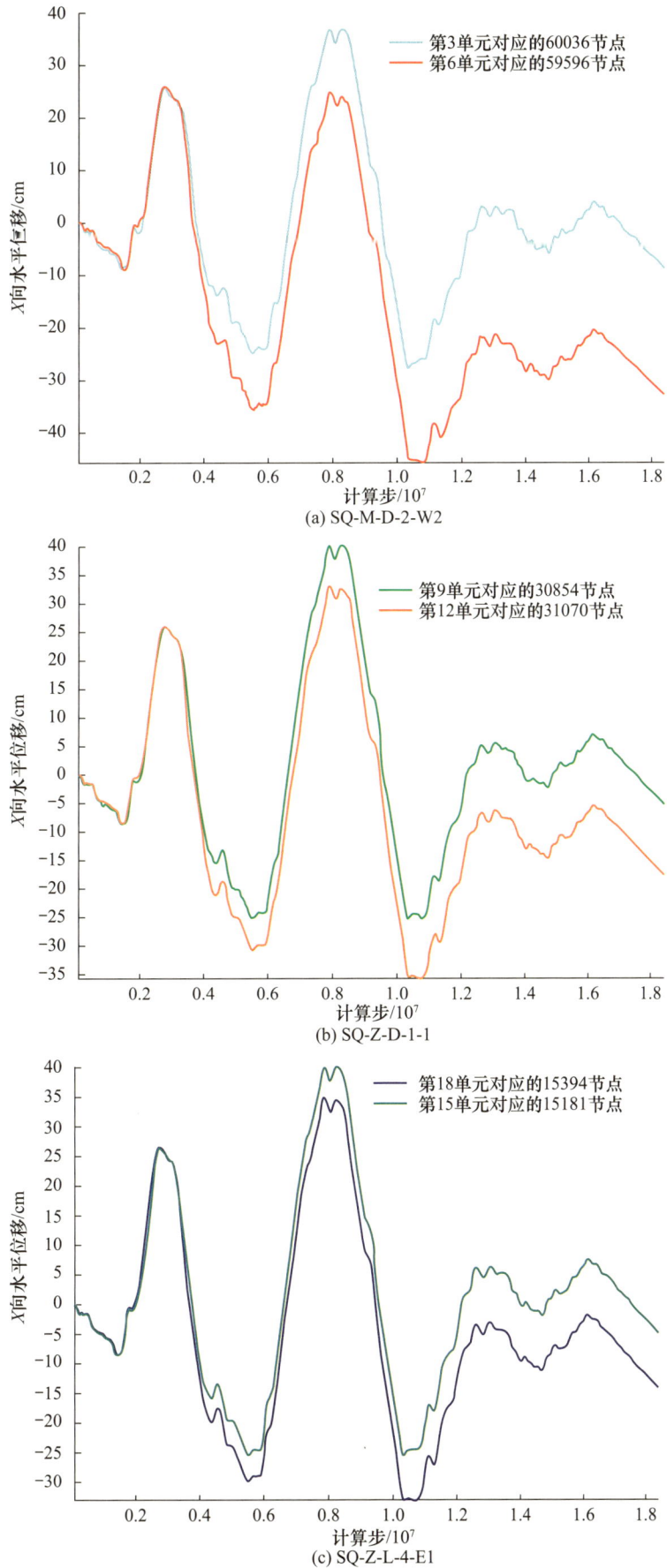

图 2-86　南阙典型构件的角点水平位移曲线

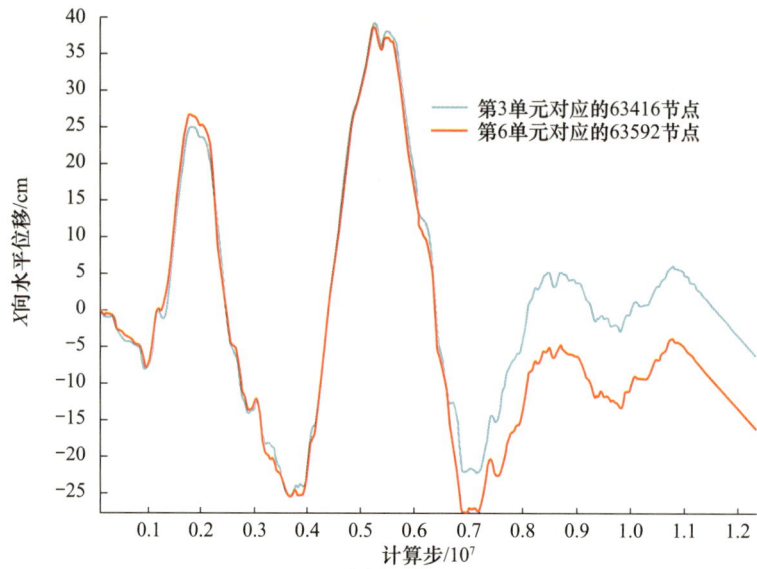

(a) NQ-M-D-3-1

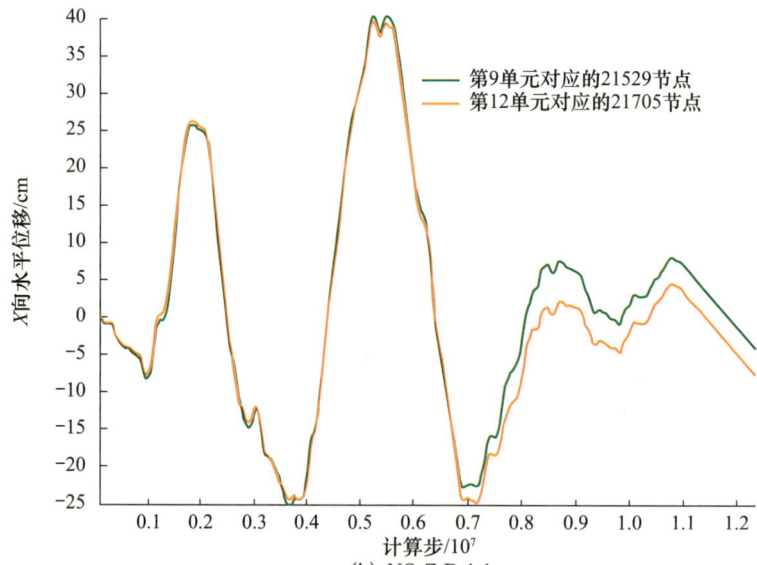

(b) NQ-Z-D-1-1

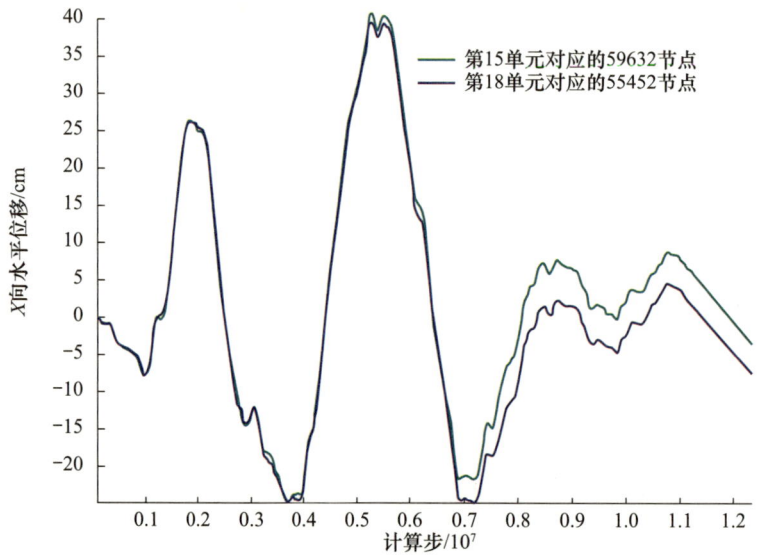

(c) NQ-Z-L-4-E2

图 2-87   北阙典型构件的角点水平位移曲线

2. 地震影响下修复前阙体应力分析

1）阙体有限元几何模型的建立

由于 3DEC 离散元软件模拟时只能显示块体的应力，不能显示节点的应力情况，为了分析汶川地震影响下平阳府君阙阙体石构件内部应力的发展情况，根据阙构件编号及尺寸数据，采用 Midas GTS/NX 有限元软件分别建立北阙和南阙的几何模型，如图 2-88 所示。在 Midas GTS/NX 中，整体坐标系各坐标轴方向规定如下：X 轴正向为正南方向，Y 轴正向为正东方向，Z 轴正向为竖直向上。

(a) 北阙西立面	(b) 北阙北立面

(c) 南阙西立面	(d) 南阙南立面

图 2-88　平阳府君阙有限元几何模型（Midas GTS/NX）

2）阙体有限元模型基本参数设置

（1）物理力学参数。

将阙体构件视为各向同性材料，其物理力学参数按照表 2-27 选取，材料强度准则采用 Drucker-Prager 屈服准则，动力分析时阻尼比取为 0.07。

（2）网格划分及单元类型设置。

采用自动划分方式对图 2-88 所示阙体有限元几何模型进行网格划分，采用四面体单元。为提高计算效率，在对几何模型进行自动划分的基础上，对阙体和基座部分的网格进行细化。其中，阙体和基座部分四面体单元平均边长为 0.3m，其余部分四面体单元平均边长为 0.7m。最终，南阙和北阙有限元几何模型分别有 6501 个和 5298 个实体单元，单元节点数分别为 1659 个和 1361 个。同时，在阙体各构件间接触表面处设置界面单元，模拟相邻构件间的相对位移情况。Midas GTS/NX 软件中，在阙体构件间设置界面单元时会在相应的位置自动分离连接的节点，并按法向和切向方向生成拥有指定刚度的界面单元。以北阙为例，阙体中设置的界面单元如图 2-89 所示。

（3）边界条件。

地震作用的影响是以波的方式从震中往外界进行传播，在进行汶川地震影响分析时，同样采用图 2-81 所示清平地震波。为减小反射波对石阙的影响，在平阳府君阙地基的四周设置自由场，同时在基底位置设置固定边界条件。

在有限元模型中设置以上参数后，就可以进行平阳府君阙在地震影响下的有限元数值模拟分析。本次分析计算主要包括以下内容：①平阳府君阙的模态分析，得到其主要自振频率与振型；②采用时程分析法计算地震影响下阙体中应力分布情况。

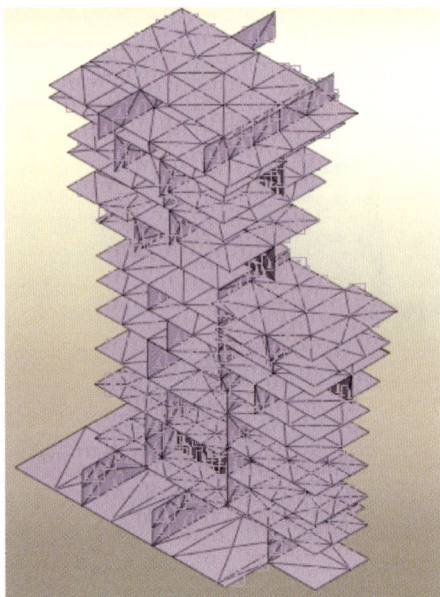

图 2-89   平阳府君阙中的界面单元设置

3）计算结果分析

（1）平阳府君阙模态分析。

模态是指工程结构的固有振动特性，包括固有频率、阻尼比和模态振型。模态分析是研究工程结构动力特性的一种方法，其目的在于研究工程结构在某一易受影响频率范围内的各阶主要模态特性，以此预测工程结构在此频段内的实际振动响应。

平阳府君阙是一种高耸的松散结构体，对其进行模态分析，得到其主要自振频率与振型，将有利于了解平阳府君阙自身固有的动力属性。通过对南、北阙进行模态分析，得到两阙体的前三阶振型如图 2-90 和图 2-91 所示。其中，南阙前三阶频率分别为 2.5Hz、5.1Hz 和 8.5Hz，第一阶振型的最大位移为 0.901mm，阙体结构向东面倾倒；第二阶振型的最大位移为 0.910mm，阙体结构向南面倾斜；第三阶振型的最大位移为 1.477mm，阙体结构发生扭转。北阙前三阶频率分别为 2.0Hz、3.8Hz 和 6.9Hz，第一阶振型的最大位移为 0.674mm，阙体结构向东面倾倒；第二阶振型的最大位移为 0.677mm，阙体结构向南面倾斜；第三阶振型的最大位移为 0.904mm，阙体结构发生扭转。

计算结果表明，南阙和北阙的自振频率都很小，自身刚度较小，整体性较差，在振动荷载作用下，其最大变形都集中在阙顶位置，并伴随着阙体结构的整体扭转变形。

(a) 第一阶振型，f_1=2.5Hz

(b) 第二阶振型，f_2=5.1Hz

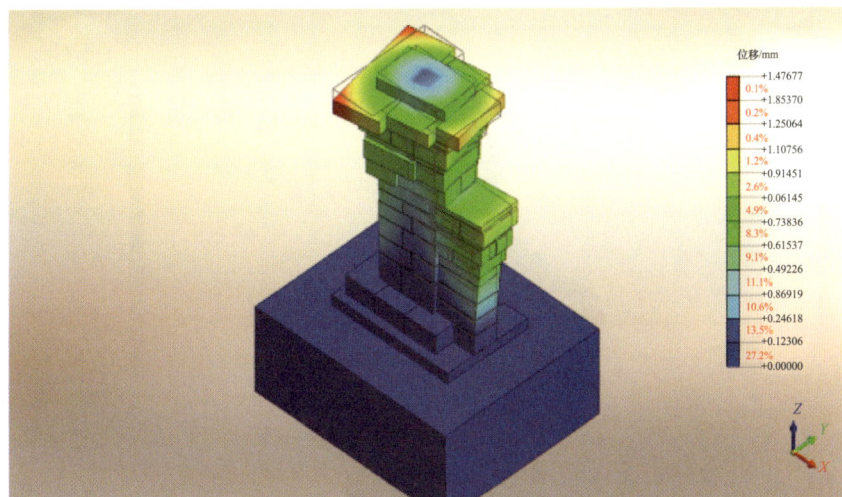

(c) 第三阶振型，f_3=8.5Hz

图 2-90　南阙前三阶振型图

(a) 第一阶振型，f_1=2.0Hz

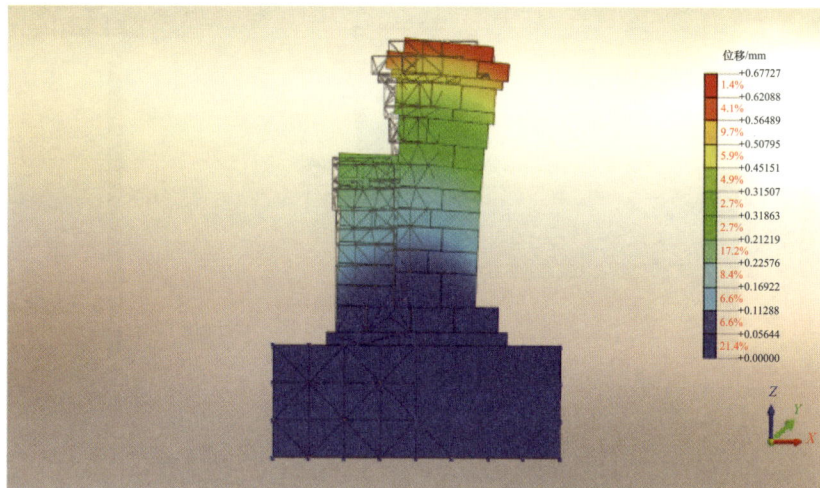

(b) 第二阶振型，f_2=3.8Hz

(c) 第三阶振型，f_3=6.9Hz

图 2-91　北阙前三阶振型图

（2）阙体应力计算结果。

通过有限元时程分析法对平阳府君阙在地震影响下的动力特性进行分析，得到北阙和南阙阙体结构应力云图分别如图 2-92 和图 2-93 所示，阙体结构中各应力的最大值及出现位置如表 2-30 所示。分析结果表明，对于南、北两阙，阙体中构件间水平 X 方向的挤压应力都较大，再加上铁制燕尾榫的刚性约束作用，很容易导致构件在水平方向发生挤压破坏而产生裂缝；构件间水平 Y 方向的挤压应力要小于 X 方向的挤压应力，由于构件在 Y 方向约束较小，更易产生较大的水平挤压位移，从而导致构件出现水平扭转等情况；而 Z 方向的竖向压应力将会导致构件发生断裂而出现裂缝；XY 平面内的剪应力是保证构件在水平地震作用下不会发生过大水平位移的关键因素。

表 2-30　阙体结构中应力情况汇总

位置	应力分量	最大数值 /MPa	应力类别	出现位置
北阙	X 方向正应力	11.5	挤压应力	子阙楼部和顶部与母阙相交位置
	Y 方向正应力	6.0	挤压应力	子阙楼部和顶部与母阙相交位置
	Z 方向正应力	8.29	竖直压应力	子阙楼部和顶部与母阙相交位置
	XY 平面剪应力	2.0～4.3	构件间水平摩擦力	子阙楼部和顶部与母阙相交位置
	YZ 平面剪应力	1.5～3.1	构件间竖向摩擦力	子阙楼部和顶部与母阙相交位置
	ZX 平面剪应力	1.3～3.2	构件间竖向摩擦力	子阙阙身与母阙阙身相交位置
南阙	X 方向正应力	2.47～9.56	挤压应力	母阙基座与子阙相交位置
	Y 方向正应力	3.2～8.71	挤压应力	母阙基座与子阙相交位置
	Z 方向正应力	4.35～10.1	竖直压应力	母阙阙身中部位置
	XY 平面剪应力	1.51～3.15	构件间水平摩擦力	母阙基座位置
	YZ 平面剪应力	2.01～4.27	构件间竖向摩擦力	母阙基座中部位置
	ZX 平面剪应力	3.3～5.05	构件间竖向摩擦力	母阙基座与子阙相交位置

（3）应力计算结果与现场损害情况对比。

现场勘察时发现阙身多处构件因压裂而出现裂隙，在实施阙体拆卸时，发现部分石构件因压裂纹贯通而断裂。针对阙体构件的典型破坏情况，分别选取南阙石构件 SQ-M-S-1-W2 和北阙石构件 NQ-M-L-3-2 为代表（图 2-94），结合阙体应力计算结果，分析构件的破坏力学机理。

南阙母阙阙身石构件 SQ-M-S-1-W2 表面出现自上而下的贯通裂隙，在构件中部位置也存在裂隙，并向下发展延伸至构件底部；从外观可以看到北阙母阙阙楼石构件 NQ-M-L-3-2 存在较大的裂隙，拆卸后发现该构件已经断裂成两节大小不等的石块（图 2-94-d）。而相应的有限元分析结果如图 2-95 所示，在此列出了 SQ-M-S-1-W2 构件的剪应力云图（图 2-95-a）和 NQ-M-L-3-2 构件的竖向应力云图（图 2-95-b）。由图可知，对于 SQ-M-S-1-W2 构件，内部贯通裂缝的产生主要是在竖向压应力和侧向挤压应力约束下导致的剪切破坏，从应力云图中可以清晰地看到沿贯通裂隙位置，剪应力均较大，已超过构件本身的抗剪强度，从而发生破坏。对于 NQ-M-L-3-2 构件，内部存在一条由南向北发展的贯通裂缝，由有限元应力计算结果推断此裂隙最先是砂岩构件（靠南端）在竖向压应力作用下产生细小裂纹，裂纹持续发展，而构件（靠北端）在竖向应力和旁边构件挤压应力综合作用下也开始产生拉裂纹，两端的裂纹持续向构件内部发展并最终贯通，最后在水平地震力作用下，裂纹最终演化成可见的裂隙。尽管对石阙进行现场勘察过程中还发现其他的破坏形式，如构件边角破损、构件表面剥落等，但是由于边角破损和表面剥落等破坏形式与岩石风化直接有关，本次未对此展开力学机理分析。

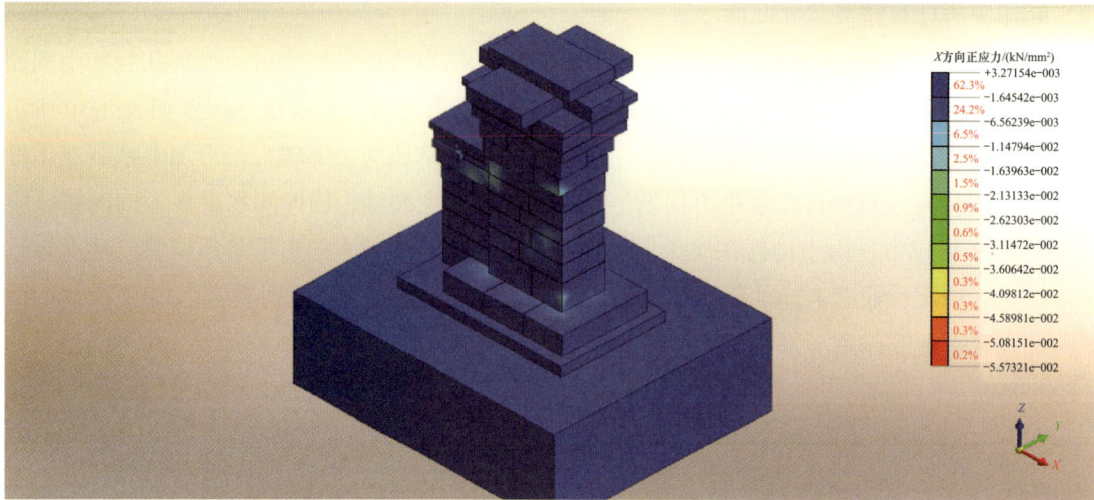

(a) X方向正应力

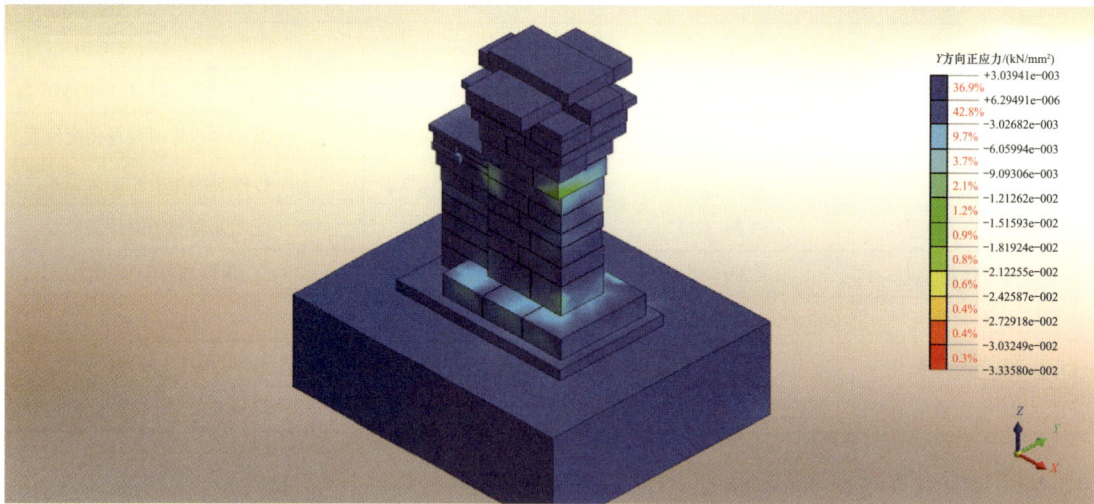

(b) Y方向正应力

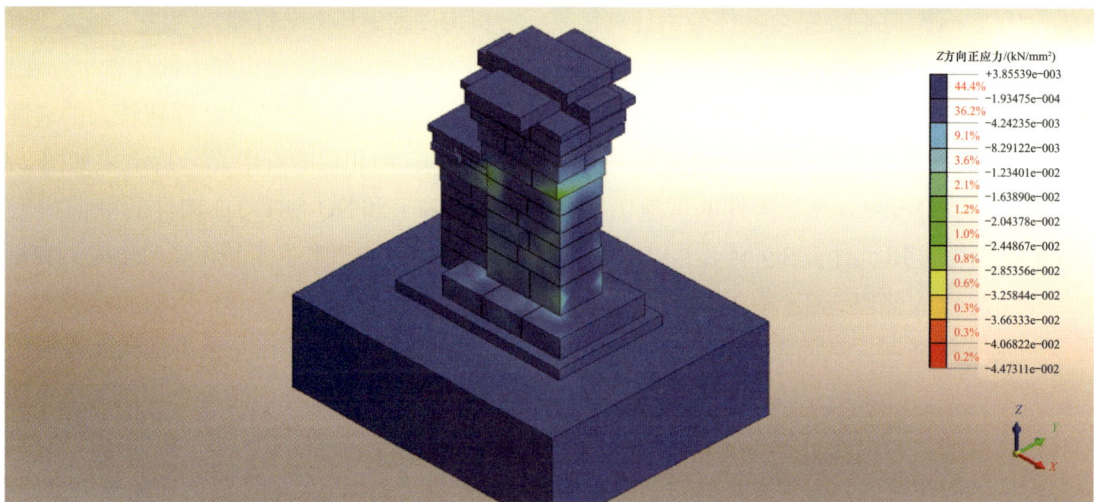

(c) Z方向正应力

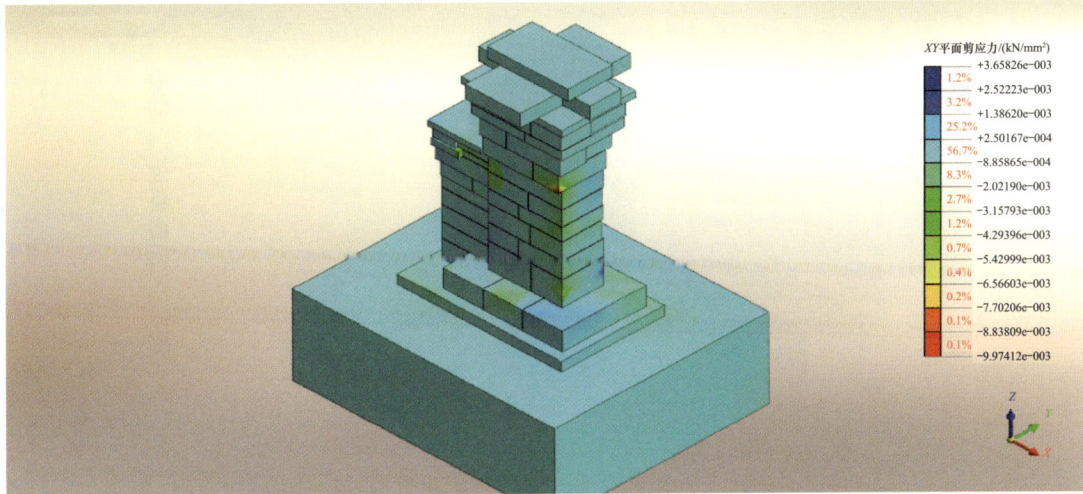

(d) XY平面剪应力

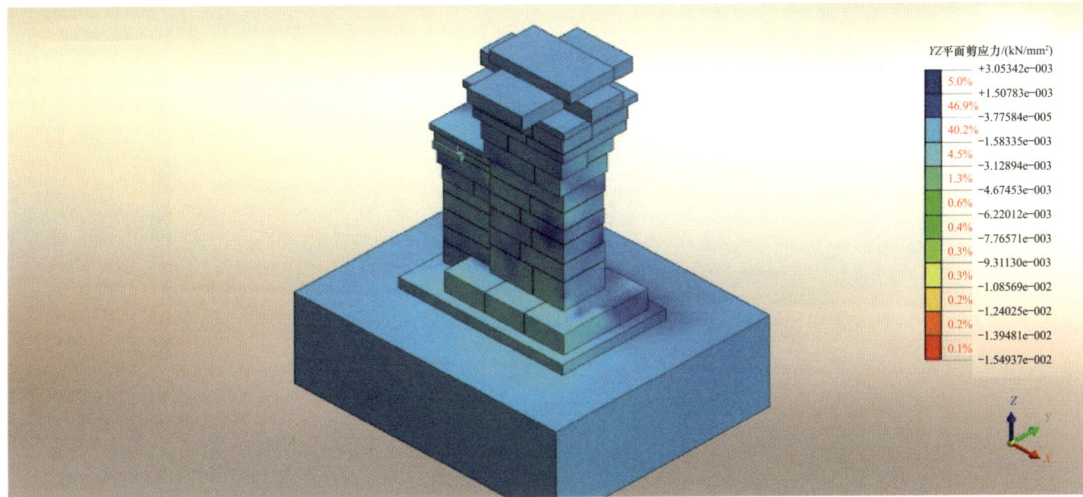

(e) YZ平面剪应力

(f) ZX平面剪应力

图 2-92　修复前北阙应力云图

(a) X方向正应力

(b) Y方向正应力

(c) Z方向正应力

(d) XY平面剪应力

(e) YZ平面剪应力

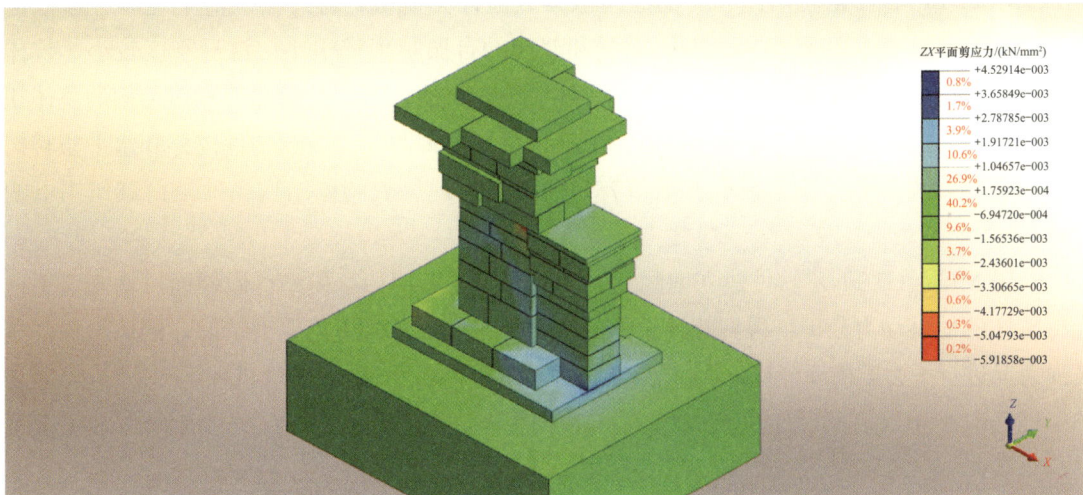

(f) ZX平面剪应力

图 2-93　修复前南阙应力云图

(a) SQ-M-S-1-W2原位状况

(b) NQ-M-L-3-2原位状况

(c) SQ-M-S-1-W2拆开后南面状况

(d) NQ-M-L-3-2拆开后上表面状况

图 2-94   典型破损构件

3. 分析结论

采用数值计算方法对"5·12"汶川地震影响下平阳府君阙结构破损情况进行了模拟计算，再利用数值计算结果对阙体的破坏情况进行力学机理分析。通过模拟分析研究，得到如下结论：

（1）采用 3DEC 软件建立南阙和北阙的离散元数值计算模型，通过输入清平地震波参数进行阙体的地震动力分析，模态计算结果表明，南阙和北阙的自振频率都很小，自身刚度较小，整体性较差，不利于抗震；在振动荷载作用下，最大变形都集中在阙顶位置，并伴随着阙体结构的整体扭转变形，且应力集中区多在阙身处。将所得数值模拟结果与现场观测到的石阙构件位移和水平扭转情况进行对比，两者吻合度较高，说明离散元数值方法能够较好地反映阙体结构在地震荷载作用下的位移情况。

（2）采用 Midas GTS/NX 软件建立南阙和北阙的有限元数值计算模型，同样通过输入清平地震波参数进行阙体的地震动力分析，得到阙体结构的应力分布情况，并根据应力情况对阙体结构中典型构件的破损情况进行了力学机理分析，明确了地震影响下阙体构件的破坏力学机理。

（3）地震对平阳府君阙影响分析成果为后期保护工程选择保护材料和抗震加固技术提供了参考依据。

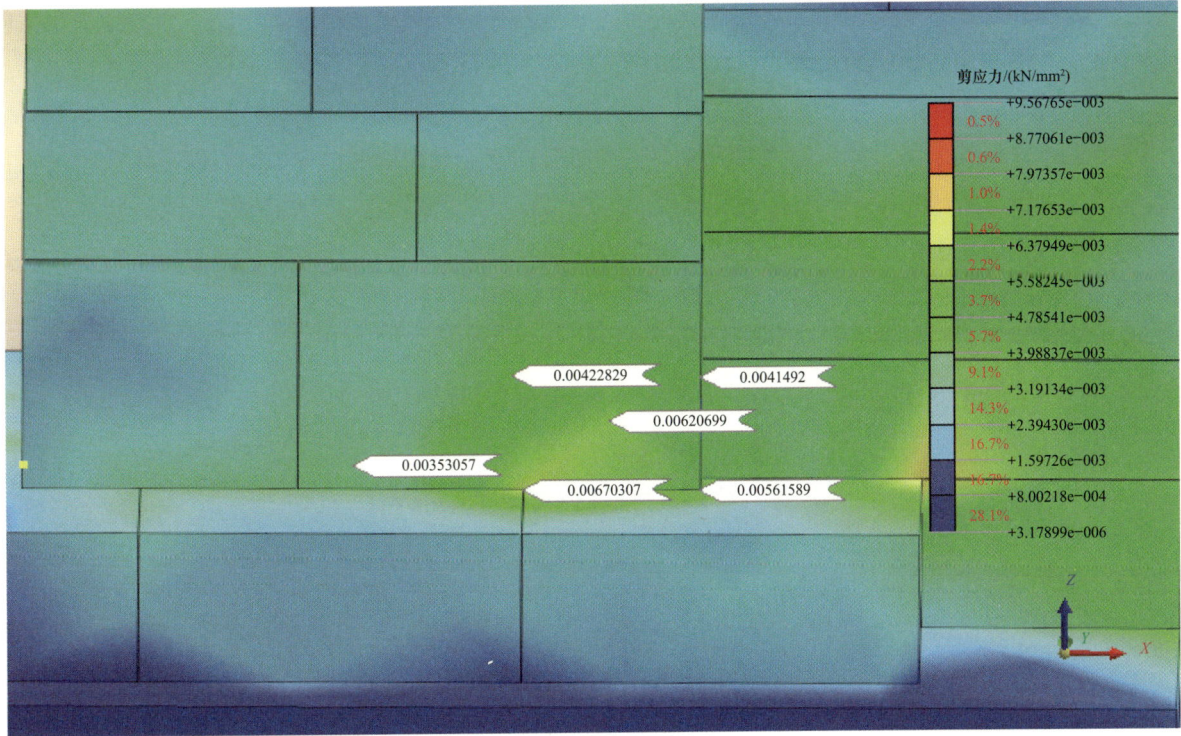

(a) SQ-M-S-1-W2剪应力云图

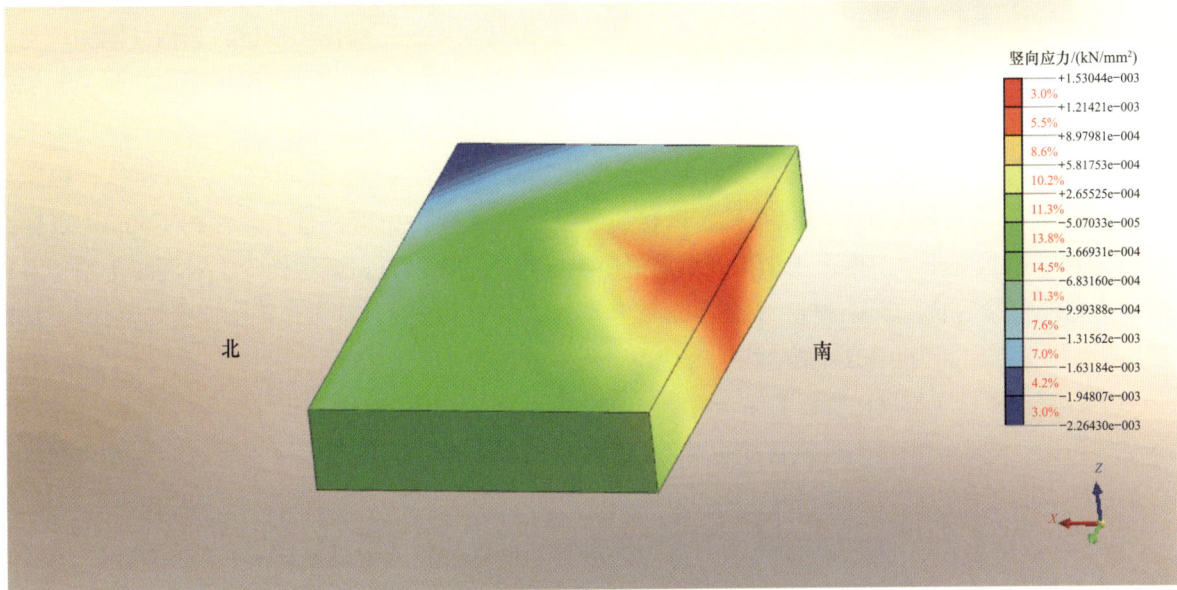

(b) NQ-M-L-3-2竖向应力云图

图 2-95 典型构件内部的应力云图

2.6 平阳府君阙三维激光数字化采集

三维数字化采集是目前记录珍贵文物、古建筑原始的三维信息和纹理信息，获取真尺寸真纹理的三维数字模型最重要的技术措施。它不仅能实现三维展示，而且能为古建筑文物修复、保护提供科学模型，即使在文物损坏的情况下，仍然能进行科学研究。三维激光扫描技术是通过高速激光扫描测量方法，大面积高分辨率地快速获取被测对象表面的二维坐标数据和纹理信息。快速、大量地采集空间点位信息，为快速建立物体的三维影像模型提供一种全新的技术手段，具有快速性、不接触性、穿透性、实时、动态、主动性、高密度、高精度、数字化、自动化等特性。

三维立体数据的采集，首先使用非接触式三维扫描系统采集高精度全方位的石阙三维模型信息；其次采用高分辨率数码相机采集石阙的高精度纹理图像；最后采用多纹理绑定融合技术，将高精度纹理图像拼接入三维模型中，使模型更能表现出文物的细节特征。本次工作主要使用相位式扫描仪对石阙结构、表面雕刻、精细纹理数据进行采集，同时对石阙空间结构进行采集及三维模型制作，全面采集石阙本体数据，实现石阙本体信息的翔实记录，并结合石阙修复保护工程需求，制作其三维基础模型、线图、数字拓片及其他图件。三维激光数字化采集成果详见第 7 章 7.2 节。

2.7 勘察结论及保护策略

2.7.1 勘察结论

平阳府君阙病害主要受雨水、空气污染等自然环境因素与地震灾害的影响，本次勘察对其进行了工程地质勘察、石阙材质与病害检测、地震影响分析，查明石阙区域地形地貌、岩石结构与特征、保存环境、石阙风化病害成因和地震破坏机制等，满足石阙灾后维修保护工程设计要求，主要结论如下：

（1）平阳府君阙是第一批全国重点文物保护单位，具有极高的价值，但在各种自然因素的共同作用下，石阙风化严重，特别在"5·12"汶川地震后，石阙受损严重，阙体出现扭转、构件间错位与崩落、燕尾槽压裂等破坏形式，这些病害不仅严重危及文物本体安全，也极大地损伤到文物价值与展示利用，亟须进行保护修复。

（2）岩土工程勘察表明，场地未发现其他不良地质作用，场地稳定性较好，适宜建筑；拟建独立保护棚基础形式宜采用柱下独立基础，以粉质黏土作为基础持力层，基础埋深约 1.50m（以标高 458.50m 计），场地地下水对混凝土结构及钢筋混凝土结构中的钢筋具微腐蚀性，土对混凝土结构及钢筋混凝土结构中的钢筋具微腐蚀性；该地区地震基本烈度为 7 度，设计基本地震加速度为 0.10g；场地类别为Ⅱ类，特征周期为 0.40s。拟建场地为建筑抗震一般地段。

（3）石阙本体材质与风化岩样的综合检测研究及石阙保存区域空气质量与气候条件调查分析表明，水、空气污染、热力作用是阙体风化的主要影响因素，生物作用、污染物沉降、岩石矿物变异和离子迁移是阙体表面变色污染的主要原因。

（4）采用 3DEC 和 Midas GTS/NX 软件建立平阳府君阙的三维数值计算模型，通过输入汶川地震的地震波参数，模拟汶川地震对平阳府君阙产生的水平地震作用。研究表明，南阙和北阙的自振频率都很小，自身刚度较小，整体性较差，不利于抗震；在振动荷载作用下，最大变形都集中在阙顶位置，并伴随着阙体结构的整体扭转变形，且应力集中区多在阙身处。分析了地震作用下石阙内部各构件位移情况和阙体结构的应力分布情况，并根据应力情况对阙体结构中典型构件破损情况进行了力学机理分析，明确了地震影响下构件的破坏力学机理。

2.7.2 保护策略

（1）通过基础防水处理、四周设置排水系统、局部环境整治、修建保护顶棚等保护措施，减缓及避免雨水、地表毛细水、空气污染、阳光暴晒等自然因素对石阙本体的进一步侵蚀和破坏，尽可能消除石阙病害根源；同时解决文物本体周边建设造成的目前位置低洼、排水不畅、局部环境杂乱的问题，使石阙局部小环境与石阙历史文化相对协调和融洽，有利于石阙价值的展现。

（2）通过本体拆卸组装、清洗脱盐、开裂空鼓部位灌浆加固、断裂构件加固、局部修复等保护措施，解决目前阙体存在的扭曲及现存的各类病害，增强开裂空鼓部位的力学强度，增强其抵抗自然风化因素影响的能力；同时，在保持历史真实性的前提下，对局部残缺与开裂部位进行适当的修复，使石阙展示出整体美感。

（3）通过基础加固处理、改变每层石构件之间的垫层材料和燕尾榫材料等技术措施，避免或减缓再次地震对石阙造成新的损害。

（4）石阙表面雕刻风化严重，石阙拆卸前，对石阙本体进行详勘，制定吊装与包装专项方案，在施工过程中，做好临时防护与预加固处理，根据实际情况适时调整吊装方法，确保石阙表面雕刻不受损伤。

（5）通过搭建临时保护棚、制作临时支架等措施解决保护修复过程中可能产生的问题，预防自然环境对文物本体造成新的破坏。

（6）施工时注意施工时机及周期的选择，在不良气候环境来临之前，特别是强降雨季节前，尽可能完成大部分主体工程，若石阙基础和保护顶棚柱下独立基础在雨季施工，施工时要做好地表水排水工作，确保基坑内无积水。基坑开挖后严禁雨水及地表（下）水浸泡。

第3章　平阳府君阙保护工程设计方案

3.1　方案设计依据与保护原则

3.1.1　方案设计依据 [①]

（1）《中华人民共和国文物保护法》（2017 年修正）；

（2）《中华人民共和国文物保护法实施条例》（2017 年修订）；

（3）《中华人民共和国建筑法》（2011 年）；

（4）《中国文物古迹保护准则》（2015 年）；

（5）《四川省〈中华人民共和国文物保护法〉实施办法》（2014 年）；

（6）《建筑抗震设计规范》（GB 50011—2010）；

（7）《建筑地基基础设计规范》（GB 50007—2011）；

（8）《石质文物保护工程勘察规范》（WW/T 0063—2015）；

（9）《石质文物保护修复方案编写规范》（WW/T 0007—2007）；

（10）《馆藏砖石文物病害与图示》（GB/T 30688—2014）；

（11）西安文物保护修复中心完成的《平阳府君阙保护修复工程勘察报告》《平阳府君阙灾后恢复修缮工程场地岩土工程勘察报告》《补充勘察报告》；

（12）文物保护其他相关文献（如《国际古迹保护与修复宪章》《保护世界文化与自然遗产公约》等）。

3.1.2　设计原则

1）最少干预性原则

平阳府君阙为第一批全国重点文物保护单位，具有极高的历史、艺术、科学、社会和文化价值，在制定保护措施时，所采取的保护修复措施限制都以保证石阙安全为前提。

石阙风化主要受水、大气污染和温湿度骤变等因素的影响，绵阳市区大气污染相对严重，对石阙破坏较大，主要保护措施是通过改变石阙保存条件等预防性保护来消除或减弱外界因素对石阙的影响，达到保护目标，而不是直接对石阙本体进行干预。对于残缺或风化雕刻部位保持其现状，不进行修复和化学保护干预。

2）完整性原则

随着社会发展和时代变迁，虽然平阳府君阙周边地形地貌与历史、文化环境发生了很大变化，但是实施此次保护工程时，应对石阙实物原状、本体蕴涵历史信息及其环境等体现石阙价值的各个要素

---

① 设计依据以设计单位 2015 年编制《绵阳市平阳府君阙保护维修设计方案（核准稿）》所采用新的法律、规范、文件为准。

进行完整保护。

3）可再处理性及修补部位可识别性与协调性原则

保护修复技术采用经检验有利于石阙长期保存的成熟技术，所有新材料必须经过前期试验，证明切实有效，对石阙长期保存无害、无碍，方可使用，所有保护措施不得妨碍再次对石阙进行保护，在可能的情况下，尽可能使用传统材料。

对于石阙局部残缺部位（无雕刻部位）进行修补时，在遵循最少干预、可再处理性和完整性原则的基础上，修复部位既要可辨识又要与其周围部位整体协调；保护顶棚外观应与石阙历史文化和周边环境基本协调。

4）防灾减灾原则

虽然地层深部无大的断裂构造从平阳府君阙场地及附近区域通过，新构造运动也只表现为缓慢的升降运动，历史上无破坏性地震发生，但因距龙门山地震带较近，龙门山地震对其有一定影响，设计过程中充分考虑地震力的影响和石阙的重要性，石阙基础和保护性建筑按地震烈度 7 度设防，设计基本地震加速度为 0.10g，地震动反应谱设计特征周期为 0.40s，以预防再次地震对石阙及保护建筑的破坏。

3.2 保护工程设计方案主要内容 [①]

3.2.1 石阙本体保护

石阙本体保护主要包括前期准备、预加固处理、阙体拆卸、表面清理、脱盐处理、空鼓裂隙加固、断裂构件加固、局部修复、阙体基础处理、阙体归安等分项工程。

1. 前期准备

前期准备包括场地平整、施工现场布置、搭建龙门吊与脚手架、构件编号、制作木托架。

1）场地平整

拆除石阙周围原有的保护棚和围栏，铲除石阙四周的小灌木，平整地面。

2）施工现场布置

将石阙所在小广场整体打围，设置大门，引入场外道路—布置龙门吊机械设备—布置临时仓库与构件摆放场地—布置临时加工区域—规划布置场内临时运输道路—布置临时用房—布置临时用水、电管网。

为确保施工期构件的安全和施工质量，搭建 150m² 的保存及室内修复保护临时保护棚，做好保护棚内的供电线路布置。

3）搭建龙门吊与脚手架

阙体拆卸和归安过程中采用龙门吊对构件进行吊装，为确保吊移安全，根据石阙最大石构件尺寸为 1.855m×0.94m×0.4m，最大饱和容重为 $23.6×10^3kN/m^3$，计算可得总重为 1.855m×0.94m×0.4m×$23.6×10^3$/9.8=1.68（t）。设计龙门吊最大起重为 3t，起降采用手拉葫芦，轨道运行采用电动控制，轨道行走速度为 20m/min，手拉葫芦 3t，手动单轨小车 3t，龙门吊主要技术参数如表 3-1 所示。

---

① 是指《绵阳市平阳府君阙保护维修设计方案（核准稿）》的主要内容。

表 3-1　龙门吊主要技术参数

序号	项目	技术参数	备注
1	额定起重量	3t	
2	起重高度	6.5m	
3	跨度	6m	
4	行车运行速度	20m/min	
5	吊钩起降速度	人工控制	手拉葫芦控制
6	手动单轨小车	3t	
7	手拉葫芦	3t	

支脚采用 16# 槽钢（Q195-235），其上方满焊 16# 工字钢（Q235）加固，横梁采用 25# 工字钢（Q235），基础上表面满焊 16# 槽钢加固。

为保证阙体拆装过程中技术人员操作方便和安全，在阙体四周搭设脚手架。脚手架搭设在龙门吊以内，距离龙门吊 15cm 以上，以保证龙门吊移动过程中不触碰脚手架，并根据构件吊移情况，对脚手架做相应的加固保护措施，拆卸前和归安完成后在脚手架上方搭设临时保护顶棚（图 3-1、图 3-2）。

图 3-1　脚手架及临时保护顶棚

图 3-2　龙门吊

4）构件编号

第一级将南、北两阙分开编号，以 SQ 代表南阙，NQ 代表北阙；第二级将每座阙的母阙与子阙分开编号，M 代表母阙，Z 代表子阙；第三级按阙体部位编号，J 代表阙基，S 代表阙身，L 代表楼部，D 代表顶盖；第四级按每个部位构件层编号，每个部位构件从下往上依次编号 1，2，3，…；第五级每一层以面向西立面方位从左到右依次编号 1，2，3，…，若同编号位置有 2 个构件，则东立面记为 EX，西立面记为 WX，如 E1、W1。南、北两阙编号详见第 7 章 7.2 节石阙构件编号图。

5）制作木托架

由于平阳府君阙构件风化严重，为尽可能减少吊运与修复保护过程中工具直接与构件接触，阙体构件拆卸后放在木托架上，在地面转运或修复保护时，用手动液压搬运车货叉直接从木托架下方进行搬运，避免二次运移对阙体构件造成损伤。

2. 预加固处理

对于酥碱、粉状剥落等脆弱部位，原设计采用硅酸乙酯类保护剂进行全面喷淋加固，增加阙体表面强度，因化学防风化处理被取消，在后期施工中采用塑料薄膜、海绵等柔性材料进行临时防护。对于空鼓、起翘、开裂部位，在拆卸前采用 Remmers 500STE 复合灌浆材料进行灌浆加固，防止吊装过程中这些部位发生断裂、脱落等损伤。对于错位移动、破碎、断裂构件，分别做好标识和记录，分件拆卸，在室内进行修复处理。

3. 阙体拆卸

拆卸前认真细致检查每块构件，做好临时加固防护措施，根据实际情况确定起吊部位和运移方向，吊装部位尽可能避开风化严重、空鼓、雕刻等部位，采用斜拉法将构件从原位分离后逐　吊离。

4. 表面清理

采用物理和化学方法对构件表面苔藓、地衣进行清除，采用裹覆法、机械剔除等物理方法对构件表面灰尘污垢、水渍、可溶盐、生物尸体及石灰覆盖层等污染物进行清洗。清洁完成后，表面喷洒溶剂型复合杀藻剂和防霉剂，杀死青苔藓、藻类和霉菌及酥松表面中的假根和菌丝，并对其起长期抑制作用。

5. 脱盐处理

采用纸浆法对构件表层可溶盐进行脱盐处理。

6. 空鼓裂隙加固

根据砂岩特性，采用常用 Remmers 500STE 保护加固剂对空鼓裂隙进行处理，根据空鼓开裂程度选择不同的配方。

配方 1：将 SAE 注射砂浆（100mL Remmers 500STE+60g 填料 A+30g 填料 B）和细石粉按 1∶1 配制成浆液。主要用于宽大空鼓部位的灌浆填充黏接加固。

配方 2：将 SAE 注射砂浆（100mL Remmers 500STE+60g 填料 A+30g 填料 B）搅拌 3～5min，均匀后用注射针管抽取砂浆，注射。主要用于层状裂隙、空鼓部位的填充黏接加固及细小裂隙的灌浆黏接加固。

7. 断裂构件加固

对于较大体积的断裂构件，采用改性环氧树脂锚杆进行加固，对于较小的断裂脱落块体，则直接采用改性环氧胶泥进行黏接加固，表面修复、做旧。

8. 局部修复

对于以前缺损的部位，一般不进行修补，但对于有力学功能缺失的部位，按照原状进行修补，修补可采用缺损补配方式，局部修补采用修复砂浆补配方式，具体根据现场构件情况进行修补。对于地震造成的残损构件，按照文物修复原则，进行锚固或黏接归位后再进行局部修复。

9. 阙体基础处理

阙基处理包括：土方开挖→地基承力检测→地基验槽→基础垫层→钢筋加工→钢筋安装→支模→现浇混凝土→四周及表面做反潮层→上表面做垫层（与地面持平）→回填基础四周土方→阙基归位。因该分项为土建工程，其工艺措施不详细描述，具体见施工图。

10. 阙体归安

阙体归安严格按照拆卸时的编码逆序安装，参照拆卸时的归安标示以及修复前扫描成果定位构件的相对位置。安装过程中，有燕尾榫的部位嵌入燕尾榫，石构件间的间隙根据拆卸过程的记录，按原状修缮。在每层石构件之间凹凸不平的部位采用垫层材料进行充填（材料具体配比及功能在第 4 章进行详细论述）。

3.2.2　搭建保护棚

前期勘察研究表明，水、酸雨和温湿度骤变是石阙风化的主影响因素，特别是酸雨对石阙破坏较大，建设保护棚是以消除雨水、酸雨和温湿度骤变等自然因素对石阙影响的预防性保护措施，避免或减少对石阙本体实施增强加固、封护处理等直接干预，保护棚的设计与修建原则如下：

（1）在设计、修复保护性棚时，把保护功能放在首位，其形式尽可能简洁、朴素，不以牺牲保护功能为代价。

（2）不得损伤石阙，尽可能减少对石阙现有环境的影响，通过造型与体量设计，与地形结合，使之较好地融入现有的景观环境中，与周边环境相协调。

（3）在将来必要情况下应能够拆除或更新，同时不会对石阙造成损害，且保护棚的地面支撑点应在石阙基址之外，不能影响石阙基址的结构及力学稳定。

（4）充分考虑满足观众参观的基本要求，同时采取有效措施保证游客与文物本体的安全。

在遵守以上原则的基础上，石阙保护棚根据《民用建筑设计通则》（GB 50352—2019）3.2.1 条，其设计使用年限为 25 年，属于易于替换结构构件的建筑。基于最小干预、经济适用的原则，设计采用两个独立保护棚直接保护石阙。不改变石阙的地理坐标位置与标高，不对所处下沉广场进行大规模改动。绵阳科技馆紧邻石阙东面，科技馆建筑整体呈圆弧形，体量巨大。正立面入口处为浅色石材实面，上部做青灰色钢构造装饰。因考虑到新建保护棚风格与周围环境协调一致，新建保护棚在单体形式上取半弧形，两个单体左右对称形成一个整体弧形，与绵阳科技馆形式保持统一。出于对参观需求的考虑，保护棚采用全钢结构形式，周围不设围护结构。保护棚平面长约 19.5m，宽约 7.2m，高约 8.85m（最后施工尺寸稍有变化，详见施工图纸），由四根型钢柱支撑。保护棚与南北两侧花台交接的空间设置工具房、配电房，首先对其焊接矩管，以备固定木条，然后制安木条及木条门，最后对制安好的木格栅进行油饰处理。顶面为铝塑板，内部设木板吊顶，吊顶内安装照明灯及西面的感应遮光百叶。保护棚钢结构构件和机房四周百叶外喷油漆，颜色与绵阳科技馆外立面装饰构架相同，达到整体融合。

阙基与石阙广场地砖之间设置宽 1.0m 的缓冲带，上铺卵石，外围设置宽 0.4m 的排水暗沟，排水沟底部低于阙基 0.5m，并与广场外围排水沟相连。排水沟外围设置高约 1.2m 的不锈钢护栏（玻璃挡板），设定参观者与文物本体的最近距离为 1.5m，防止文物被人为损伤。

3.2.3　广场环境整治

鉴于平阳府君阙极高的历史、艺术、科学与社会价值，且石阙位于绵阳市中心，为了更好地研究、展示、延续原有功能和赋予其适宜的社会功能，有必要对石阙广场环境进行整治，以提升其保护、展示利用效果和观览质量，使石阙不仅成为本地群众休闲场地，而且成为大众接受本地传统文化教育与传播的重要场所。广场环境整治工程包括地面工程和广场景观设置。

1）地面工程

将广场、西侧梯步、无障碍通道、工具房、配电房等位置的原有青石地面和垫层铲除，在广场四周设置宽 0.4m 的排水沟，排水沟底部低于地面约 1.0m，并与市政排水管道相连，排水沟做好后，将其余部分的地面素土夯实，铺厚 0.1m 的碎石碾压实，做厚 0.1m 的 C10 素混凝土垫层，再做厚 0.03m 的 1∶4 干硬性水泥砂浆，铺厚 0.05m 的青石板铺面，表面人工凿修，使其自然协调。

2）广场景观设置

在广场南北端的工具房、配电房两侧种植小叶女贞、冬麦及其他植低矮灌木，修剪成形，四角保留现种植的桂花树各一棵。广场内设置景观凳，景观凳以青石为基座，柏木枋作座面和靠背，桐油防腐处理，清漆饰面。另在广场西面入口处安放文物标示碑，在广场四角及保护棚上安装视频监控系统。

在东面原堡坎墙做汉文化浮雕墙，浮雕内容为绵阳本地出土汉代画像砖雕刻内容，同时用于介绍平阳府君阙的相关历史文化背景，让石阙及绵阳汉代历史文化知识更直接展现在人们面前。

通过保护顶棚形制、体量及外观色彩的设计和石阙广场环境的整治，达到石阙本体、石阙广场、保护顶棚与外部环境基本协调，石阙与其周边景观环境整体融合的目标。

以上各专业详细内容（包括保护棚结构等）详见施工图。

3.3　两次方案设计内容变更说明

《绵阳市平阳府君阙保护修复设计方案》（简称《方案》）于 2008 年由西安文物保护修复中心完成。该《方案》为避免或减缓再次地震对石阙本体的损害，在石阙基础中设计安装隔震底座。隔震底座采用铅芯橡胶底座，铅芯多层橡胶是在普通多层橡胶的中部圆形孔中压入铅，多层橡胶产生剪切变形时，利用铅芯的塑性变形吸收能量，因此是一种阻尼器内置型多层橡胶。铅芯在接近纯剪切变形下，反复变形时可以发挥稳定的能量吸收能力[①]。此外，由于阻尼器和橡胶垫构成一个整体，有利于节约施工空间，适合本工程，隔震底座结构示意图如图 3-3 所示。

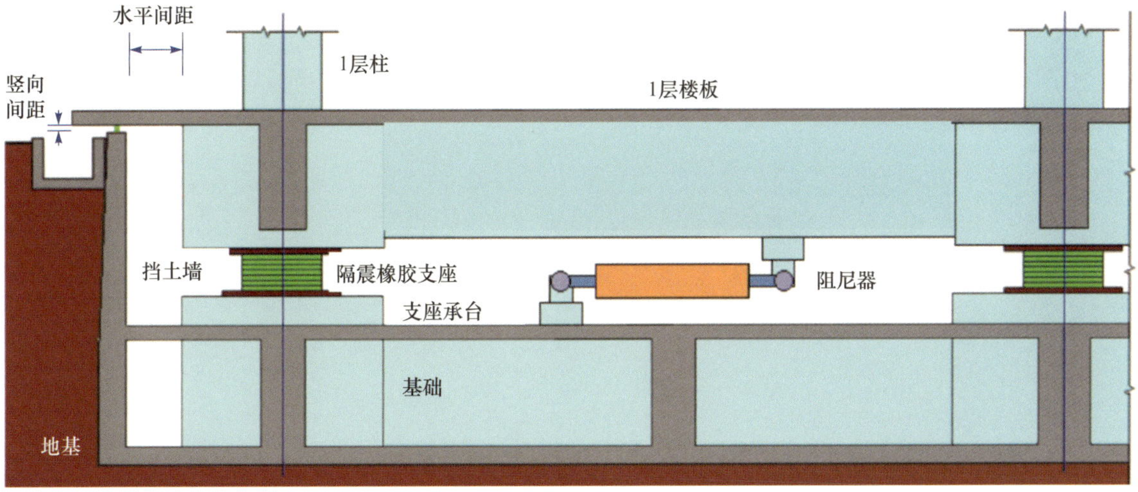

图 3-3　隔震底座结构示意图

另外，该《方案》对石阙构件本体拟采用硅酸乙酯类保护剂（Remmers 300）进行预加固处理和分块渗透补强。

专家在评审《绵阳市平阳府君阙保护修复设计方案》时认为，橡胶支座隔震技术对石阙类建筑的

---

① 该措施批复不宜采用，其设计计算和详细说明在此不再阐述。

效果缺乏足够的理论和试验依据，不宜采用，硅酸乙酯类保护剂（Remmers 300）材料对于四川这种潮湿多雨环境条件下的室外石质文物防风化保护暂不成熟，暂不实施。四川省文物管理局在批复该《方案》时取消了这两项保护措施。

根据前期勘察研究成果，水、酸雨和温湿度骤变是石阙风化的主影响因素，为消除或减缓水、酸雨和温湿度骤变等自然因素对石阙的直接影响，后续几年，多位专家实地考察后认为，修建保护棚是现阶段预防平阳府君阙风化和表面生物病害最好的保护措施，且对石阙本体干预最小，建议修建石阙保护棚。设计单位在 2015 年编制《绵阳市平阳府君阙保护维修设计方案（核准稿）》时，根据四川省文物管理局批复（川文物保函〔2009〕63 号）进行了修改，取消了原方案中的橡胶支座隔震措施和防风化加固项目，并增加了修建保护棚工程。

第4章 平阳府君阙保护工程实施报告

4.1 平阳府君阙保护工程概述

4.1.1 工程实施依据

本体保护与修建保护棚是本次平阳府君阙保护工程的核心，在石阙病害及病害勘察和成因分析研究的基础上，石阙保护工程全面展开，整个施工过程严格遵守中国文物古迹"不改变原状、真实性、完整性和最低限度干预"的原则和方案确定的总体保护思路。施工采取动态化管理，施工过程中遇到因结构隐蔽没有勘察到的内容、设计不尽详细的施工措施和重要施工节点时，监理单位都要求暂停施工，由业主方组织相关专业单位、专家及设计、施工、监理多方进行重新勘察、分析、研究、讨论，有了较完善的措施后，再进行下一步工程，施工中严格依据以下法律法规和设计文件、批复意见。

（1）《中华人民共和国文物保护法》（2017年修正）；

（2）《中华人民共和国文物保护法实施条例》（2017年修订）；

（3）《中华人民共和国建筑法》（2011年）；

（4）《中国文物古迹保护准则》（2015年）；

（5）《四川省绵阳市平阳府君阙保护修复设计方案》《绵阳市平阳府君阙保护维修设计方案（核准稿）》《绵阳市平阳府君阙保护棚施工图设计》；

（6）四川省文物管理局关于《四川省绵阳市平阳府君阙保护修复设计方案》的批复（川文物保函〔2009〕63号）及关于核准《绵阳市汉平阳府君阙保护维修设计方案》的函；

（7）石质文物保护及钢结构、混凝土结构施工相关规范。

4.1.2 工程概况

平阳府君阙建成后，历经两千余年的日晒雨淋和风吹，建阙的石条和石板自然风化引起的病害都比较严重，阙身和阙顶上的画像雕刻以及造像龛都存在不同程度的粉化、剥落、酥碱泛盐、裂隙、空鼓、残缺、污染变色、生物侵蚀、人为破坏等病害。2008年"5·12"汶川地震发生后，强烈的地震波进一步造成阙体扭曲、石条间错位、石条崩裂以及剥落等损伤，加剧了平阳府君阙的病害，保存状况十分堪忧，引起各级文物主管部门的高度重视。根据国家"5·12"地震灾后重建条例、规划及相关的政策法规，"平阳府君阙灾后恢复修缮项目"被列入国家发改委、财政部、国家文物局等11部委联合制定的《汶川地震灾后恢复重建公共服务设施建设专项规划》，并落实中央灾后恢复重建资金430余万元。

2008年8月，国家文物局在成都召开"5·12"汶川地震灾后文物抢救保护第二批对口技术援助会，根据会议要求，平阳府君阙灾后本体恢复修缮方案不仅要解决地震造成的损害，同时要解决以往存在的文物病害问题，并指派西安文物保护修复中心为恢复修缮方案编制单位。2009 年 3 月，西安文物保护修复中心编制的《四川省绵阳市汉平阳府君阙保护修复设计方案》经四川省文物管理局审批通过（川文物保函〔2009〕63 号），同意采取阙体分拆、表面尘土及风化产物清理、脱盐处理、空鼓裂隙加固、断裂构件的锚杆加固、分块补强、残件修复、生物病害预治和阙体归安等措施对平阳府君阙进行保护，不同意使用橡胶支座隔震技术和防风化加固等保护措施（见 7.4.1 节工程实施管理文件）。

2010 年 4 月，根据绵阳市灾后恢复重建基金中期调整（绵财投〔2010〕22 号、34 号）的安排，"平阳府君阙灾后恢复修缮项目"及资金由绵阳市文物管理局（绵阳博物馆）调整到"绵阳科技馆灾后恢复建设项目"统一实施。后因绵阳科技馆恢复建设项目实施缓慢等多种原因，"平阳府君阙灾后恢复修缮项目"一直无法实施。2014 年 10 月，在绵阳市政府的协调下（绵府纪要〔2014〕102 号），"平阳府君阙灾后恢复修缮项目"得以重新启动。

按照四川省文物管理局对《四川省绵阳市汉平阳府君阙保护修复设计方案》的批复意见，2014 年 12 月，邀请成都市文物考古工作队对原方案进行补充完善。同时为了减缓环境因素，特别是雨水冲刷和阳光直晒对石阙的影响，优化文物本体保存环境，新增保护棚的设计内容。2015 年 6 月，成都市文物考古工作队编制完善后的方案得到四川省文物局的核准。2015 年 12 月，经过竞争性谈判，确定四川省文物考古研究院为项目监理单位。2016 年 2 月，通过公开招标，确定重庆盛煌建筑工程有限公司为项目施工单位，工程内容包括平阳府君阙本体保护、保护雨棚、地面修缮工程及相关安装工程等。2016 年 4 月，为了确保工程项目质量，根据绵阳市政府的意见，确定绵阳嘉来工程项目管理有限公司为项目管理单位。

施工单位于 2016 年 2 月 26 日进场后，为全面、准确地保存施工前文物本体的面貌，按照项目业主的要求，首先对平阳府君阙进行整体影像资料提取和三维扫描等工作。然后根据四川省文物局的核准方案，分别编制：①包括施工现场平面布置、龙门吊安装、脚手架搭设和石构件编号、拆卸顺序、摆放等内容的前期准备工作方案；②包括阙体构件拆卸工艺流程、施工方法、预保护措施（拆卸前的防护加固）和拆卸吊装内容的阙体拆卸施工方案；③包括生物病害处理、表面污染物清洁、脱盐处理、空鼓裂隙加固、断裂构件锚固、残损构件修复等内容的本体保护施工方案；④包括燕尾榫、石构件与石构件之间间隙和地基加固等内容的隐蔽部位施工方案；⑤阙体归安施工方案；⑥包括阙体起吊及归位复原过程中应急处理措施、安全事故应急预案与监测监控等内容的施工安全专项方案。专项施工方案邀请四川省古迹遗址保护协会相关专家，经过两次咨询评审、修改后，组织实施。2016 年 7 月中旬"平阳府君阙灾后恢复修缮项目"正式进入工程实施阶段，至 2017 年 10 月底完工。

2019 年 9 月 10 日，根据《全国重点文物保护单位文物保护工程竣工验收管理暂行办法》和《四川省文物保护工程竣工验收实施细则》的有关规定，"平阳府君阙灾后恢复修缮项目"通过四川省文物局组织的验收，并获得验收专家组的高度评价，建议推荐参加 2019 年度全国优秀古迹遗址保护项目的评选。

2020 年 8 月 20 日，接受全国优秀古迹遗址保护项目评选推荐活动参评项目现场复核。复核专家认为"平阳府君阙灾后恢复修缮项目"达到保护目的，消除文物隐患。研究贯穿保护工程始终，是多学科交叉的综合性工程，工程质量和效果好，经费投入不大，体现了少花钱、多办事的特点，符合评奖的要求，有创新点，有特色。

4.2　平阳府君阙保护工程施工技术

4.2.1　充填垫层材料研究 [①]

平阳府君阙是由多块石构件采用干摆工艺叠砌而成的高耸结构，每层由 2～6 块石构件组成，在水平方向上，构件间采用燕尾榫连接形成整体；在竖直方向上，上下面构件的四边缘凿宽 1.5cm 平整线条，中部凿成打毛的凹凸形状，不使用任何黏接材料达到平置与合缝 [②]。因受风化和地震等因素的影响，石阙脱落残缺较严重，造成每层构件之间存在不同程度的凹凸不平或悬空。1989 年对石阙进行拆卸维修时，在每层构件表面凹洼处和构件竖向之间的空隙中填充了普通黏土层（图 4-1），使层与层之间均匀受力，在一定程度上减少了应力集中现象。但是由于石阙处于室外露天保存，在雨水长期的浸润和冲刷作用下，构件层间的填土层厚度已经很薄，已不能有效地避免应力集中现象的出现，最初设计是通过在阙体基础中设计安装铅芯橡胶隔震底座避免或减缓再次地震对石阙本体的损伤，但该措施没有被批准，鉴于此，研制一种具有一定强度和耐水性好的牺牲性垫层材料来减震隔震并保证石阙构件间均匀受力是本次修缮的重要工作之一。

图 4-1　构件间的充填土

1. 充填垫层材料研制

1）材料研制基本原则

作为石阙保护的牺牲性垫层材料必须遵循以下原则：①材料强度必须低于石阙风化后的石构件强度，以保证在发生破坏时，垫层材料先于石构件破坏，从而保护已风化石构件的完整性；②材料的刚度要远小于石构件的刚度，以减少上部构件的地震反应，起到减震隔震作用；③垫层材料具有良好的耐水性，以保证在水侵蚀下不流失；④与石阙本体很好地兼容，易于清理，在石材上基本无残留，具有较强的可逆性。

2）充填垫层材料成分及配制比例

基于充填垫层材料研制基本原则，结合文物保护传统材料研究成果和本工程多次试验，本次研究

---

① 此工作由四川农业大学土木工程学院、施工单位、监理单位共同完成。

② 曹丹 . 绵阳平阳府君阙维修技术及相关问题［J］. 四川文物，1996，（6）：50-54.

拟采用黏土和河砂为主要原料，掺和石灰、石膏改善其物理力学性能，其中黏土采用开挖石阙基础所得的黏土进行筛分，河砂采用建材市场购买的建筑用河砂，再经过筛分剔除粗粒径颗粒备用，石膏粒度规格为 300 目。参照《土工试验方法标准［2007 版］》（GB/T 50123—1999），将黏土、砂、石膏和石灰按表 4-1 中的配合比混合均匀，再按水灰比为 0.3 加水拌和，将材料放入三联式铁质试块模具中，使用木槌将其逐层夯实，直至将模具填满。分别浇筑了尺寸规格为 100mm×100mm×100mm 的试件 5 个，尺寸规格为 50mm×50mm×50mm 的试件 2 个，浇筑完成 24 小时后进行拆模，再在常温下养护 28 天。养护完成后即进行单轴压缩试验和耐水性试验。在进行试验前测试了试件的密度，如表 4-1 所示。

表 4-1　充填垫层材料配合比及试件密度

编号	配合比	密度 /（kg/m³）
1#	黏土：石膏：生石灰 = 80：8：12	1359.0
2#	黏土：石膏：生石灰 = 80：10：10	1464.0
3#	黏土：石膏：生石灰 = 80：12：14	1428.3
4#	土：石膏 = 90：10	1381.0
5#	土：生石灰 = 90：10	1384.3
6#	土：砂：熟石灰 = 4：3：2	1396.5
7#	黏土 = 100	1379.5

2. 充填垫层材料耐水性试验

为了测试充填垫层材料的持久耐水性，将达到 28 天龄期的 50mm×50mm×50mm 立方体试件浸没在水中，持续观测试件在水中的变化情况，如图 4-2～图 4-4 所示。所有立方体试件在刚放入水中时都会在表面产生气泡，这主要是由于试件中的孔隙被水充满，孔隙中空气逸出的结果；除黏土试件在浸水半小时后完全崩解外，其余 6 种配合比的立方体试件在浸水 24 小时后基本无明显崩解现象；在浸水 90 天后，1# 和 6# 配合比试件基本无变化；3# 和 4# 配合比试件已经完全崩解；5# 配合比试件出现部分崩解，试件表面出现较宽裂缝；2# 配合比试件开始崩解，试件表面已出现裂缝。测试结果表明，1# 和 6# 配合比试件的耐水性较好，符合本项目对充填垫层材料耐水性的要求。由于 6# 配合比试件制作时间较长，耐水性试验持续的时间比 1# 配合比试件更长，6# 配合比试件浸水近 180 天，试件表面没有产生裂缝，也未崩解。

(a) 浸水24小时 　　　　　　　　(b) 浸水90天

图 4-2　1#～5# 配合比立方体试件耐水性试验

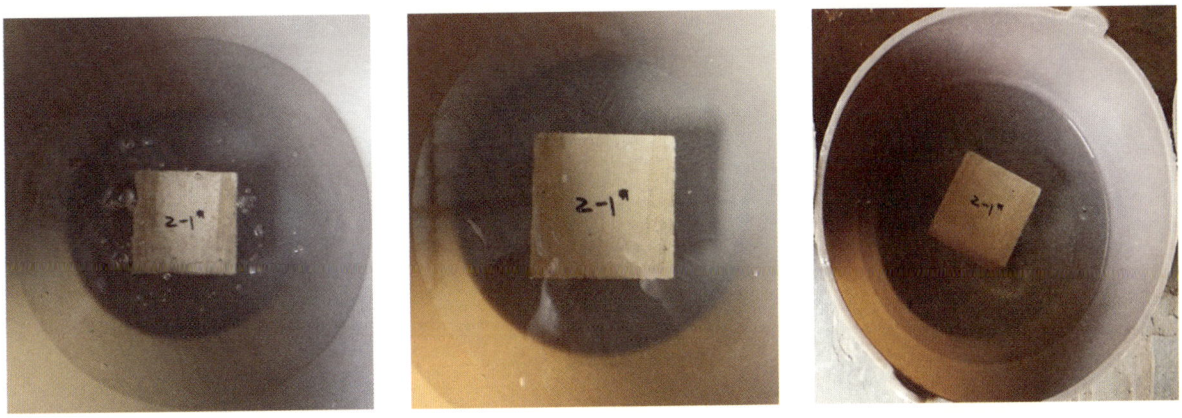

| (a) 浸水24小时 | (b) 浸水90天 | (c) 浸水180天 |

图 4-3　6# 配合比立方体试件耐水性试验

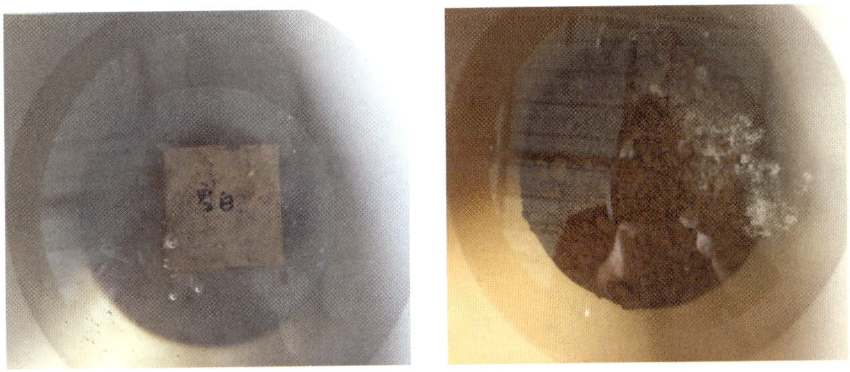

| (a) 刚刚浸水时 | (b) 浸水半小时 |

图 4-4　7# 黏土立方体试件耐水性试验

根据以上长期耐水性试验结果可知，采用 1# 和 6# 配合比的充填垫层材料耐水性满足要求。

3. 充填垫层材料单轴压缩试验

单轴压缩试验采用尺寸为 100mm×100mm×100mm 的立方体试件（图 4-5），测试仪器为 YZW50 岩石剪切试验系统，该试验系统可以进行岩石结构面的直接剪切试验以及岩石与混凝土材料单轴压缩试验，具体技术参数如表 4-2 所示。

表 4-2　YZW50 岩石剪切试验系统技术参数

参数	最大值	测量范围	示值误差	稳定度
竖向力	500kN	1%～100%F.S.	示值的 ±0.5% 以内	示值的 ±1% 以内
水平力	500kN	1%～100%F.S.	示值的 ±0.5% 以内	示值的 ±1% 以内
水平位移	100mm	—	示值的 ±0.5% 以内	示值的 ±0.1% 以内

在对立方体试件进行单轴压缩试验时，采用竖向力控制。每组配合比的立方体试件需要测试 3 个，为了防止加载速率过快导致试件突然破坏，试验时加载速率设置为 0.05kN/s。在加载过程中，通过安置在试件上部加载板上的两个位移传感器量测竖直方向压缩变形，当试件出现裂缝或突然压裂，试验应力 - 应变曲线出现明显的下降段时停止试验。根据典型应力 - 应变曲线可以得到立方体试件的单轴

(a) 1#   (b) 2#   (c) 3#

(d) 4#   (e) 5#   (f) 6#

图 4-5   不同配合比的 100mm × 100mm × 100mm 立方体试件

抗压强度，每组试件的单轴抗压强度取 3 个试件的平均值，不同配合比的立方体试件单轴抗压强度试验结果如表 4-3 所示。

表 4-3   不同配合比的立方体试件单轴抗压强度试验结果   （单位：MPa）

项目	1#	2#	3#	4#	5#	6#	7#
平均值	2.63	2.35	1.84	2.12	2.04	1.5	0.67

由于在重力作用下，石阙最大压力为 0.157MPa，综合考察不同配合比试件的耐水性和抗压强度，在满足抗压强度需求的条件下，选择耐水性最优的 6# 配合比作为石阙归安充填垫层材料。关于充填垫层材料对阙体结构减震效果分析将在 5.3 节进行论述。

4.2.2   石阙构件拆卸施工

1. 工程前期准备

石阙本体保护工程前期准备工作与 3.2.1 节石阙本体保护前期准备内容相同。

2. 阙体拆卸施工技术

拆卸前按照石阙构件的对应位置做好归安标记，并记录于石阙立面图上，特别注意屋面残损构件的归安标记，做好每个构件现状文字记录和影像等档案资料记录。阙体构件拆卸工艺流程为：检查石构件→拆除燕尾榫→制作木托架→拆卸前防护与预加固处理→拆卸吊装→转移。拆卸前根据构件尺寸制作木托架，对每个构件仔细检查，有燕尾榫连接的，需先进行拆除。根据构件保存状况做好临时防护和预加固处理，确定起吊位置后才准备吊装。南阙和北阙分别单独拆卸，拆卸顺序从上往下，施工措施如下。

1）拆除燕尾榫

铁质燕尾榫在水平构件之间起连接作用，它与石构件之间使用水泥进行填充（图 4-6）。拆卸前采用钢凿、錾子等小心剔除水泥后拆除燕尾榫（图 4-7），并做好榫孔位置、形状、尺寸记录。

图 4-6　构件间铁质燕尾榫

图 4-7　拆除铁质燕尾榫

2）制作木托架

木托架根据阙体构件的长和宽尺寸制作，木板与木枋间使用铁钉固定。木托架使用的木枋规格为 100mm × 60mm × L，间距为 250～400mm；实木板规格为 100mm × 30mm × L，间距为 80～120mm。

3）拆卸前防护与预加固处理

平阳府君阙部分构件特别是阙顶、楼部和基座雕刻风化较严重，为了防止阙体拆卸和搬运过程中造成二次损伤，拆卸前对风化严重部位进行临时防护或预加固补强处理。用软毛刷清洁石构件表面的浮尘，根据构件开裂与风化状况，制定防护与预加固措施。

（1）严重酥碱掉渣构件的防护处理。

在阙体顶盖和阙体楼部外露表面均存在不同程度的粉化脱落病害（图 4-8），对这些构件的酥粉表面采用柔性材料进行包裹防护保护，方法如下：

① 在酥碱构件表面依次铺设塑料薄膜、海绵。

② 用塑料绑扎带将里层塑料薄膜、海绵绑扎固定牢固。

（2）空鼓、起翘严重构件的预加固处理。

对表面空鼓、起翘石构件，吊装时避开这些部位。如果无法避开，先进行灌浆加固，施工工艺如下：

① 空鼓部位。

（a）确定空鼓范围：敲击法确定空鼓范围。

（b）布灌浆孔和气孔：灌浆孔及气孔孔径 3～5mm，角度向上倾斜于表面，钻孔深度及孔距可根据剥落、空鼓的分布情况进行调整。

图 4-8　构件粉化脱落状况

（c）插入埋管、布设气孔及插入灌浆嘴，并在接缝处用修复砂浆密封（图 4-9）。

（d）检查孔之间是否通畅。

（e）配置灌浆料：灌浆器加压灌浆，同时观察气孔情况，待浆液从上层气孔漫出，停止灌浆（图 4-10）。

图 4-9　修补裂隙

图 4-10　灌浆加固

（f）封闭埋管。

（g）待浆液固化后，拔出埋管，并用修复砂浆处理孔口表面。

②起翘部位。

（a）清洁裂隙表面。

（b）插入埋管、布设气孔及插入灌浆嘴，并在接缝处用修复砂浆密封。

（c）检查孔之间是否通畅。

（d）其后保护步骤与①相同。

（3）纵向开裂构件的临时加固。

对影响石构件吊装的纵向裂隙需进行灌浆加固，防止吊装过程中发生断裂、脱落等损害，加固工艺与空鼓部位相同。

（4）断裂构件。

部分构件由于地震而使阙体错位移动，产生破碎、断裂，对该部分构件分件拆卸时，做好标识和记录，拆卸到室内后再进行修复。

4）拆卸吊装

吊装前对石阙构件做认真细致的检查，根据实际情况确定起吊部位和运行方向，吊装部位尽量避开风化严重、有空鼓、有雕刻的部位。

（1）吊装工具材料。

龙门吊、手拉葫芦 3t、软质扁平吊装带（规格 5t×4m，安全系数为 6∶1）、木制托架、塑料薄膜、棉纱、棉布、棉絮、海绵、泡沫、稻草、木板、木枋、竹片等。

（2）吊装工艺。

石阙阙基、阙身和楼部等部位的构件均为长方体，吊装前做好吊带与构件之间的保护即可起吊。

① 将龙门吊和手拉葫芦移至准备吊装的石构件的合适位置。

② 避开风化严重和有雕刻的位置，使用吊带斜拉石构件侧面（图 4-11），吊带与石构件之间使用泡沫、棉布、稻草等软质材料填充，做好保护，避免吊带直接与石构件接触。

③ 手拉葫芦均匀缓慢提升，使石构件一侧慢慢升高，同时在下上两个构件间使用与构件宽度相当的木板或木枋支垫，木板、木枋与构件之间使用软质材料垫实（图 4-12）。

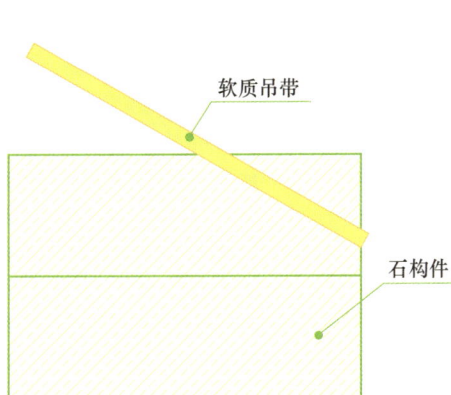

图 4-11　吊带侧拉构件示意图　　　　　　　图 4-12　构件一侧支垫木枋示意图

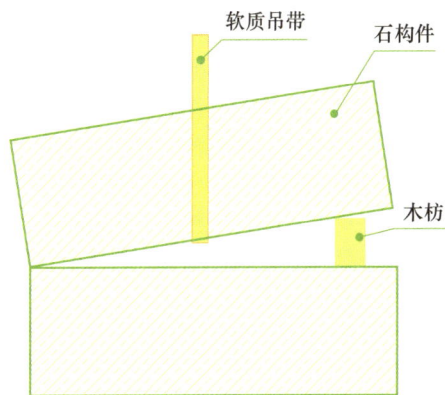

④ 松开侧拉吊带。

⑤ 吊带从构件中部穿过，将石构件提升至适当高度，用与构件宽度相当的木枋垫于构件的另一侧。

⑥ 松开吊带。

⑦ 再穿一根吊带，布置好吊带位置，确保构件能稳定起吊后，做好吊带与构件之间的保护（图 4-13）。

⑧ 提升石构件至适当高度，在该构件正下方的石构件上表面铺设软质材料（棉絮、泡沫等）、其上放置木托架、木枋。

⑨ 将石构件降落放置于木托架上方，松开吊带，取出，侧拉石构件，将木枋取出，缓慢降落石构件，平放在木托架上。

⑩ 从木托架下方穿两根吊带，调整吊带位置，确保石构件能稳定吊装（图 4-14）。

⑪ 吊带挂于手拉葫芦吊钩上，缓慢提升至适当高度。

⑫ 启动龙门吊将构件平缓平移至阙体南边（南阙）。

⑬ 使用手动葫芦将构件缓慢降落，平稳放置到地面上。

如果构件下表面不平整或厚薄不均，边缘比较薄（主要分布在母阙顶盖的第二层和第三层），吊装前需根据构件形状，在下表面依次用塑料膜、棉质纱布、棉絮或稻草等软质材料填充结实，用木板或木枋垫平，绑扎结实，方可实施吊装（图 4-15）。

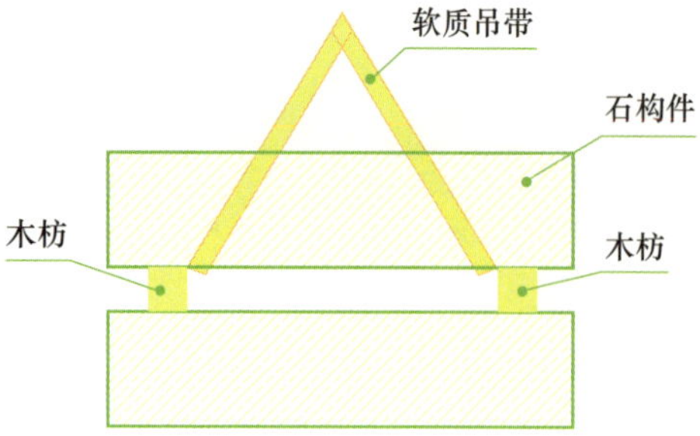

图 4-13   构件两侧支垫木枋示意图

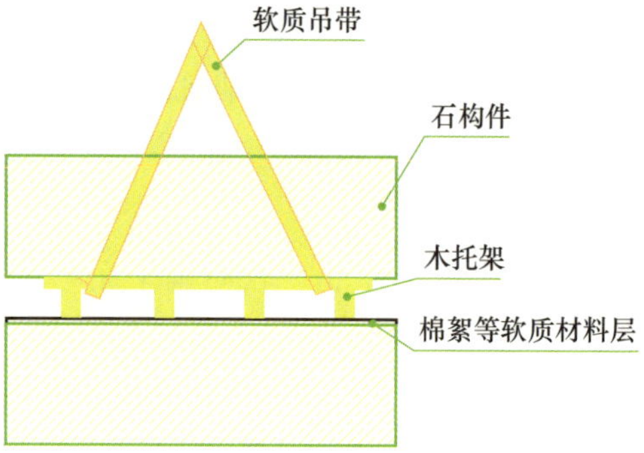

图 4-14   木托架支垫于构件下方示意图

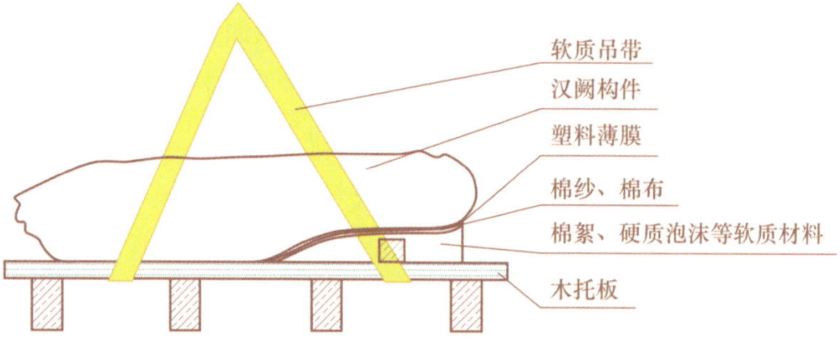

图 4-15   下表面不平整石构件的吊装示意图

（3）吊装注意事项。

① 做好脚手架安全防护工作，确保文物、人员安全。

② 龙门吊运行前检查确保轨道无障碍物。

③ 龙门吊上的链条、吊钩需放置在合理位置，确保不触碰阙体。

④ 遵守龙门吊安全操作规程。

⑤ 做好吊带与石构件之间的保护层。

⑥ 起吊中，密切注意构件受力情况，防止对石构件造成损坏，若有变形预兆，应立刻停止起吊，做好保护措施后再重新起吊。

⑦ 吊带受力点尽可能避开风化严重、有雕刻部位。

⑧ 有纵向裂隙的构件，需先进行黏结灌浆处理。

（4）转移。

石构件连同木托板放置到地面后，就可将构件转移到临时保护棚内进行修复保护，转移措施如下：

① 为了减少搬运过程中的振动，在运输构件的路面上铺设木制胶合板。

② 将手动液压搬运车货叉伸到木托架下方，调整叉车位置，使构件重心位于叉车的中央。

③ 将捏手下拨，匀速摇动手柄，提升手动液压叉车的货叉，使木托架升高至适当高度。

④ 将捏手拨至中间，拖动手动液压叉车，按路线平稳地将构件搬运至文物修复区合适的位置后停止。

⑤ 稍微提高一点捏手，车体缓慢下降，使木托架平稳放置于地面。

⑥ 将手动液压叉车从木托架底部移开。

4.2.3   阙体构件室内修复保护

平阳府君阙经历了近两千年的日晒雨淋，自然营力引起的雕刻剥落、开裂、空鼓、粉化、生物侵蚀严重，且残损较多，加上地震引起构件崩落等，需对阙体构件表面进行清洁和脱盐处理，对空鼓、开裂、断裂、残损部位等进行修复保护。

1. 表面清洁

平阳府君阙构件表面的有害物质和污染物主要有尘土、生物体、水溶性盐、人为污染物（石灰、水泥砂浆和灌浆排流污染）等，根据污染物类型和附着状况采取不同工艺进行清洁处理。

1）生物病害处理

平阳府君阙构件表面共有 7 种生物，其中低等藻类 1 种、地衣植物 3 种、苔藓植物 2 种、蕨类植物 1 种。地衣、藻类、苔藓和被子植物一起构成了石阙生物群落，对其本体造成破坏。生物病害主要分布在阙顶、阙基以及部分阙身和楼部（见 7.2 节平阳府君阙编号三维扫描成果及病害图）。

（1）苔藓（丛藓）处理试验。

① 取平阳府君阙外围长有苔藓地衣的砂岩条石。

② 分别配制 0.5% 的莓敌酒精溶液、0.5% 的 DM-606 水溶液和 10% 的 BYB1007 岩石抗藻保护液。

③ 分别用配好的试剂涂刷条石表面苔藓，每次让表面充分浸湿，隔一小时后再刷 1 次。在一塑料箱中装深 4cm 的水，在水中放入厚 2cm 木板，然后将已处理的岩样放入木板上，让岩石底部浸入水中约 2cm，以保证岩样表面苔藓生存所需水分。定时拍照，观察不同试剂处理苔藓的变化情况。

④ 试验结果（图 4-16）。1 天后，莓敌酒精溶液处理后的苔藓明显变黄、有枯萎迹象；DM-606 水溶液处理后的苔藓明显变黄，有枯萎迹象；BYB1007 岩石抗藻保护液处理后的苔藓大部分区域变黄，有枯萎迹象但局部还是鲜绿的；2 天后，莓敌酒精溶液处理后的苔藓明显基本枯萎，DM-606 水溶液处理后的苔藓基本枯萎，BYB1007 岩石抗藻保护液处理后的苔藓大部分枯黄；3 天后，莓敌酒精溶液处理后的苔藓明显完全枯萎死亡，DM-606 水溶液处理后的苔藓完全枯萎死亡，BYB1007 岩石抗藻保护液处理后的苔藓基本枯黄。试验结果表明，0.5% 的莓敌酒精溶液、0.5% 的 DM-606 水溶液和 10% 的 BYB1007 岩石抗藻保护液对苔藓都有杀灭作用。

⑤ 在石阙基础条石上选择一区域，用竹刀、小型牙科工具将岩石表面的生物活体及尸体清除，用 Anyty 3R-MSA 显微相机拍摄记录石材表面微缝隙中的生物根系残留状况，先用软毛刷和蒸馏水进行刷洗，然后用软毛刷将配制好的 0.5% DM-606 水溶液涂刷 3 次，1 周后，用显微相机拍摄观察石材表面微缝隙中的生物根系状况，通过显微镜观察，0.5% DM-606 水溶液处理后，岩石表面苔藓和地衣的根系明显枯萎，前期试验说明，0.5% DM-606 水溶液对岩石表面苔藓和地衣生长有明显杀灭和抑制效果（图 4-17）。

（2）生物病害处理措施。

① 用竹刀、小型牙科工具和蒸馏水清洗石构件表面生物及尸体，难以清除部位使用蒸汽配合软毛刷进行清洗，有些部位可采用竹刀、竹签等工具小心剔除；用显微相机拍摄记录其表面微缝隙中的生物根系残留状况。

② 对长有苔藓、蕨、地衣等植物的部位，喷淋 0.5% 的 DM-606 杀菌灭藻剂 3 遍。

③ 1 周后用低压喷雾器喷淋水雾，软毛刷刷洗表面残留物，用显微相机拍摄观察石材表面微缝中的生物根系状况。

④ 反复多次，直至岩石微缝中微生物根系枯死或被清除。

经过基础防潮、截排水处理与修建保护顶棚后，石阙将不再受雨水和地表毛细水的侵蚀，苔藓、地衣和藻类的生长被有效抑制，石阙构件经清洗、脱盐、修复后，不再做生物防治处理。

(a) 处理前

(b) 1天后

(c) 2天后

(d) 3天后

图 4-16　苔藓处理试验

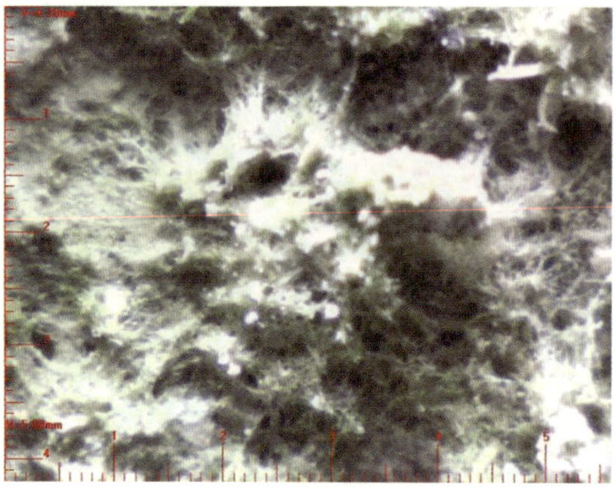

(a) 处理前(×10倍)

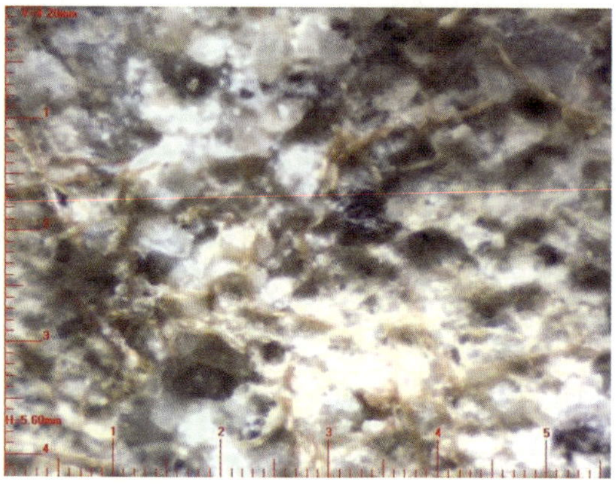

(b) 处理1周后(×10倍)

图 4-17　0.5% DM-606 水溶液处理后的显微照片

2）表面尘土与人为污染物清洁措施

①尘土：用软毛刷和蒸馏水对石构件表面尘土进行清洗。

②水溶盐析出物：低压喷雾水配合软毛刷对其进行清洁。

③石灰污染：先用纯水或无水乙醇软化后，再用牙签或手术刀剔除。

④灌浆留痕污染物：经高温蒸汽软化后，用竹刀和棉签等工具剔除（图 4-18）。

⑤水泥污染：使用纯水或无水乙醇软化，手术刀或小型牙科工具剔除；阙基座底部水泥采用錾子小心剔除。

(a) 竹刀清洁   (b) 高温蒸汽配合竹刀清洁

图 4-18　构件表面清洁

3）脱盐处理

可溶盐主要富集在阙体的楼部和阙身的回水处。对石构件表面泛盐部位进行脱盐处理，脱盐过程是纸浆从湿到干的过程中，盐分通过溶解在水中，不断富集在纸浆上。为确保盐分不在脱盐纸浆边缘富集，需对整个石构件进行脱盐处理。

（1）材料及工具。

电动搅拌机、电导率仪（DDS-11A 型）、宣纸、塑料桶、纯净水等。

（2）施工方法。

①将宣纸浸泡于纯净水中，搅拌制成纸浆。

②将纸浆敷于要脱盐的部位（图 4-19-a），外表面盖上聚乙烯薄膜，让脱盐纸浆缓慢自然晾干。

③待纸浆基本干燥后，揭取。

④取适量脱盐后的纸浆干燥称重，浸泡于一定量的纯水中，15min 后搅拌 2min，测试纸浆水的电导率。

⑤取空白纸浆（没有用于脱盐），按步骤④操作，测定其电导率（图 4-19-b），当脱盐纸浆与空白纸浆的电导率基本相同时，不再脱盐处理，根据实际监测，一般构件进行两次脱盐处理就可以，酥碱粉化较严重和阙基部位的石构件要脱盐 3～4 次。

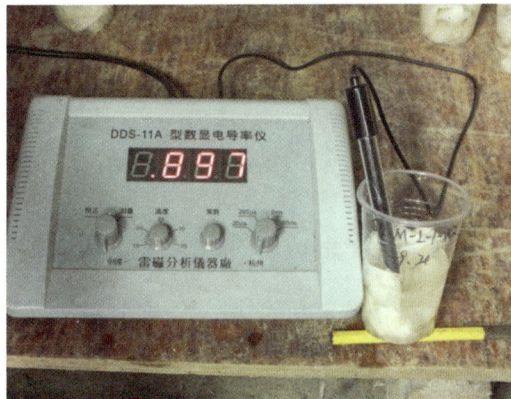

(a) 纸浆脱盐   (b) 脱盐纸浆电导率测试

图 4-19　构件脱盐处理

2. 空鼓裂隙加固

1）宽大空鼓部位灌浆加固

（1）敲击法确定空鼓范围。

（2）布灌浆孔和气孔：灌浆孔及气孔孔径3~5mm，角度向上倾斜于表面，钻孔深度及孔距可根据剥落、空鼓的分布情况进行调整。

（3）插入埋管、布设气孔及插入灌浆嘴，并在接缝处用硅橡胶密封（图4-20）。

（4）检查孔之间是否通畅。

（5）配制SAE注射砂浆：将（100mL Remmers 500STE+60g填料A+30g填料B）混合物与细石粉按1:1搅拌均匀后，注入灌浆器，加压灌浆，同时观察气孔情况，待浆液从上层气孔漫出，停止灌浆（图4-21）。

（6）封闭埋管。

（7）待浆液固化后，拔出埋管，去除硅橡胶，并用修复砂浆处理孔口表面，做旧处理。

图4-20　修补裂隙

图4-21　灌浆加固

2）细小裂隙及窄小空鼓部位灌浆加固

（1）敲击法确定空鼓范围。

（2）布灌浆孔和气孔：利用稍宽开口或沿裂隙斜向下打直径3mm的孔。

（3）插入埋管、布设气孔及插入灌浆嘴，并用硅橡胶密封裂隙。

（4）检查孔之间是否通畅。

（5）按比例配制SAE注射砂浆：将100mL Remmers 500STE+60g填料A+30g填料B搅拌均匀后，注入灌浆器，加压灌浆，同时观察气孔情况，待浆液从上层气孔漫出，停止灌浆。

（6）封闭埋管。

（7）待浆液固化后，拔出埋管，去除硅橡胶，并用修复砂浆处理孔口表面，做旧处理。

3. 断裂构件的锚杆加固

对断裂构件和地震造成的残损构件采用锚杆或黏接归位的方式进行加固，以增强其结构强度，恢复其结构稳定性。

1）材料及工具

小型地质取芯水钻，环氧树脂E-44及固化剂T31-2，不锈钢螺纹钢筋，石粉，Remmers 300,

Remmers 修复砂浆、空气压缩机、毛刷等。

环氧树脂 E-44（凤凰牌 0174/WSR6101）流动性好，易与辅助材料混合，成型加工方便，固化后尺寸稳定性好，黏结性能优异，电绝缘性能、机械性能和化学稳定性好。环氧树脂的固化物具有良好的化学性能、抗水性和抗溶剂性、机械性等性能；T31-2 是一种酚醛改性脂肪胺环氧固化剂，棕红的黏稠液体，其固化物无毒环保，具有优异的低温固化性能，黏接及渗透力强，硬度好，可用于黏接剂、环氧砂浆、环氧胶泥、灌浆等。

配合比：环氧树脂：固化剂 =100g：（25～45）g

2）施工工艺（图 4-22）

（1）断裂面详细测绘：首先将两个断裂面进行详细测绘，确认吻合方向并根据实际计算结果选择锚杆位置、规格、深度及数量。

（2）断裂面打孔：根据锚杆需要，在两个断裂面分别用小型地质取蕊水钻打孔。为保证复位准确，先在小块断裂构件上打孔，用纸张模拟构件断裂面形状和打孔位置，待检验无误后再在大块断裂构件上标注打孔记号。

（3）打孔完成后，将孔壁及断裂面清洁干净并烘干。

（4）用 Remmers 300 加固断面。

（5）构件归位：先在小块断裂构件上植锚杆，并确保锚杆方向与待打孔方向基本一致，检查石构件上原标注的打孔位置与已植锚杆是否吻合，如果不吻合，应适当调整、定位，在大块构件锚孔内注入改性环氧树脂胶泥，并迅速将两块断裂构件吻合，固定 24 小时以上。

（6）黏接、灌浆及修复：用修复砂浆修补锚接处的裂隙，并预埋灌浆管和出气口。待修复砂浆完全固化后，进行内部灌浆。灌浆所用材料及操作工艺与前面空鼓裂隙灌浆加固一致。

上述施工程序可根据现场情况进行调整。锚孔位置、数量、锚杆长度及直径根据断裂构件具体情况确定。

4. 残缺部位与脱落小块的修复

对以前缺损的部位，一般不进行修补，但对有力学功能的位置，按照原状进行局部补配，使用与阙体岩石质地相近的砂岩进行补配；对于脱落小块，采用改性环氧树脂加石粉进行脱黏修复，用修复砂浆修补裂隙并做旧处理。修复工艺如下：

（1）比对掉落残损且有力学功能的位置（仅极少部位），确定补配修复部位。

（2）清洁残断构件表面。

（3）用改性环氧树脂加石粉将补配的样块与原构件黏接。

（4）用改性环氧树脂加石粉将脱落小块体黏接归位（图 4-23）。

（5）用修复砂浆修补表面裂隙。

（6）表面做旧处理。

5. 制作燕尾榫

按照每个榫槽实际形状和尺寸制作燕尾榫，再用浸泡的方式进行防腐防水处理后，安装于相应位置。

1）材料及工具

青钢木，木锯，N-363 木材防腐剂，MK 木材防裂剂，卷尺等。

(a) 吻合断裂构件

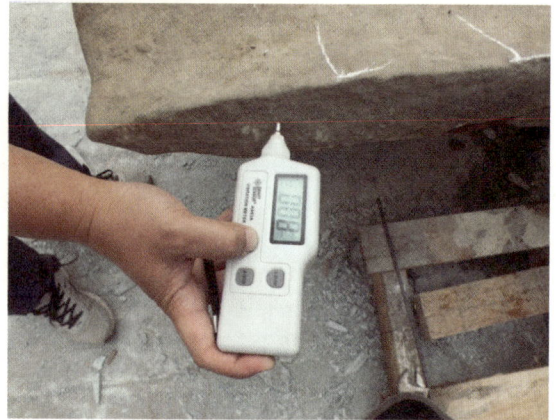

(b) 小块体断裂面确定锚孔位置

(c) 打锚孔

(d) 小块体断裂面锚孔印模

(e) 植筋

(f) 断裂构件锚固、吻合固定

图 4-22　断裂构件锚杆加固工艺流程

2）制作方法

（1）测量石构件燕尾槽尺寸，按其尺寸制作燕尾榫。

（2）配置 MK 木材防裂剂溶液浸泡木制燕尾榫 24h，置于阴凉处自然干燥 24h（图 4-24）。

（3）用 N-363 木材防腐剂溶液浸泡木制燕尾榫 24h 后取出。

（4）放置于阴凉处自然干燥，待安装。

图 4-23 黏接脱落小块体

图 4-24 燕尾榫防腐浸泡处理

4.2.4 石阙基础与保护棚立柱基础工程

石阙基础与保护棚立柱基础施工工艺如下：

（1）放线用机械开挖石阙与保护棚立柱基础，没达到要求的用人工清挖基础达到设计及规范要求（以 458.50m 为标高，基础开挖 -2.75m）。

（2）基础挖好后请第三方检测机构检测地基承载力，并出具报告。

（3）地基承载力达到设计要求后请业主代表和现场监理进行地基验槽并做记录。

（4）现浇基础 C15 垫层，厚度为 100mm。

（5）钢筋进场制作加工，加工后根据方案及规范要求安装（基础配筋详见施工图）。

（6）钢筋安装后支模，保护棚立柱按施工图安装预埋铁件。

（7）支模后 C30 混凝土进场现浇独立基础、矩形柱及石阙地梁混凝土，保护棚立柱基础低于标高 50mm，石阙基础高于标高 150mm，表面做防潮处理。

（8）混凝土浇筑好后洒水养护 21 天。

（9）养护完成后按照规范要求回填基础土方。

4.2.5 阙体归安

阙体归安严格按照拆卸时的编码逆序安装，按拆卸时的归安标识以及照片资料定位石构件的相对位置。安装过程中，有燕尾榫的部位嵌入燕尾榫，石构件之间的间隙或每层构件不平整的部位用垫层材料填充。

1）材料及工具

龙门吊，手动液压叉车，吊带，燕尾榫，水平尺，水平仪，卷尺，木托架，塑料薄膜，棉纱、棉布，棉絮，海绵，泡沫，稻草，木板，木枋等。

2）归安措施（图 4-25）

（1）做好石构件搬运前的防护工作，对下表面不规则的石构件依次用塑料薄膜、棉布、棉纱、海绵等软质材料填充固定。

（2）为了减少搬运过程中的振动，运输构件的路面铺设木制胶合板。

(a) 构件吊至归安位置

(b) 构件人工移动归位

(c) 构件归位后水平检测

(d) 归安后构件间燕尾榫连接

图 4-25　构件归安

（3）将手动液压叉车的货叉移至木托架下方，调整叉车位置，使构件的重心位于叉车的中央。

（4）提升手动液压叉车的货叉至适当的高度。

（5）按路线平稳地将构件搬运至石阙升降区（北阙北侧、南阙南侧）合适的位置，缓慢降低叉车，将构件平稳地放置于地面。

（6）将手动液压叉车从木托架下移开。

（7）从木托架下方穿两根吊带，调整吊带位置，确保石构件能稳定吊装。

（8）吊带挂于手拉葫芦吊钩上，平缓提升木托架与石构件至适当的高度。

（9）启动龙门吊平缓平移，将石构件移至构件安装位置的正上方。

（10）在构件正下方的石构件上表面铺垫棉纱、棉布、棉絮、海绵等，做好防护，将石构件平稳降落。

（11）松开吊带。

（12）用吊带斜拉构件一侧慢慢提升，同时在木托架与石构件间用木枋垫高。

（13）吊带从石构件中部穿过，做好石构件与吊带之间的保护，将石构件提升至适当高度，将与构件宽度相当的木枋垫于石构件的另一侧。

（14）松开手拉葫芦。

（15）再穿一根吊带，布置好两根吊带位置，确保石构件能稳定起吊。

（16）提升石构件至适当高度，将下方的木枋、木托架、棉絮等杂物清理干净。

（17）按归安标识，将石构件降落，取出吊带。

（18）使用水平仪、水平尺等工具，控制构件与阙体的水平度、垂直度，按归安标识将石构件归位。

（19）待阙体每层构件复位后，用铁锤将编好号的燕尾榫嵌入对应的燕尾槽内；在石构件间隙及层与层之间不平整部位，采用垫层材料充实、填平，然后进行下一步归安工作，直至石阙完整归位。

4.2.6　保护棚工程施工

保护棚工程包括钢柱安装、钢桁架安装与保护棚装饰三方面。

1）钢柱安装

（1）按设计要求购买无缝钢管，并对钢材质量进行抽样检测。

（2）对钢管表面进行除锈处理，刷上 3 遍防锈漆，安装完成后再刷 2 遍。

（3）焊接底板、筋板等配件。

（4）用 50t 吊车吊运安装，安装时调整钢柱垂直度，达到设计要求。

（5）安装完成后再做氟碳漆饰面。

2）钢桁架安装

（1）按设计要求购买钢材，并对钢材质量进行抽样质检。

（2）对钢材表面进行除锈处理，刷上 3 遍防锈漆，安装完成后再刷 2 遍。

（3）焊接钢桁架配件。

（4）用 50t 吊车吊运预拼装。

（5）预拼装完成后吊运安装。

（6）安装完成后刷 2 遍防锈漆及防火漆饰面。

3）保护棚装饰

（1）按照规范先搭设脚手架以便进行保护棚装饰处理。

（2）用砂纸、角磨机铲除钢构件表面锈蚀层，并把灰尘、杂物清理干净。

（3）清理完成后再刷 2 遍防锈漆，防锈漆晾干后，把钢柱修补平整，满刮腻子。

（4）进行氟碳底漆喷涂，喷涂后进行打磨，并清理干净。

（5）复补腻子，磨光，湿布擦净，喷涂第二遍氟碳底漆。

（6）再次磨光，湿布擦净，喷涂第三遍氟碳面漆。

（7）在钢桁架上焊接安装铝塑板干挂所需矩管。

（8）按施工方案布设照明与安防监控线路及安装接口。

（9）按照规范及施工方案，将预加工好的铝塑板干挂在矩管上。

4.3　施工组织与管理

平阳府君阙为第一批全国重点文物保护单位，是全国现存汉代石阙中保存最为完整的墓阙之一，也是研究汉代建筑艺术、雕刻、文化、宗教弥足珍贵的实物资料。1989 年曾对石阙进行拆卸、地基加固与归安处理。2018 年"5·12"汶川地震给石阙造成了较大损伤，阙体稳定性存在一定问题。方案初始设计时就要求不仅要解决地震引起的灾害问题，同时要解决以往存在的文物病害问题，因受多种因素影响，工程拖延至 2015 年才再次启动，但鉴于工程的重要性，四川省文物局与业主单位一直高度关注该项工程，多次组织专家到现场进行检查和指导。尽管施工单位（重庆盛煌建筑工程有限公司）是通过公开招投标确定的，但在整个施工过程中，施工单位对该工程非常重视，为保证工程顺利进行，抽调各工种技术人员成立了平阳府君阙灾后恢复修缮工程项目部。

4.3.1　施工组织

1. 工程特点

施工单位进场后，认真研究设计方案与图纸，分析工程内容，与设计单位、监理单位多次召开现场协调会，在监理单位要求下，针对拆卸归安、本体保护、保护棚等分项工程制定了专项施工方案，并邀请四川省内文物保护专家对各项专项方案进行了咨询；补充了保护棚施工基础勘察与施工图纸，并请第三方专业机构进行了审查。综合整个工程设计与现场施工实际情况，认为本工程具有以下特点。

1）动态化管理

平阳府君阙保护工程属于综合性保护工程，不同于一般建设工程，整个工程采取动态化管理，即边勘察、边研究、边试验、边调整设计、边施工、边监测评估，施工过程遇到石阙拆卸吊装措施、归安充填垫层材料、铁质燕尾榫更换等技术问题及石阙基础补勘等特殊情况时，勘察单位、设计单位、施工单位、业主方、监理单位及专家和科研单位共同参与解决，这些均充分体现了动态化施工管理的理念，符合文物保护工程的特点。

2）工程与科研相结合

针对原石阙每层之间采用普通黏土作为垫层，雨水长期冲刷，这些黏土垫层基本被冲蚀，造成上下构件之间不是均匀性面接触，而是局部点接触，极易在阙体内部产生应力集中，导致构件因局部应力集中而产生断裂破坏，特别在地震作用下，破坏更加显著的问题，业主方和施工单位把这一问题与科研很好地结合起来，与四川农业大学土木工程学院合作，对地震荷载作用下阙体构件位移情况、石阙构件的破坏力学机理及地震作用下平阳府君阙安全稳定性进行了专项研究。同时，施工单位就充填垫层材料进行反复试验，并与四川农业大学土木工程学院对最后优选的充填垫层材料进行了力学性能测试，就充填垫层材料对阙体结构减震效果进行分析评价，为石阙保护提供了技术支撑。而针对地震作用下石阙构件发生位移和水平扭转时，刚性铁质燕尾榫对石构件燕尾槽破坏较大的问题，设计单位、施工单位和监理单位多次征求专家与古建保护传统匠人的意见后，将铁质燕尾榫改为强度高、抗弯强度大（韧性好）的青冈木燕尾榫，同时对青冈木的材质进行分析研究，认为青冈木经过防腐防虫处理，完全能达到连接石阙构件的要求。另外，施工单位在拆卸时，根据石阙构造特点与构件风化状况，及时总结经验，采用斜拉法提升构件，避免刚性撬动法对构件本体产生的破坏。

3）不可预见内容多

平阳府君阙由多块独立构件叠砌而成，阙身、阙楼表面雕刻风化非常严重，而阙体内部具体情况却难以查明，设计阶段对于阙体拆卸与本体保护仅制定了一个原则性保护措施，施工中不可预见内容相对较多，需要临时调整和完善的情况经常出现，一些重要节点需要进行咨询或多方协商，增加了施工资料记录，工期也受到了一定程度的影响。

4）现场管理相对复杂

平阳府君阙四周为现代建筑和公路，施工现场布置平面相对狭窄，仅有 800 余平方米，拆卸石阙构件、施工机具、材料、设备堆放场地狭小，场地需要有序管理和经常调整。况且石阙处于绵阳市中心，受关注度特别高，工程伊始每天都有众多市民来询问，施工期间不仅要保证文物与工程人员的安全，还要通过对保护工程概况、石阙价值、石阙历史、汉代文化、石阙对绵阳社会经济的作用等方面的宣传，获得群众对工程的理解和支持。

2. 施工组织机构

本工程由项目经理统一指挥、组织协调全面工作，对工程质量、安全、工期、成本全面负责。项目副经理全面负责工程施工的技术、质量工作。项目部组织机构设置如下。

（1）工程技术组：负责解决施工中的技术问题，如充填垫层材料研制、拆卸、归安及本体保护等工程及其质量自检。

（2）土建施工组：负责石阙和保护棚基础、保护棚修建、局部环境整治等工程，对其质量负责。

（3）机料组：负责材料采购、供应及后勤管理，对材料质量负责。

（4）计量与测量组：负责施工材料计量、施工过程监测及施工中材料和样块的自检或送检。

（5）资料组：负责石阙历史维修资料、工程管理程序资料、施工资料、竣工资料、图纸及影像资料收集、整理与编制。

3. 施工段划分

根据工程内容和特点，结合施工条件及本地气候条件，现场确定施工段组织工程实施，具体分为石阙拆卸、本体保护（基础施工）、归安、保护棚建造、局部环境整治五个独立施工段落，施工顺序按石阙拆卸→本体保护（基础施工）→归安→保护棚建造→局部环境整治进行，而本体保护与基础施工两个施工段落相互交叉进行。

4.3.2　现场管理与控制措施

管理制度、控制措施是现场管理工作的基础，根据石阙保护工程实际情况，制订了一些管理制度与措施，并注意管理措施的可操作性，同时随着工程的开展，不断对相关制度、措施进行补充和完善，逐步提高现场管理水平。

1. 质量控制措施

（1）工程施工严格遵守《中华人民共和国文物保护法》《中国文物古迹保护准则》的保护原则与文物保护工程管理及现行建筑工程管理等法规所规定的内容；以国家文物局和四川省文物局对工程批准的文件及勘察设计单位提供的已批复的勘察设计文件作为制定施工措施的依据。

（2）强化施工材料管理，认真审核施工材料合格证件，及时按规范要求取样及送检，不合格材料禁止进场使用，把好施工材料的质量关。

（3）加强对全体施工人员的质量和安全教育，增强质量意识。开工前对全体施工人员进行质量管理教育；石阙本体保护施工前，对相关施工人员进行专项培训，强化班前例会及各工序技术交底工作，明确每个技术人员的具体工作与责任。

（4）实行严格的工程质量管理制度，设立专人负责工程质量检查监督。加强隐蔽工程的质量自检和质量监管工作，检验合格后方可进入下一道工序施工。在施工过程中，坚持按照既定施工程序合理部署施工任务，定期召开工作协调会及汇报会，施工、业主、监理各方就工程质量进行及时总结与协商沟通。

（5）对工程施工中的重要环节与关键工程，施工单位除自身加强研究与试验外，还经常邀请省内外考古研究、石质文物保护与土木工程专家到现场指导和咨询，以确保工程质量。

2. 安全、文明施工管理措施

为确保文物和现场施工人员的安全、健康及施工的顺利进行，根据有关规程与规范，结合工程情况制定了相应的安全、文明施工管理措施。

（1）根据工程特点，现场实行封闭管理，进入现场的人员必须佩戴安全帽和工作卡，施工人员整齐着公司的统一服装，非工程相关人员严禁进入施工现场。

（2）安全第一，预防为主，对所有进场工人进行三级安全教育及技术交底，经常进行安全检查，制定安全管理奖惩制度，与工人签订安全承诺书，予以警示。

（3）施工区设置安全警示标语与安全标志牌，高空作业必须系安全带，穿防滑鞋。

（4）脚手架和龙门吊由相应的专业单位按规范搭设，外侧铺设安全防护网，底侧铺白色兜网。认真做好脚手架稳定性、机械设备安全性的日常检查工作，发现隐患及时处理。

（5）工人喷洒三防材料时佩戴口罩、防护手套。

（6）因工程需使用一定木质材料做托架，任何人员进入施工工地禁止吸烟，以免发生火灾，并在工地明显位置放置灭火器。

（7）特种作业人员（如保护棚钢结构工程）必须持证上岗。

（8）材料严格按施工现场平面图布置堆放，严禁乱堆乱放，施工现场一切建筑材料和设施堆放在围墙内，分类堆放整齐，标示清楚，保证施工现场道路畅通、场地整洁。

（9）加强用电管理，定期对电路进行检查，施工机具做好保护接零及漏电保护，手持电动工作人员按相关要求穿戴绝缘用品。

（10）现场封闭采取彩钢板围栏标准化，在围栏上张贴保护工程概况、石阙价值、石阙历史、汉代文化等宣传内容，以减少工程对周围景观和群众参观石阙的影响。

（11）严格遵守合同中对施工环境保护的要求，任何时间均接受业主及相关工作人员的监督和检查，执行其对环保工作的具体要求和安排。施工垃圾严禁随意抛洒，否则追究有关人员的责任。设立现场垃圾堆放场地，集中堆放工程垃圾。工程完工后，将各种施工现场临时设施及时拆除，及时清运。

3. 文物防护措施

文物防护与保护是文物保护工程的核心，施工过程中，文物本体保护、防护极为重要，结合石阙保护工程特点与实际情况，制定了本工程文物保护防护措施。

（1）施工前，施工单位建立安全组织，并编制文物防护与安全管理制度，经监理工程师审核后，总监理工程师批准后报业主。

（2）进场后组织所有人员学习《中华人民共和国文物保护法》、《中国文物古迹保护准则》，加强施工人员对文物保护意识与文物保护原则的认知。

（3）监理单位严格按照施工单位提交并经批准的安全管理制度监督实施，逐一落实，可能对文物造成损害的行为、工序、工艺等因素立即制止，并要求采取措施予以整改，达到要求后，方可继续施工。

（4）制定石阙拆卸、归安、本体保护及保护棚建造等重要施工阶段的专项施工方案与安全预防计划和应急计划。

（5）根据拆卸后石阙构件保护修复需求，合理安排本体保护施工场地，搭建临时保护棚，避免构件受到日晒雨淋。石阙拆卸、归安及转移时，制定详细的包裹、防护、吊装及转运措施。构件拆卸后底部用木托架垫护，木托架与构件雕刻接触部位采用柔性材料进行防护。构件清洗、锚固黏接时，用宣纸、棉纱、塑料薄膜等材料对处理部位的周边及下部进行临时防护，防止污液和化学浆液污染，如果不慎污染，及时清除。

第5章　平阳府君阙修复后的地震稳定性评价 [1]

平阳府君阙拆卸后，在室内进行表面清理、脱盐、空鼓裂隙加固、断裂构件锚杆加固、局部残件修补及与脱落块体黏接修复等保护处理，按照拆分逆向顺序对阙体进行归位。在归位过程中，水平方向各层构件接触面之间以及构件竖向缝隙处都需要填入本工程研制的充填垫层材料（土∶砂∶熟石灰 = 4∶3∶2），结合表 2-26 的试验结果，在构件间加入充填垫层材料，可以通过减小接触面的法向刚度和切向刚度，进而改善构件受力条件，避免应力集中，并在一定程度上起到减震效果。保护工程完成后阙体现状如图 5-1 所示。

(a) 南阙西立面　　　　　　　　　　　　　　(b) 北阙西立面

图 5-1　保护工程完成后阙体现状

本章在 2.5 节基础上，继续采用离散元和有限元数值方法，分析修复后的平阳府君阙再次遭遇强震后的结构位移和应力，并将其与修复前计算结果进行比较，对修复后的平阳府君阙的结构受力情况进行评价；同时，在北阙和南阙上选取典型构件，通过分析典型构件在动力分析过程中的峰值加速度，对充填垫层材料的减震效果进行评价；最后在采用拟静力法计算水平地震荷载的基础上，定义阙体结

---

① 此工作由绵阳博物馆委托四川农业大学土木工程学院完成，本节内容引用了《地震作用下绵阳平阳府君阙安全稳定性评价报告》成果。

构在水平地震作用下的抗倾覆和抗滑移稳定安全系数，对修复后的阙体结构在水平地震作用下的稳定性进行评价。

5.1　修复后地震影响下阙体位移分析

5.1.1　阙体离散元模型的建立与参数赋值

对于修复后的平阳府君阙，同样采用 3DEC 离散元软件建立阙体的几何模型，材料物理力学参数赋值参照表 2-27。其中，相邻构件节理的法向刚度和切向刚度按照表 2-26 取充填砂岩节理对应的数值。由于现场砂岩取样有限，砂岩节理试件数量不能满足进行砂岩节理直剪试验的要求，在进行砂岩节理剪切试验时未测试充填节理的黏聚力和内摩擦角，考虑修复现场石阙构件间充填垫层材料厚度较薄的情况，参考已有文献关于砂岩填充节理的室内试验和现场直剪试验结果[①]，取充填砂岩节理的黏聚力为 0，内摩擦角为 25°。构件及充填节理基本物理力学参数如表 5-1 所示。

表 5-1　构件及充填节理基本物理力学参数

岩块参数	黏聚力 /MPa	内摩擦角 / (°)	弹性模量 /GPa	剪切模量 /GPa	体积模量 /GPa	容重 / (kN/m³)	泊松比
	3	28	21.06	7.71	8.45	25.0	0.38
节理参数	黏聚力 /MPa	内摩擦角 / (°)	法向刚度 / (MPa/mm)	切向刚度 / (MPa/mm)			
	0	25	1.39	0.31			

由于绵阳并不在地震带上，且距离 2008 年汶川地震震中直线距离约 100km，不可能遭遇汶川地震那样的强震；同时通过数值模拟预分析可知，若在几何模型中输入汶川地震波，平阳府君阙这种松散叠垒结构几乎在地震瞬间就发生垮塌破坏，对阙体结构稳定性评价无实质意义。鉴于此，对修复后的平阳府君阙进行地震作用下的结构位移分析时，地震波依旧采用清平地震波数据。除此以外，数值模拟所需其他参数同 2.5 节。

5.1.2　阙体离散元数值计算结果分析

按照表 5-1 的参数设置对几何模型进行赋值，然后输入清平地震波参数进行修复后的阙体动力分析。为了和修复前计算结果进行对比，在南阙和北阙上设置的位移监测点与修复前保持一致（表 2-28）。修复后的南阙和北阙位移云图如图 5-2 所示。

由图 5-2 可知，在相同的地震波作用下，与修复前相比，当阙体中构件间加入充填垫层材料后，阙体构件间的相对水平位移显著减小，阙体上设置的各监测点与相邻构件间的水平位移基本一致，仅在南阙 A 点和北阙 C 点处分别存在 0.317mm 和 0.24mm 的相对水平位移，而修复前南阙 A 点和北阙 C 点处的相对水平位移分别为 24.0mm 和 16.3mm，由此可以推断充填垫层材料通过改善构件间的受力特性，间接地改变了阙体构件间的相对水平位移，对改善阙体结构的水平位移起到了积极作用。

为了评价修复后的阙体构件间的水平扭转情况，同样在南阙和北阙阙体上分别选取 3 个典型构件，

---

① 钟作武，陈汉珍，周密 . 砂岩结构面抗剪强度参数研究［J］. 地下空间与工程学报，2016，2（8）：1383-1386.

(a) 南阙

(b) 北阙

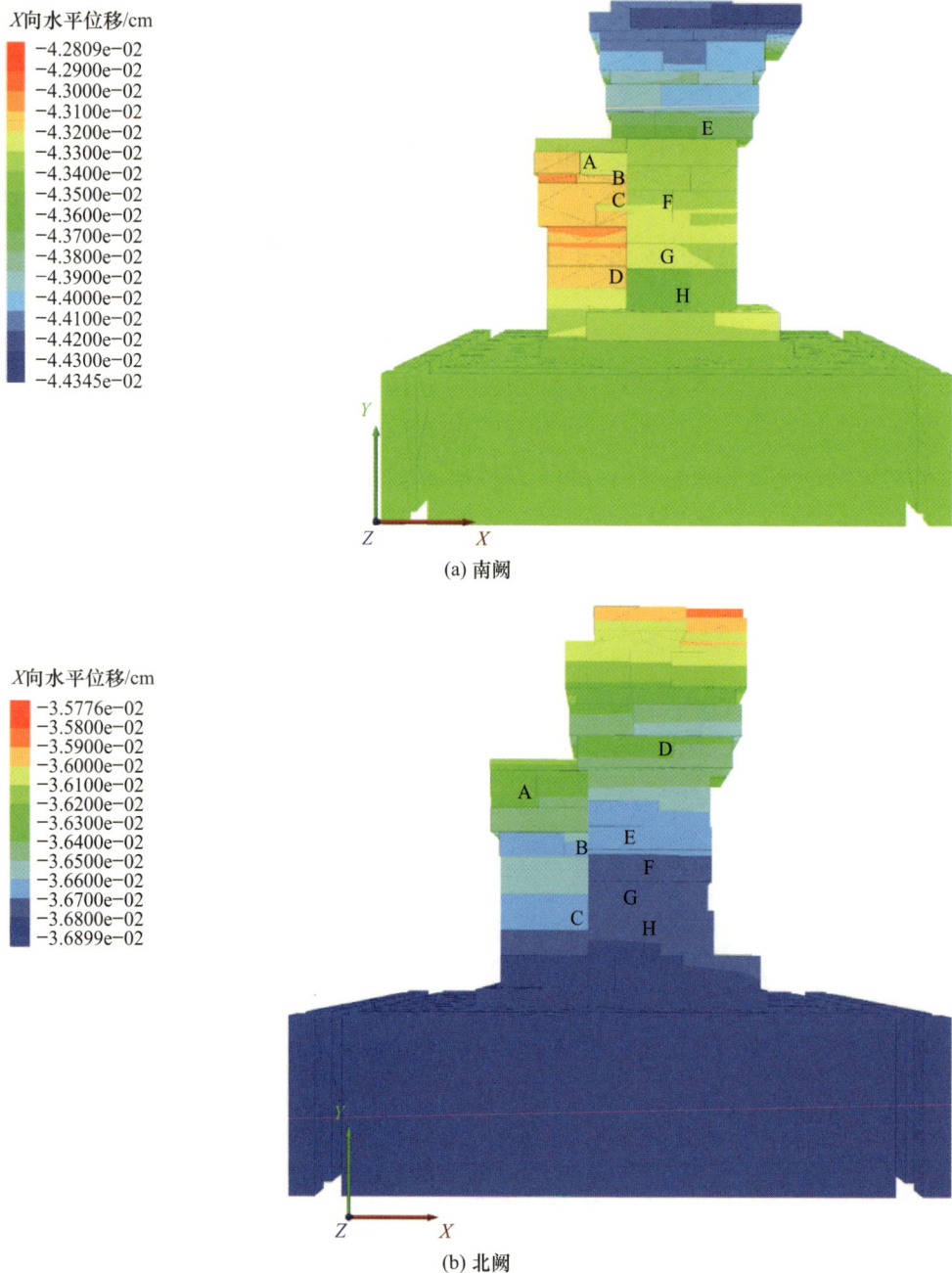

图 5-2　修复后的南阙和北阙位移云图

提取相应角点相对水平位移对阙体结构的水平扭转情况进行评价。为了与修复前阙体水平扭转情况进行比较，选取的典型构件与修复前保持一致，即南阙典型构件编号为 SQ-M-D-2-W2、SQ-Z-D-1-1 和 SQ-Z-L-4-E1，北阙典型构件编号为 NQ-M-D-3-1、NQ-Z-D-1-1 和 NQ-Z-L-4-E2。修复后的南阙和北阙典型构件角点水平位移曲线如图 5-3 和图 5-4 所示。由图可知，典型构件与竖向相邻构件的水平位移曲线基本上是重合的，两者之间没有相对水平位移，即修复后的阙体结构上下构件间基本不存在相对水平位移，从而也就不存在水平扭转情况。

　　根据计算分析结果，在阙体结构相邻构件的接触裂缝间填入充填垫层材料，能够有效地减小阙体构件间的相对水平位移，进而减小阙体结构在地震荷载作用下产生整体水平扭转的可能性，对保证阙体结构在地震荷载作用下的整体稳定性起到了积极作用。

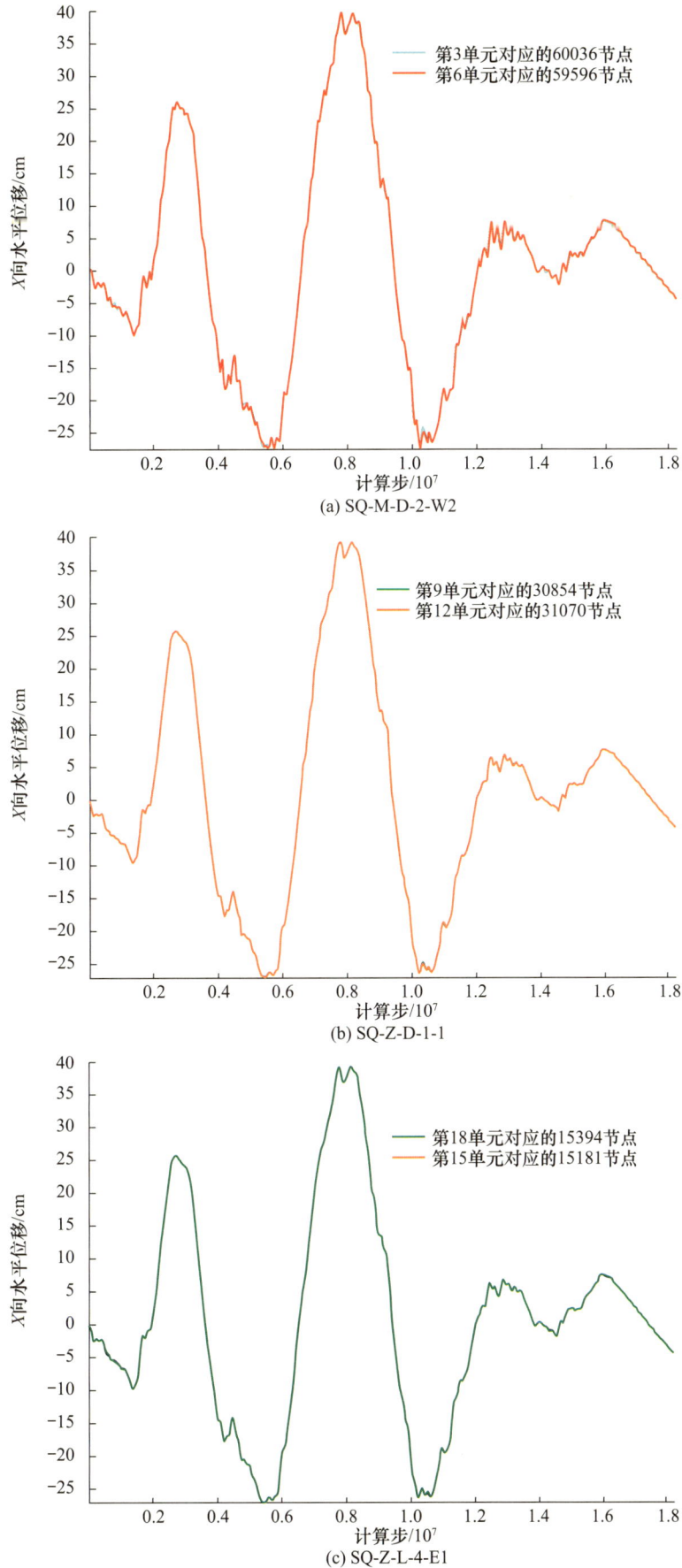

(a) SQ-M-D-2-W2

(b) SQ-Z-D-1-1

(c) SQ-Z-L-4-E1

图 5-3　修复后的南阙典型构件角点水平位移曲线

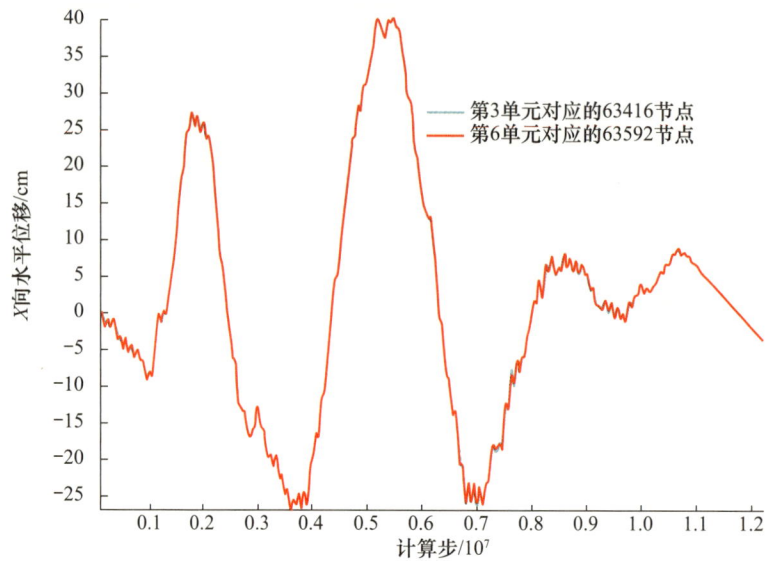

(a) NQ-M-D-3-1

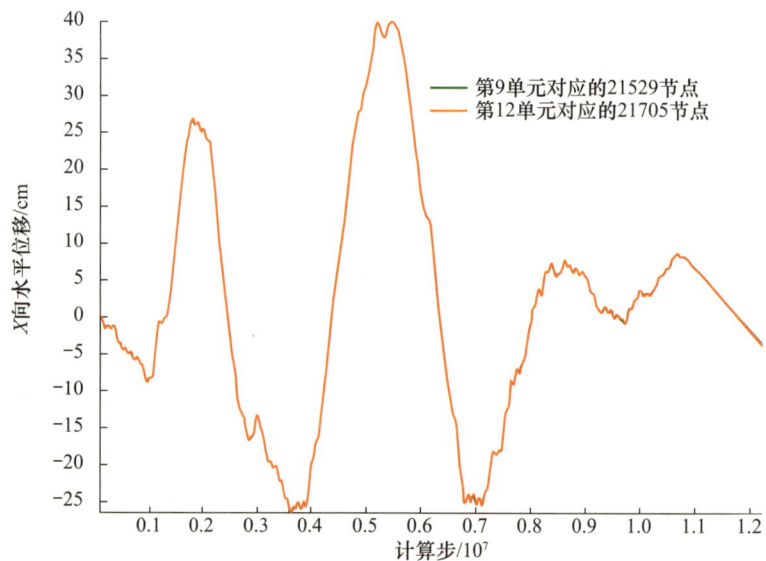

(b) NQ-Z-D-1-1

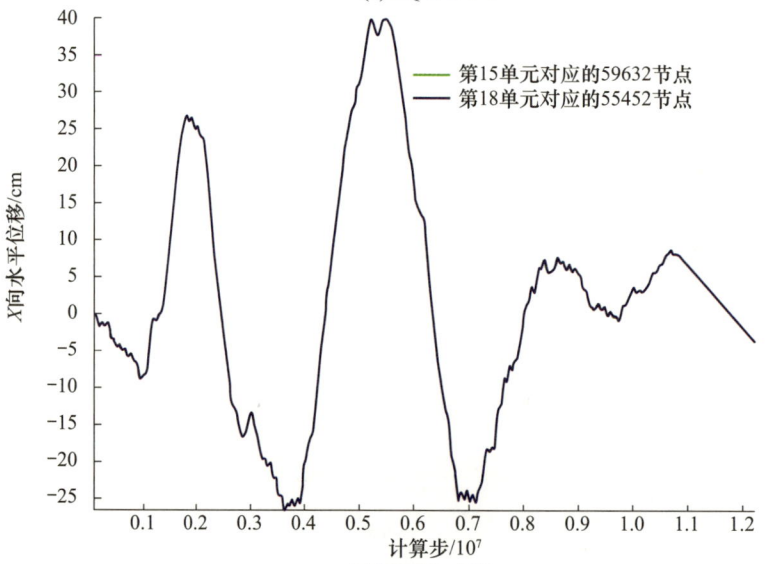

(c) NQ-Z-L-4-E2

图 5-4　修复后的北阙典型构件角点水平位移曲线

5.2　修复后地震影响下阙体应力分析

为了分析地震影响下修复后阙体的应力情况，同样采用 Midas GTS/NX 有限元软件建立南阙和北阙的有限元几何模型（图 2-88），其中构件间的接触采用界面单元来模拟。然后按照表 5-1 所列基本物理力学参数对构件和界面单元进行赋值，输入清平地震波进行阙体动力分析，所得修复后的北阙和南阙应力云图如图 5-5 和图 5-6 所示。将图 5-5 和图 5-6 与图 2-92 和图 2-93 进行比较可知，修复后，南阙和北阙阙体内部各应力分布云图基本相同，但是应力大小有所减小，北阙和南阙阙体中各应力分量减小幅度分别为 9.3%～60% 和 16%～64.4%，这说明对阙体进行修复时在石构件空隙间填入适量的垫层材料，对改善阙体的受力起到了积极作用，有效减小了阙体中各应力分量的大小，进而减小了阙体构件达到应力极限状态的概率，避免了石阙构件在地震荷载作用下产生破坏的可能性。具体统计结果如表 5-2 所示。

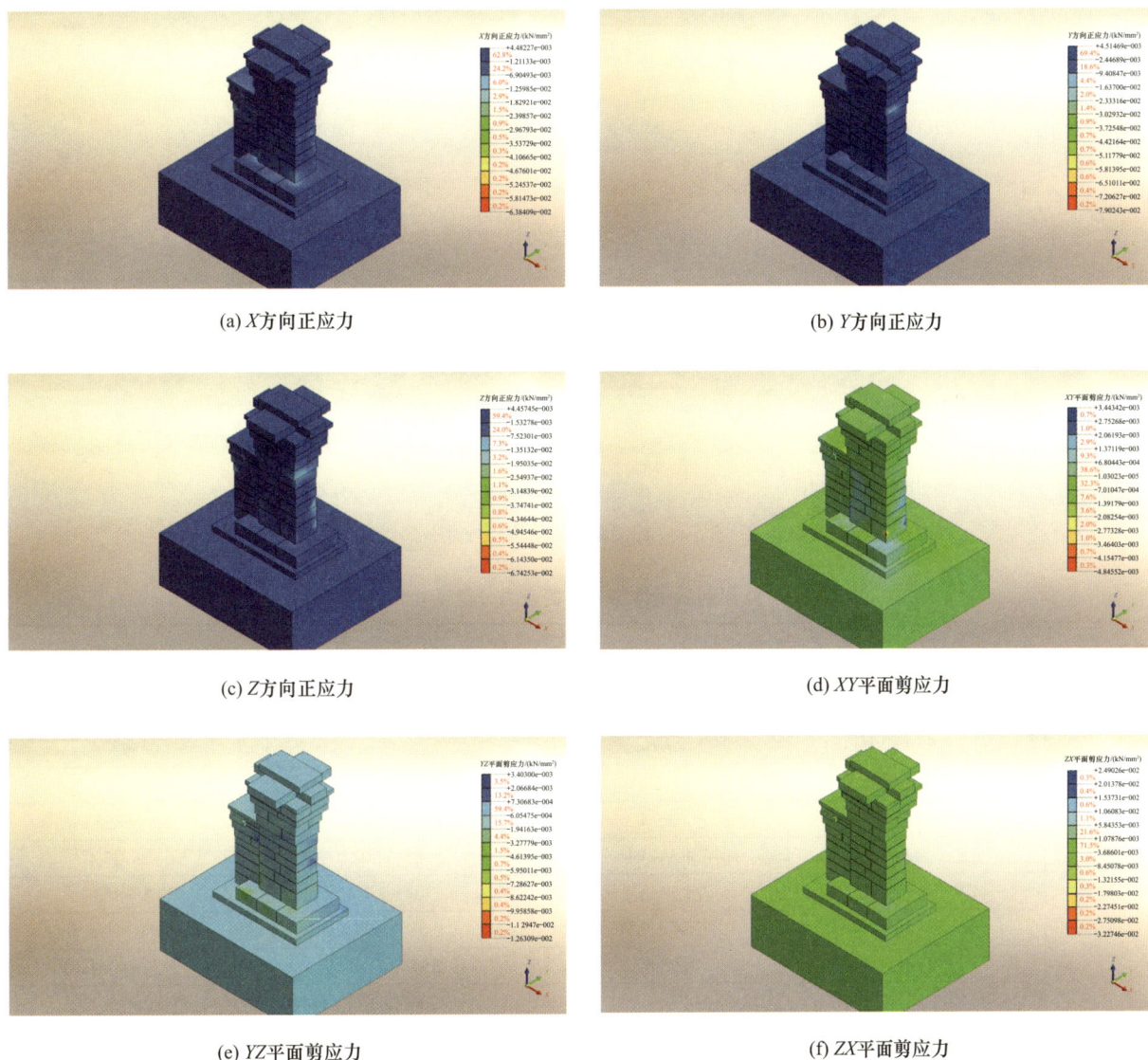

(a) X方向正应力

(b) Y方向正应力

(c) Z方向正应力

(d) XY平面剪应力

(e) YZ平面剪应力

(f) ZX平面剪应力

图 5-5　修复后的北阙应力云图

(a) X方向正应力

(b) Y方向正应力

(c) Z方向正应力

(d) XY平面剪应力

(e) YZ平面剪应力

(f) ZX平面剪应力

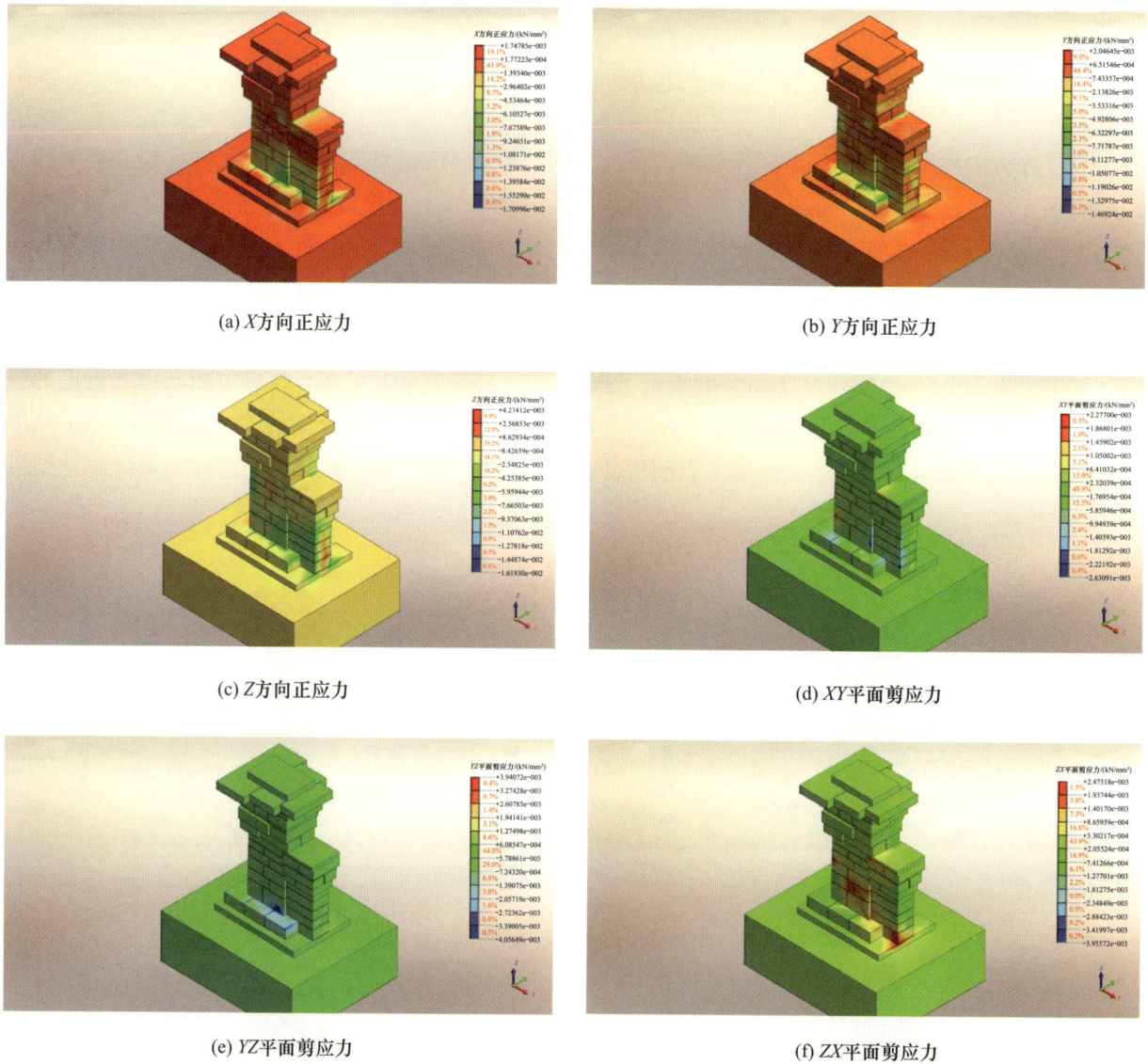

图 5-6 修复后的南阙应力云图

表 5-2 修复前后阙体结构中各应力分量变化情况汇总

位置	应力分量	最大数值 /MPa		应力变化情况 /%
		修复前	修复后	
北阙	X 方向正应力	11.5	6.90	−40
	Y 方向正应力	6.0	2.45	−59
	Z 方向正应力	8.29	7.52	−9.3
	XY 平面剪应力	2.0~4.3	1.37~2.06	−31.5~−52.1
	YZ 平面剪应力	1.5~3.1	0.6~1.94	−60~−37.4
	ZX 平面剪应力	1.3~3.2	1.0~3.7	−23.1~15.6
南阙	X 方向正应力	2.47~9.56	0.88~8.03	−64.4~−16
	Y 方向正应力	3.2~8.71	2.32~6.84	−27.5~−21.5
	Z 方向正应力	4.35~10.1	2.9~8.36	−33.3~−17.2
	XY 平面剪应力	1.51~3.15	0.83~2.57	−45~−18.4
	YZ 平面剪应力	2.01~4.27	1.03~3.31	−48.8~−22.5
	ZX 平面剪应力	3.3~5.05	1.32~3.51	−60~−30.5

注：应力变化情况为负表示减小，应力变化情况为正表示增加。

为进一步分析充填垫层材料对阙体结构受力的改善情况，依然以典型构件 SQ-M-S-1-W2 和 NQ-M-L-3-2 为代表，分析该典型构件在添加充填垫层材料后的受力情况并与修复前的应力计算结果进行对比分析，特别是充填垫层材料对构件受力的改善情况，分别提取了典型构件上下表面处的节点竖向应力进行对比分析。典型石构件 NQ-M-L-3-2 和 SQ-M-S-1-W2 上下表面的竖向应力云图及相应的单元节点编号分别如图 5-7 和图 5-8 所示，各节点竖向应力数值汇总如表 5-3 所示。根据典型构件应力云图，再结合表 5-3 所示节点竖向应力数值，通过比较可知：

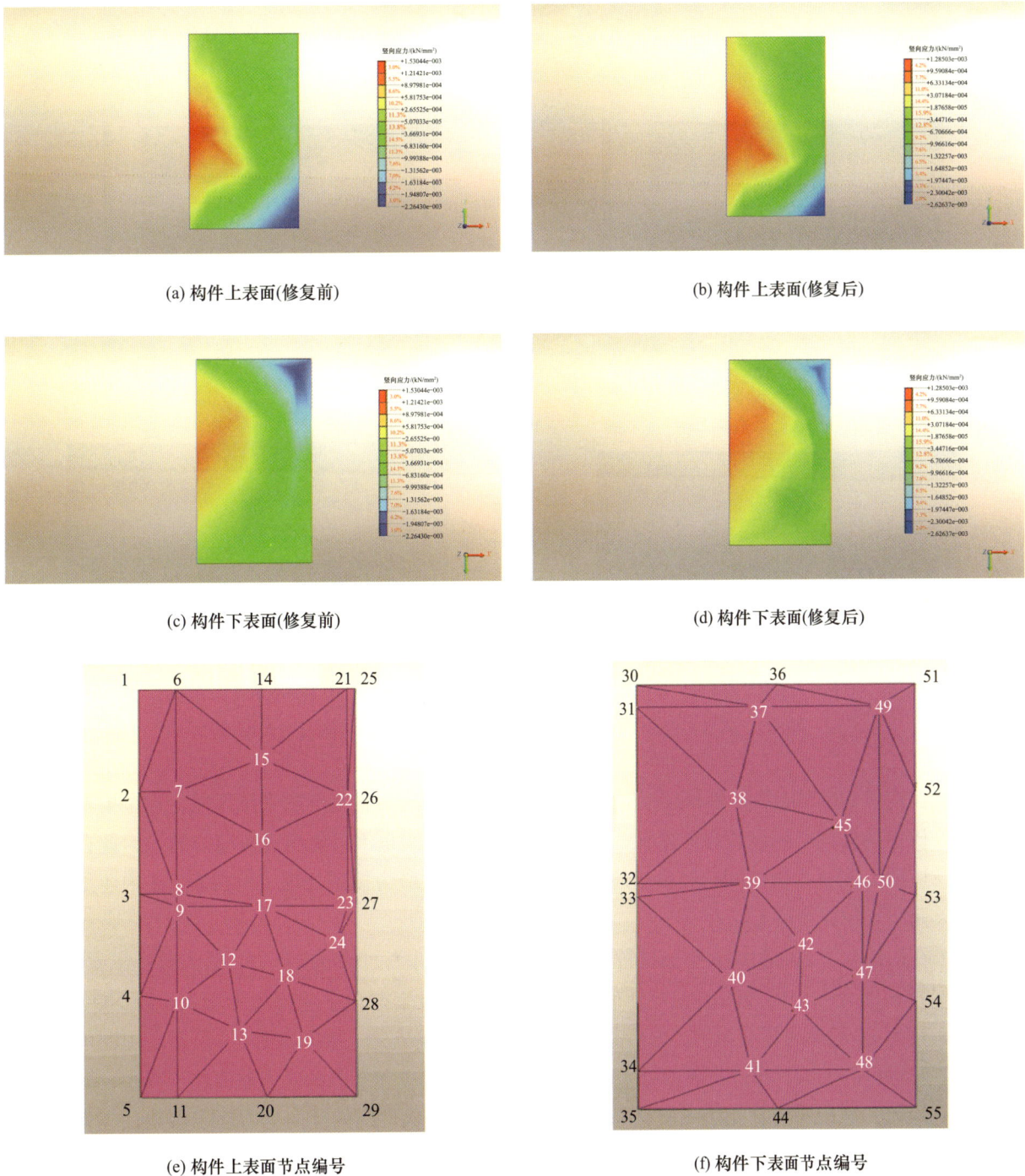

(a) 构件上表面(修复前)

(b) 构件上表面(修复后)

(c) 构件下表面(修复前)

(d) 构件下表面(修复后)

(e) 构件上表面节点编号

(f) 构件下表面节点编号

图 5-7　典型构件 NQ-M-L-3-2 上下表面的竖向应力云图及节点编号

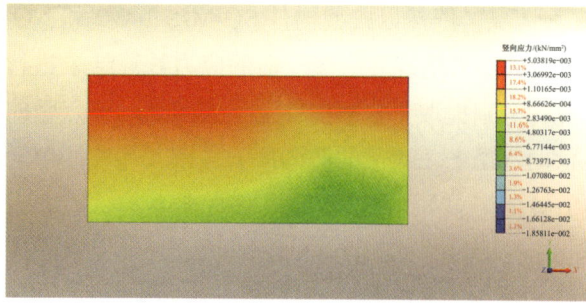

(a) 构件上表面(修复前)　　　　　　　　　　　　(b) 构件上表面(修复后)

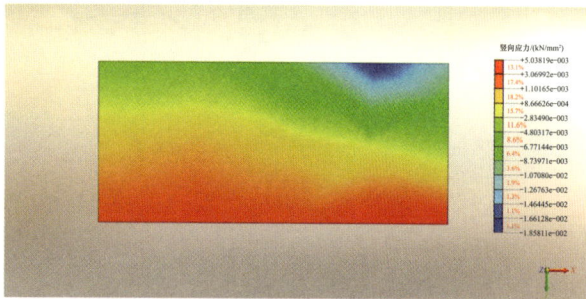

(c) 构件下表面(修复前)　　　　　　　　　　　　(d) 构件下表面(修复后)

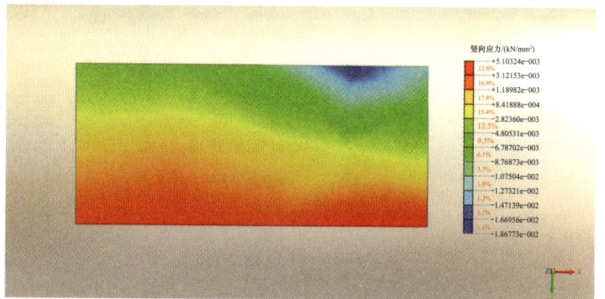

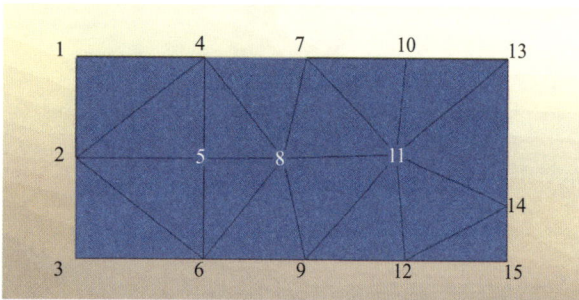

(e) 构件上表面节点编号　　　　　　　　　　　　(f) 构件下表面节点编号

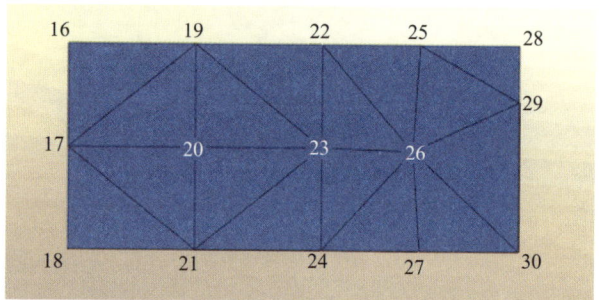

图 5-8　典型构件 SQ-M-S-1-W2 上下表面的竖向应力云图及节点编号

（1）在构件 NQ-M-L-3-2 和 SQ-M-S-1-W2 的边缘均会出现一定范围的受拉区域，这主要是由于在有限元分析中构件间必须设置界面单元，实际上在构件表面间是不可能出现拉应力的，因此在分析时若出现拉应力，则认为构件间已经发生脱离，此时单元节点应力按零处理（但在表 5-3 中还是列出了相应的单元节点拉应力值）。

（2）在构件上下表面间填入垫层材料，可以有效减小构件表面的竖向应力，最大减小幅度达 60%，同时垫层材料的介入使构件间的应力分布更均匀，一定程度上避免了应力集中现象，以 NQ-M-L-3-2 上表面编号为 15 的单元节点为例，分析其与相邻节点的应力情况，结果如图 5-9 所示。由图可知，随着充填垫层材料的加入，构件上表面处 15 号单元节点与相邻单元节点的应力差值趋于减小，即节点应力分布更均匀，这说明随着充填垫层材料的加入，相邻上下构件间的竖向应力趋于均匀，应力集中发生的概率减小。

表 5-3　典型构件 NQ-M-L-3-2 和 SQ-M-S-1-W2 上下表面各节点竖向应力数值

（单位：MPa）

NQ-M-L-3-2

节点编号	1	2	3	4	5	6	7	8	9	10	11
应力数值 修复前	0.38	0.69	1.53	0.89	0.26	-0.01	0.55	1.23	1.16	0.66	-0.66
应力数值 修复后	0.44	0.62	1.29	0.78	0.19	0.01	0.44	1.02	1.03	0.54	-0.67
节点编号	12	13	14	15	16	17	18	19	20	21	22
应力数值 修复前	0.89	-0.14	-0.35	-0.50	-0.35	-0.01	-0.12	-1.45	-1.66	-0.76	-0.79
应力数值 修复后	0.85	-0.17	-0.22	-0.32	-0.22	0.12	0.11	-1.41	-1.57	-0.47	-0.43
节点编号	23	24	25	26	27	28	29	30	31	32	33
应力数值 修复前	-0.9	-0.71	-0.42	-0.25	-0.65	-1.71	-2.63	0.01	0.45	1.08	1.08
应力数值 修复后	-0.36	-0.55	-0.19	-0.11	-0.64	-1.61	-2.26	-0.14	-0.38	-0.95	-0.89
节点编号	34	35	36	37	38	39	40	41	42	43	44
应力数值 修复前	0.28	0.01	-1.30	-0.78	0.90	0.66	0.32	-0.20	-0.01	-0.58	-0.14
应力数值 修复后	0.28	0.12	-1.15	-0.63	0.78	0.53	0.19	-0.13	-0.01	-0.47	-0.01
节点编号	45	46	47	48	49	50	51	52	53	54	55
应力数值 修复前	-0.30	-0.56	-0.75	-0.47	-2.09	-0.92	-1.78	-1.89	-0.47	-0.40	-0.47
应力数值 修复后	-0.01	-0.01	-0.36	-0.26	-2.21	-0.71	-1.72	-1.53	-0.44	-0.13	-0.27

SQ-M-S-1-W2

节点编号	1	2	3	4	5	6	7	8	9	10	11
应力数值 修复前	5.10	1.15	-2.47	4.97	1.26	-3.27	3.42	1.14	-3.90	5.07	-0.65
应力数值 修复后	5.04	1.12	-2.20	4.85	1.17	-3.08	3.31	1.10	-3.74	4.93	-0.45
节点编号	12	13	14	15	16	17	18	19	20	21	22
应力数值 修复前	-8.53	4.84	-2.40	-2.98	-4.54	0.36	3.72	-5.05	0.99	4.33	-9.67
应力数值 修复后	8.47	4.71	-2.18	-2.86	-4.19	0.36	3.57	-4.48	1.03	4.03	-9.08
节点编号	23	24	25	26	27	28	29	30			
应力数值 修复前	-0.38	3.60	-18.68	-1.59	4.87	-12.17	-6.77	4.92			
应力数值 修复后	-0.18	3.55	-18.58	-1.43	4.89	-12.04	-6.95	4.87			

注：正值表示拉应力，负值表示压应力。

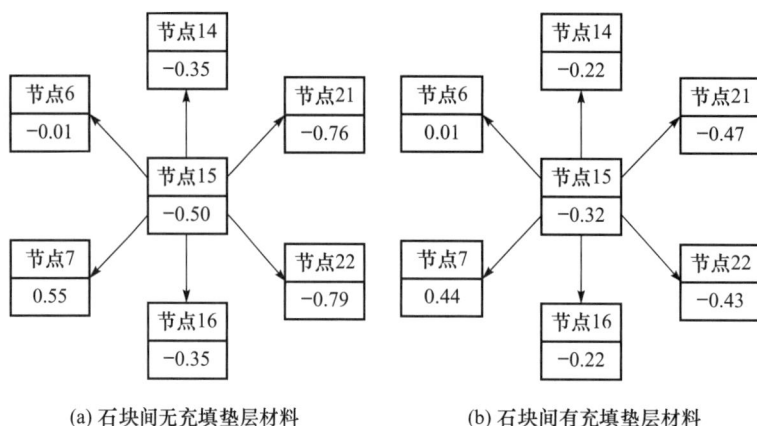

(a) 石块间无充填垫层材料　　　　(b) 石块间有充填垫层材料

图 5-9　典型构件 NQ-M-L-3-2 表面节点应力分布实例分析（单位：MPa）

5.3　充填垫层材料对阙体结构减震效果分析

石阙归安时，在构件间隙中都会加入充填垫层材料，一方面可以减少构件由表面粗糙不平引起的应力集中问题，另一方面可以在一定程度上起到减震作用。

为评价充填垫层材料的减震效果，分别在北阙和南阙不同位置选择典型监测点，记录动力分析过程中修复前后典型监测点的水平峰值加速度变化曲线，通过比较修复前后监测点的最大水平峰值加速度变化来评价充填垫层材料的减震效果。

北阙和南阙典型监测点的位置及修复前后监测点对应的最大水平峰值加速度汇总如表 5-4 所示，相应的各典型监测点水平加速度变化曲线如图 5-10 和图 5-11 所示。综合表 5-4、图 5-10 与图 5-11，可得出如下结论。

（1）典型监测点主要选取在阙顶楼部、阙身中部和阙身底部等位置，监测点相应的水平加速度变化情况能反映阙体结构在水平地震荷载作用下的动力响应特性。

（2）对于北阙，在相同的水平地震作用下，修复后的母阙和子阙阙顶的水平峰值加速度分别减小36.7% 和 51%，阙身中部的水平峰值加速度分别减小 34.4% 和 49.8%，阙身底部的水平峰值加速度分别减小 1.5% 和 45.7%；对于南阙，在相同的水平地震作用下，修复后的母阙阙顶的水平峰值加速度减小 39.9%，母阙阙身中部的水平峰值加速度减小 15%，母阙和子阙阙身底部的水平峰值加速度分别减小 40.8% 和 44.1%。

（3）对于北阙，通过典型监测点修复前后水平峰值加速度的比较可知，修复后阙体结构不同部位的水平峰值加速度数值均减小，最大减幅达到 51%；由于子阙阙顶楼部位置受到母阙阙身的约束作用，其水平加速度要明显小于母阙阙顶楼部位置。

（4）对于南阙，修复前后相应监测点的水平峰值加速度整体上是趋于减少的，例如，修复前后母阙顶部、阙身中部和阙身底部的水平峰值加速度也是减少的，减幅分别为 39.9%、15% 和 40.8%；子阙顶部、阙身中部和阙身底部的水平峰值加速度也有减少，减幅分别为 58.6%、56.3% 和 44.1%。

通过对比分析，修复石阙过程中在构件间加入充填垫层材料，阙体结构的水平加速度是趋于减小的，这说明垫层材料在改变构件间受力的同时对减震起到了积极作用，且减震效果较为显著。对于阙体结构中水平峰值加速度有突变的位置，在后续监测与研究中应重点关注，保证相应构件的稳定性。

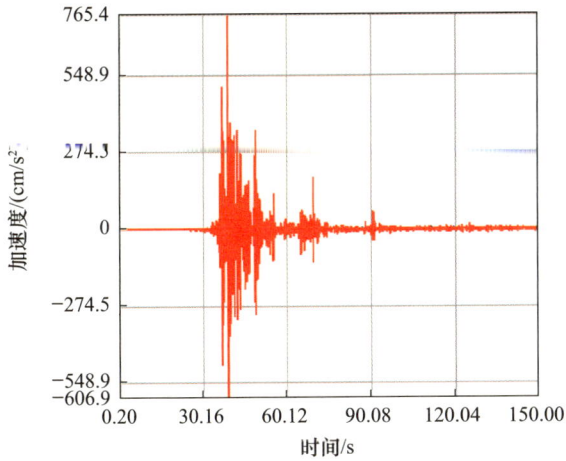

(a1) 修复前

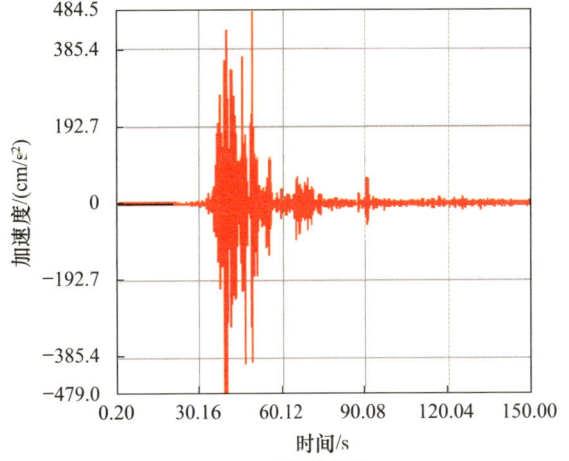

(a2) 修复后

(a) NQ-M-D-3-1构件

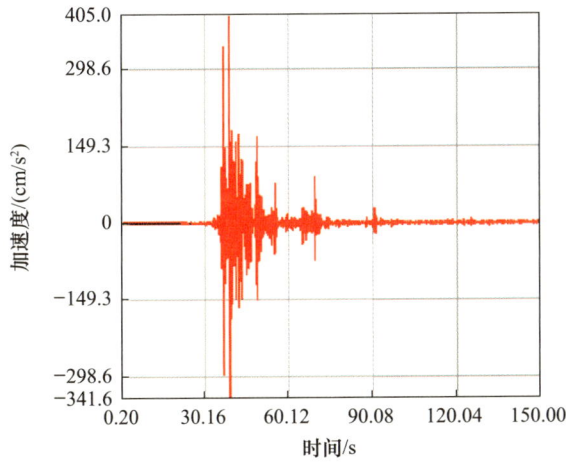

(b1) 修复前

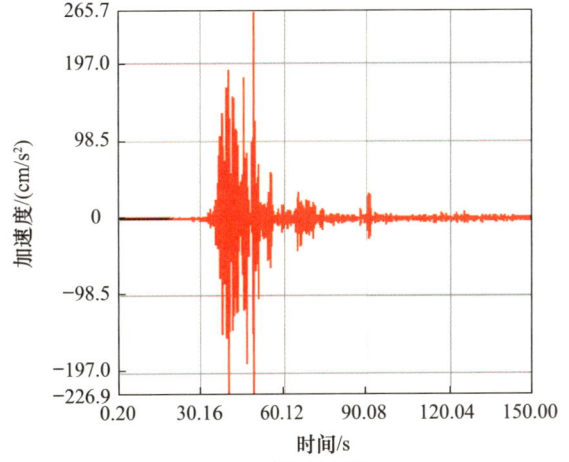

(b2) 修复后

(b) NQ-M-S-6-1构件

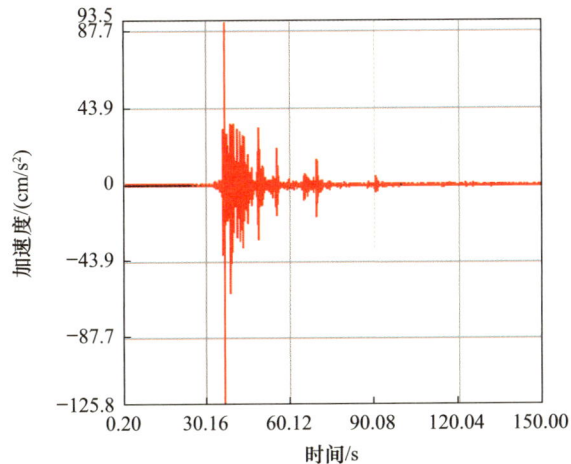

(c1) 修复前

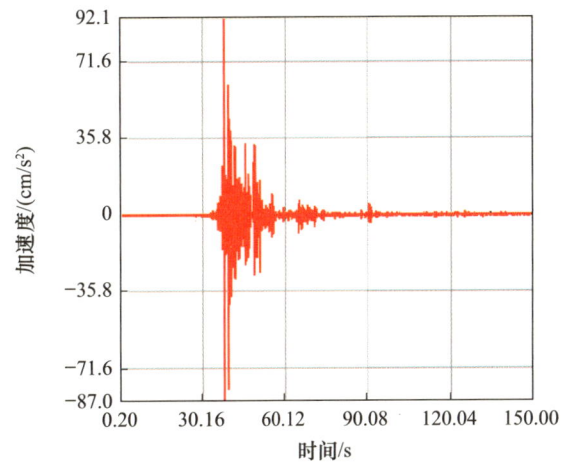

(c2) 修复后

(c) NQ-M-S-1-W1构件

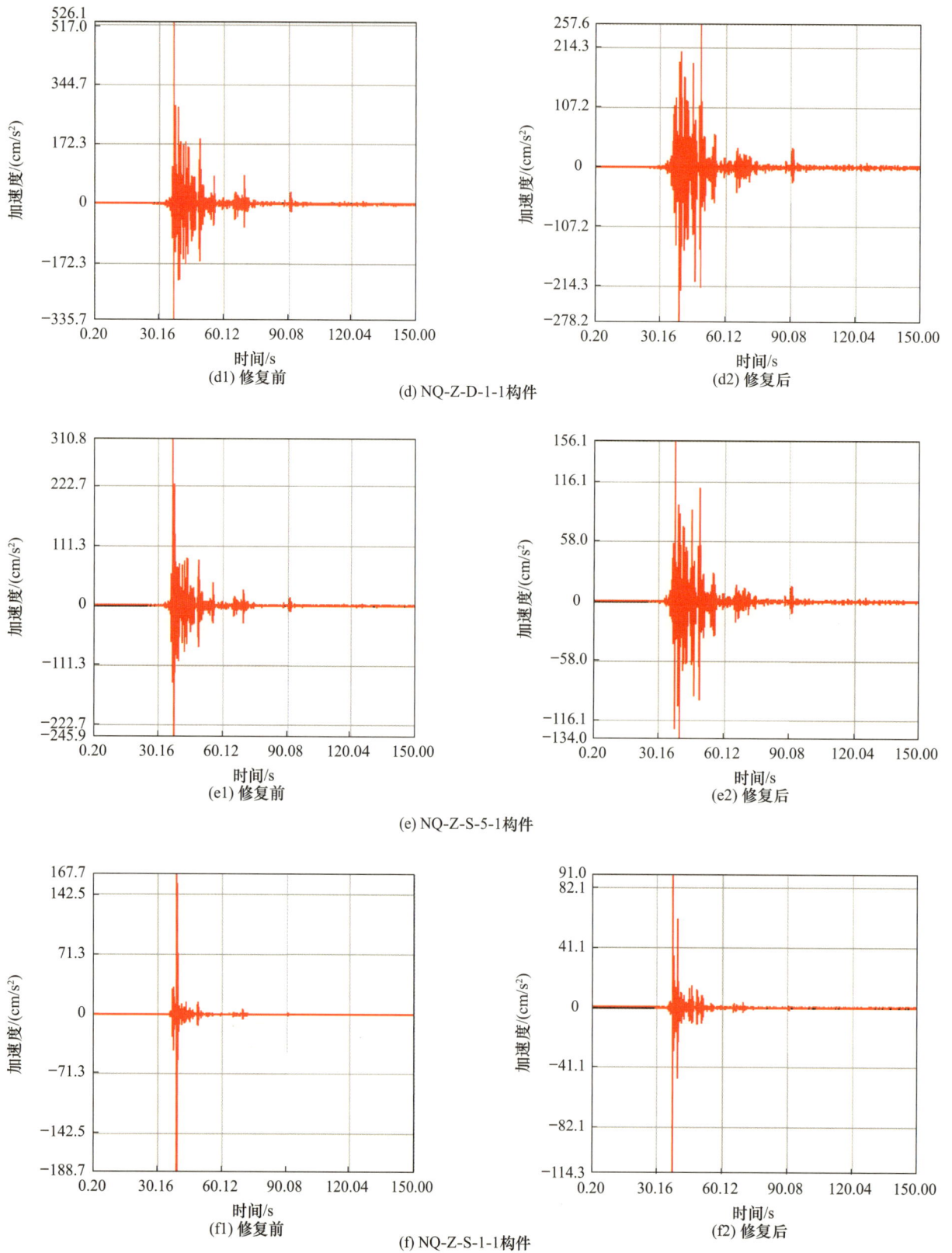

(d) NQ-Z-D-1-1构件

(e) NQ-Z-S-5-1构件

(f) NQ-Z-S-1-1构件

图 5-10 修复前后北阙典型监测点水平加速度变化曲线

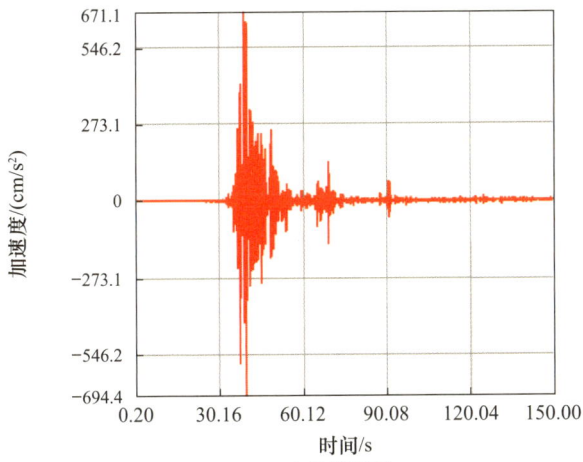

(a1) 修复前

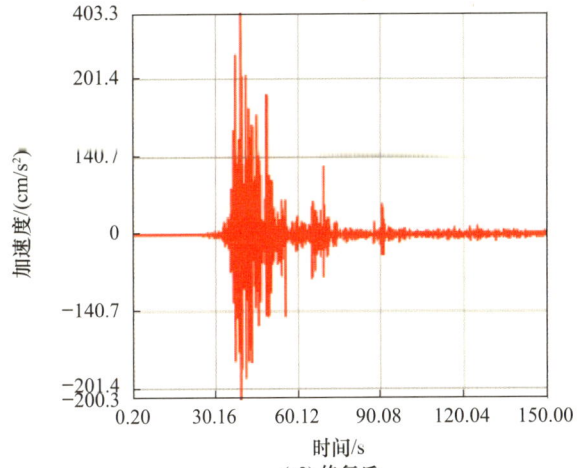

(a2) 修复后

(a) SQ-M-D-3-1构件

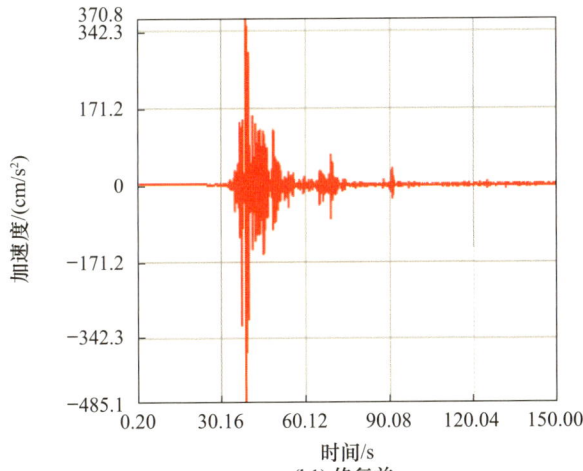

(b1) 修复前

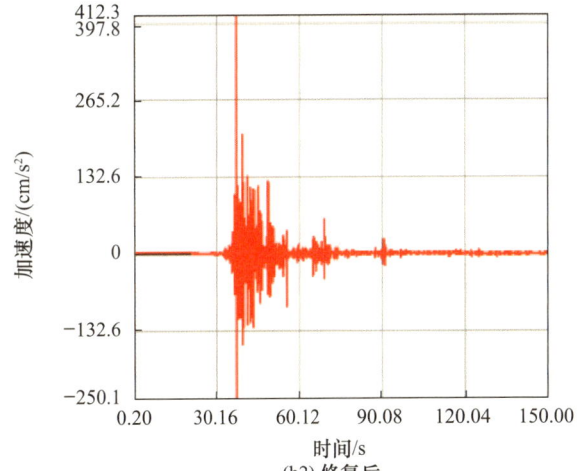

(b2) 修复后

(b) SQ-M-S-6-1构件

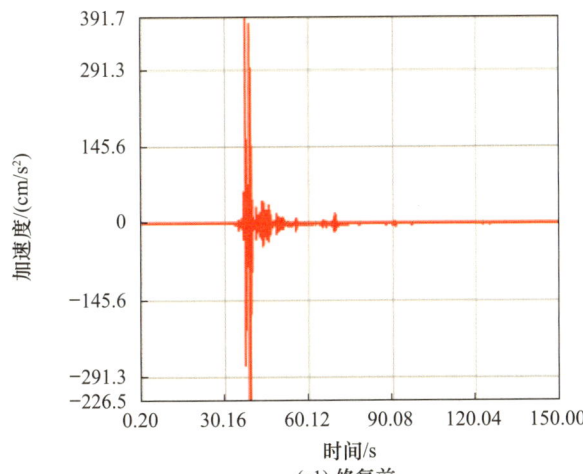

(c1) 修复前

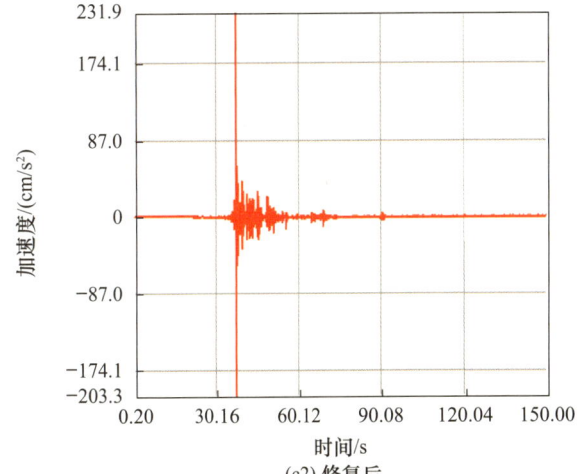

(c2) 修复后

(c) SQ-M-S-1-E2构件

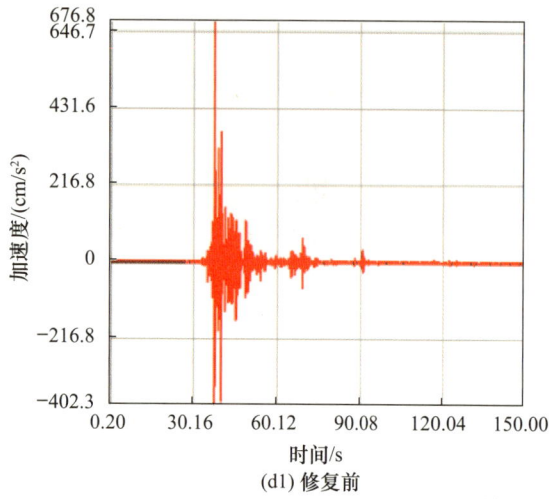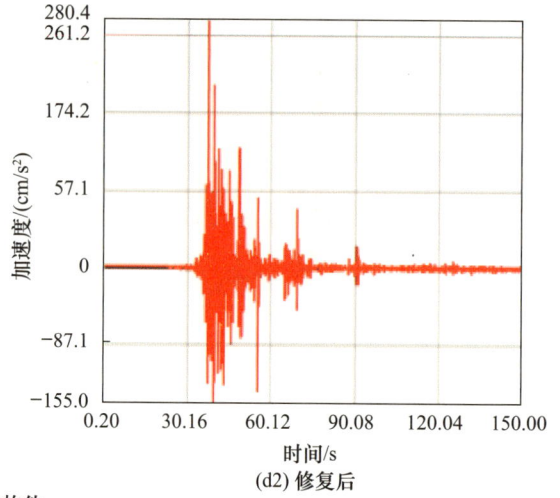

(d1) 修复前 (d2) 修复后

(d) SQ-Z-D-1-1构件

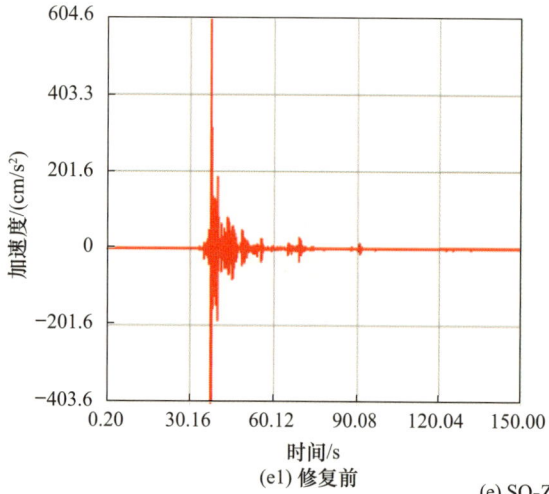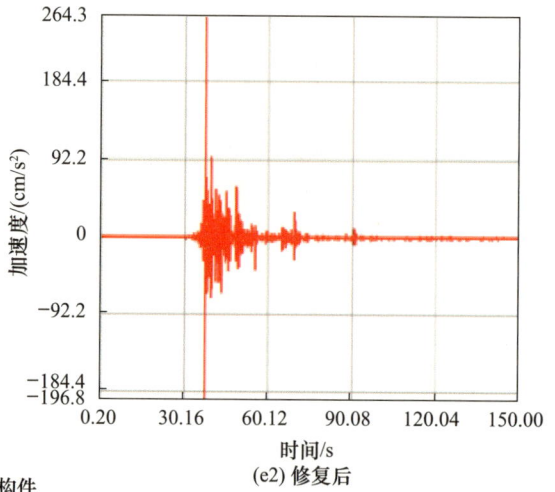

(e1) 修复前 (e2) 修复后

(e) SQ-Z-S-5-1构件

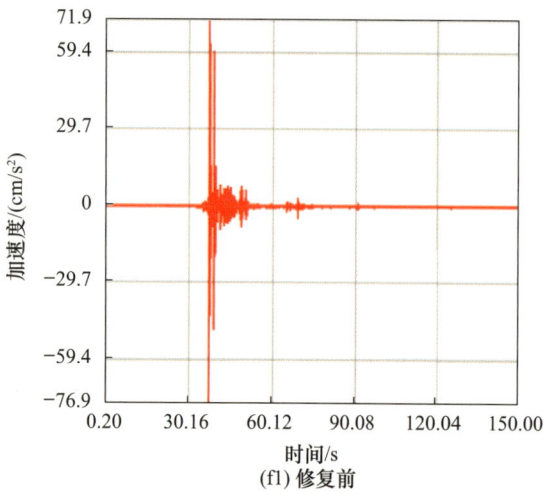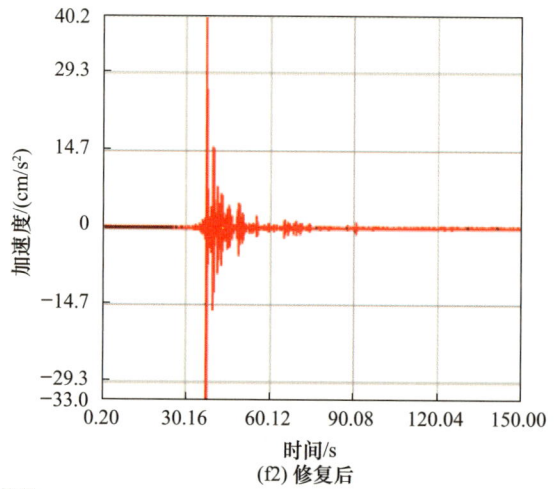

(f1) 修复前 (f2) 修复后

(f) SQ-Z-S-1-1构件

图 5-11　修复前后南阙典型监测点水平加速度变化曲线

表 5-4　北阙和南阙监测点的水平峰值加速度值汇总

编号		监测点位置	对应的构件编号	水平峰值加速度		
				修复后 / (cm/s²)	修复前 / (cm/s²)	变化率 /%
北阙	1	母阙顶部	NQ-M-D-3-1	765.4	484.5	−36.7
	2	母阙中部	NQ-M-S-6-1	405.0	265.7	−34.4
	3	母阙底部	NQ-M-S-1-W1	93.5	92.1	−1.5
	4	子阙顶部	NQ-Z-D-1-1	526.1	257.6	−51.0
	5	子阙中部	NQ-Z-S-5-1	310.8	156.1	−49.8
	6	子阙底部	NQ-Z-S-1-1	167.7	91.0	−45.7
南阙	1	母阙顶部	SQ-M-D-3-1	671.1	403.3	−39.9
	2	母阙中部	SQ-M-S-6-1	485.1	412.3	−15.0
	3	母阙底部	SQ-M-S-1-E2	391.7	231.9	−40.8
	4	子阙顶部	SQ-Z-D-1-1	676.8	280.4	58.6
	5	子阙中部	SQ-Z-S-5-1	604.6	264.3	−56.3
	6	子阙底部	SQ-Z-S-1-1	71.9	40.2	−44.1

注：水平峰值加速度变化率 =（修复后水平峰值加速度 − 修复前水平峰值加速度）/ 修复前水平峰值加速度；负值表示减小，正值表示增加。

5.4　修复后的阙体地震稳定性定量评价

5.4.1　阙体稳定性定量评价指标的确定

通过采用 3DEC 和 Midas GTS/NX 软件对修复后的平阳府君阙进行地震作用下的动力分析，得到了阙体内部构件的位移和应力分布情况。结果表明，在阙体构件间加入充填垫层材料，不仅能够有效减小阙体构件间的水平位移，同时也可以减小构件中的内部应力，对阙体的稳定性有积极作用。为定量评价修复后石阙在地震作用下的稳定性，采用定量指标对其进行表征。

根据 2.5.2 节中图 2-90 和图 2-91 所示平阳府君阙的前三阶振型可知，地震作用下平阳府君阙南北二阙都易发生向东面和南面的倾倒破坏，因此在评价平阳府君阙阙体结构的地震稳定性时，首先分析阙体结构的抗倾覆能力。因此，在定量评价修复后阙体在地震作用下的稳定性时主要计算阙体结构的抗倾覆稳定安全系数 K_0，其定义为阙体结构所具有的抗倾覆力矩 M_R 与水平地震荷载所产生的倾覆力矩 M_0 之比，即

$$K_0 = \frac{抗倾覆力矩}{倾覆力矩} = \frac{M_R}{M_0} \tag{5-1}$$

式中，$K_0 > 1.0$，表示阙体稳定，不会发生倾倒破坏；$K_0 \leqslant 1.0$，表示阙体不稳定，易发生倾倒破坏。

同时，在水平地震力作用下，阙体内部构件可能沿着某一接触面产生滑移，因此需要对阙体结构进行抗滑移稳定性验算。抗滑移稳定安全系数 K_s 定义为在计算截面上由竖向荷载所产生的抗滑力 R_r 与水平地震力产生的滑移力 R_s 之比，即

$$K_s = \frac{抗滑力}{滑移力} = \frac{R_r}{R_s} \tag{5-2}$$

式中，$K_s > 1.0$，表示阙体稳定，不会发生沿计算截面的滑移破坏；$K_0 \leqslant 1.0$，表示阙体不稳定，易沿计

算截面发生滑移破坏。

本次研究对修复后的阙体结构进行地震稳定性评价时采用的评价指标为抗倾覆稳定安全系数 K_0 和抗滑移稳定安全系数 K_s。为了计算方便，在此进行阙体结构稳定性评价时采用拟静力法，即通过反应谱理论将地震荷载对阙体结构的作用以等效荷载的方法表示，然后根据这一等效荷载，采用静力分析方法验算阙体结构的抗倾覆和抗滑移稳定性。针对修复后的平阳府君阙北阙和南阙结构，在计算水平地震作用的基础上，分析北阙和南阙的地震稳定性。

5.4.2　水平地震作用计算原理

根据《建筑抗震设计规范》（GB 50011—2010）（以下简称《规范》）附录 A 关于我国主要城镇抗震设防烈度、设计基本地震加速度和设计地震分组的相关规定，绵阳（涪城、游仙）的抗震设防烈度为 7 度，设计基本地震加速度为 0.10g，设计地震分组为第二组，场地类别为Ⅱ类。再根据《规范》5.1.4 条规定，对于罕遇地震（汶川地震），水平地震影响系数最大值 α_{max}=0.50，特征周期 T_g=0.40+0.05=0.45s。

再根据《规范》5.1.5 条规定，当建筑结构的阻尼比 ζ 不等于 0.05 时，应在计算地震影响系数的阻尼调整系数基础上按照图 5-12 对地震影响系数进行调整，计算公式如下：

$$\alpha = \begin{cases} \left(\dfrac{T_g}{T}\right)^\gamma \eta_2 \alpha_{max}, & T_g < T \leqslant 5T_g \\ [0.2^\gamma \eta_2 - \eta_1(T - 5T_g)]\alpha_{max}, & 5T_g < T \leqslant 6.0 \end{cases} \tag{5-3}$$

式中，α 为地震影响系数；α_{max} 为地震影响系数最大值；η_1 为地震影响系数曲线直线下降段的下降斜率调整系数，按式（5-4）计算，当 η_1<0 时，取 η_1=0；γ 为衰减指数，按式（5-5）计算；T_g 为特征周期；η_2 为阻尼调整系数，按式（5-6）计算，当 η_2<0.55 时，取 η_2=0.55；T 为结构自振周期。

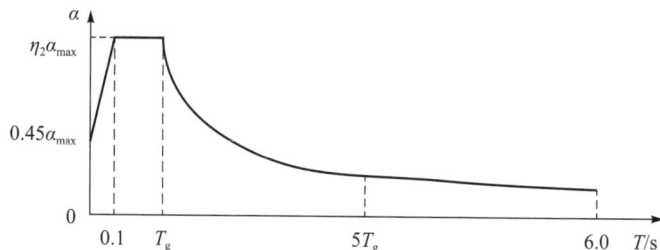

图 5-12　地震影响系数曲线

$$\eta_1 = 0.02 + \frac{0.05 - \zeta}{4 + 32\zeta} \tag{5-4}$$

$$\gamma = 0.9 + \frac{0.05 - \zeta}{0.3 + 6\zeta} \tag{5-5}$$

$$\eta_2 = 1 + \frac{0.05 - \zeta}{0.08 + 1.6\zeta} \tag{5-6}$$

计算得到地震影响系数 α 后，就可以按照底部剪力法计算阙体结构的水平地震作用标准值以及每层构件所受的水平地震作用，计算图示和公式分别如图 5-13 和式（5-7）所示。

$$\begin{cases} F_{Ek} = \alpha G_{eq} \\ F_i = \dfrac{G_i H_i}{\sum\limits_{j=1}^{n} G_j H_j} F_{Ek} \quad (i = 1,2,3,\cdots,n) \end{cases} \qquad (5\text{-}7)$$

式中，F_{Ek} 为结构总水平地震作用标准值；G_{eq} 为结构等效总重力荷载，单支点应取总重力荷载代表值，多质点叮取总重力荷载代表值的 85%；F_i 为质点 i 的水平地震作用标准值；G_i、G_j 分别为集中于质点 i、j 的重力荷载代表值；H_i、H_j 分别为质点 i、j 的计算高度。

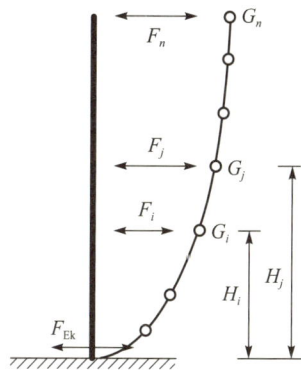

图 5-13　水平地震作用计算简图

5.4.3　修复后的阙体结构抗倾覆和抗滑移稳定性验算

1. 阙体结构水平地震影响系数计算结果

根据 Midas GTS/NX 有限元模态分析结果，修复后北阙和南阙的第一阶和第二阶振型分别如图 5-14 和图 5-15 所示。由图可知，对于南阙和北阙，在水平地震作用下，母阙楼部都易发生倾覆，其中第一阶振型时倾覆发生在阙体短边方向，而第二阶振型时倾覆发生在阙体长边方向；相比而言，在相同的竖向自重作用下，由于短边方向自重的力臂小，相应的抗倾覆力矩也小，更容易导致结构倾覆现象的发生，因此在进行地震作用下抗倾覆稳定性验算时仅考虑第一阶振型。此时，北阙和南阙对应的结构自振周期分别为 0.5s 和 0.4s。然后将北阙和南阙的自振周期 T 和特征周期 T_g 进行比较可得，对于北阙，$T=0.5\text{s}>T_g=0.45\text{s}$，在根据图 5-12 计算地震影响系数时应按曲线下降段公式计算；对于南阙，$T=0.4\text{s}<T_g=0.45\text{s}$，在根据图 5-12 计算地震影响系数时应按水平段公式计算。北阙和南阙水平地震影响系数计算结果汇总如表 5-5 所示。

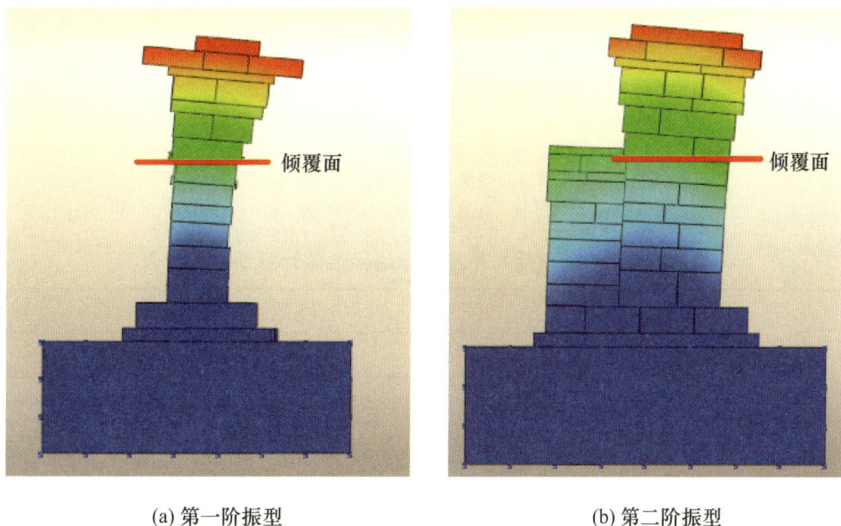

(a) 第一阶振型　　　　　　　　　　　　　(b) 第二阶振型

图 5-14　修复后北阙振型图

2. 石阙结构水平地震力计算结果

取图 5-14 和图 5-15 所示阙体楼部及以上结构进行水平地震力计算，水平地震影响系数见表 5-5。

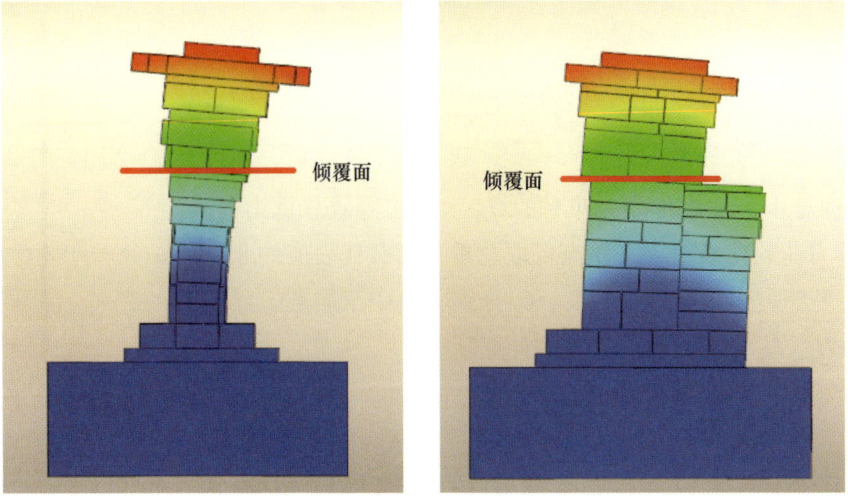

(a) 第一阶振型　　　　　　　　(b) 第二阶振型

图 5-15　修复后南阙振型图

对于北阙和南阙，楼部及以上结构共分为 7 层，分析时将每一层构件视为一个质点，因此在图 5-13 所示计算简图中，质点数 $n=7$，每一质点的计算高度 H_i 可以根据现场量测的阙体构件尺寸确定，每一个质点的重力荷载代表值 G_i 按构件重量计算。

表 5-5　北阙和南阙水平地震影响系数计算结果汇总

参数	自振周期 /s	特征周期 /s	阻尼比 ζ	阻尼调整系数 η_2	衰减指数 γ	水平地震影响系数最大值 α_{max}	水平地震影响系数 α
北阙	0.5	0.45	0.07	0.896	0.872	0.50	0.409
南阙	0.4						0.448

在确定上述参数以后，按照式（5-7）就可以计算作用于每一个质点的水平地震作用标准值，北阙和南阙楼部及以上结构的每层构件的水平地震作用标准值汇总于表 5-6。表中，G_i 为每一层构件的重力荷载代表值，根据构件尺寸和砂岩容重计算得到；G_{eq} 为结构等效总重力荷载，对于多质点按总重力荷载代表值的 85% 计算，即

$$G_{eq} = 0.85 \sum_{i=1}^{7} G_i \tag{5-8}$$

表 5-6　北阙和南阙水平地震作用标准值计算结果汇总表

位置	质点号	参数						
		G_i/kN	G_{eq}/kN	α	F_{Ek}/kN	H_i/m	F_i/kN	M_{0i}/（kN·m）
北阙	1	24.39	131.14	0.448	58.75	0.19	1.94	0.37
	2	31.08				0.59	7.69	4.54
	3	11.84				0.90	4.47	4.02
	4	40.56				1.11	18.88	20.96
	5	11.02				1.18	5.45	6.44
	6	24.14				1.33	13.47	17.91
	7	11.25				1.45	6.84	9.92
合计								64.16

续表

位置	质点号	参数						
		G_i/kN	G_{eq}/kN	α	F_{Ek}/kN	H_i/m	F_i/kN	M_{0i}/（kN·m）
南阙	1	27.68	159.89	0.409	65.4	0.20	1.71	0.34
	2	33.63				0.60	6.24	3.75
	3	14.93				0.90	4.16	3.74
	4	37.35				1.22	14.10	17.2
	5	14.51				1.50	6.73	10.1
	6	47.16				1.72	25.10	43.2
	7	12.85				1.85	7.36	13.6
合计								91.93

3. 阙体结构抗倾覆和抗滑移稳定性验算

对于北阙和南阙，当根据振型分析确定了抗倾覆和抗滑移稳定性的验算截面为阙身与楼部的分界面时（图 5-16-a），根据表 5-6 所示楼部每层构件质心上所作用的水平地震力 F_i 和质心到验算截面的竖直距离 H_i 就可以计算水平地震力所产生的倾覆力矩 M_{0i}，计算结果详见表 5-6。

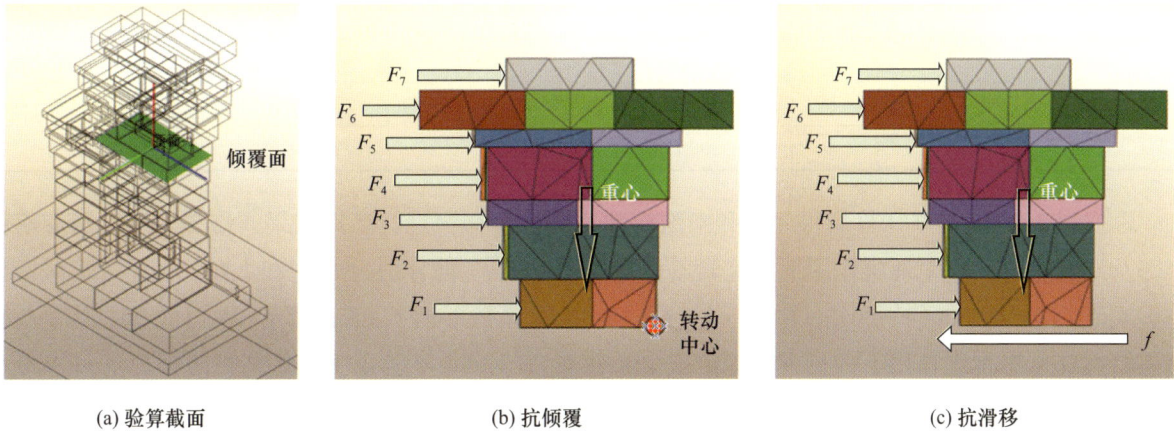

(a) 验算截面　　　　　(b) 抗倾覆　　　　　(c) 抗滑移

图 5-16　阙体结构抗倾覆和抗滑移稳定性计算简图

如图 5-16-b 所示，抗滑力矩主要是阙体结构自重对计算截面上转动中心所产生的力矩，其中结构自重对转动中心的力臂 L 为阙体楼部结构重心位置到转动中心的水平距离。在计算出抗滑力矩之后就可以按照式（5-1）进行抗倾覆稳定安全系数的计算，计算结果如表 5-7 所示。

由于石阙修复过程中严格要求各构件的位置保持原样，在分析时认为修复前后阙体结构的重心位置保持不变，因此修复前后结构重力荷载产生的抗倾覆力矩也保持不变。在相同的水平地震荷载作用下，修复前后石阙结构抗倾覆稳定性是一致的，因此修复前的石阙结构抗倾覆稳定性可参考表 5-7 的计算结果。

表 5-7　北阙和南阙抗倾覆稳定性验算结果

参数	倾覆力矩 M_0/（kN·m）	结构重力荷载 /kN	力臂 L/m	抗倾覆力矩 M_r/（kN·m）	K_0
北阙	64.16	154.28	0.535	82.54	1.29
南阙	91.93	188.11	0.685	128.86	1.40

　　而在抗滑移稳定性分析时（图 5-16（c）），滑动力为水平地震力 F_{Ek}，抗滑力为阙体结构自重荷载在计算截面处所产生的摩擦力 f，即

$$K_s = \frac{R_r}{R_s} = \frac{f}{F_{Ek}} = \frac{\mu \sum\limits_{i=1}^{7} G_i}{F_{Ek}} \tag{5-9}$$

式中，μ 为计算截面处的滑动摩擦系数，且有 $\mu = \tan\phi_j$，其中 ϕ_j 为岩块接触面内摩擦角，由表 5-1 可知加入垫层材料后接触面内摩擦角 $\phi_j = 25°$。修复后的北阙和南阙抗滑移稳定性验算结果如表 5-8 所示。

表 5-8　修复后的北阙和南阙抗滑移稳定性验算结果

参数	滑移力 R_s/kN	结构重力荷载 /kN	$\tan\phi_j$	抗滑力 R_r/kN	K_s
北阙	58.75	154.28	0.466	71.89	1.22
南阙	65.4	188.11		87.66	1.34

　　为了比较修复前后阙体结构的抗滑移稳定性改善效果，在此也计算了修复前阙体结构的抗滑移稳定安全系数，计算时同样采用式（5-9），只是接触面内摩擦角 ϕ_j 取值不同，按表 2-27 取 $\phi_j = 23°$，计算结果如表 5-9 所示。

表 5-9　修复前的北阙和南阙抗滑移稳定性验算结果

参数	滑移力 R_s/kN	结构重力荷载 /kN	$\tan\phi_j$	抗滑力 R_r/kN	K_s
北阙	58.75	154.28	0.424	65.41	1.11
南阙	65.4	188.11		79.76	1.22

　　根据表 5-7～表 5-9 计算所得北阙和南阙抗倾覆和抗滑移稳定性验算结果，修复前后北阙和南阙楼部及以上结构在水平地震作用下的抗倾覆稳定安全系数 K_0 均分别为 1.29 和 1.40，满足《馆藏文物防震规范》（WW/T 0069—2015）中关于抗倾覆稳定安全系数不小于 1.2 的要求。对于北阙，修复前的阙体结构在水平地震作用下的抗滑移稳定安全系数 K_s 为 1.11，不满足《馆藏文物防震规范》（WW/T 0069—2015）中关于抗滑移稳定安全系数不小于 1.2 的要求，而修复后的北阙结构抗滑移稳定安全系数增加到 1.22，满足规范要求，这说明通过在阙体构件间充填垫层材料，在一定程度上提高了北阙结构的抗滑移稳定性。对于南阙，修复前后的石阙结构在水平地震作用下的抗滑移稳定安全系数 K_s 分别为 1.22 和 1.34，满足《馆藏文物防震规范》（WW/T 0069—2015）中关于抗滑移稳定安全系数不小于 1.2 的要求，并且由于在构件间充填垫层材料，改善了上下层间摩阻力，提高了修复后阙体的抗滑移稳定性。综上所述，修复后的北阙和南阙抗倾覆和抗滑移稳定性都满足规范要求。

5.5　结论与建议

5.5.1　结论

　　采用数值计算方法分析修复后的平阳府君阙再次遭遇强震后的结构位移和应力，并与修复前的计算结果进行比较，研究充填垫层材料对石阙结构受力的改善作用，并对修复后的平阳府君阙的地震稳定性进行定量评价，得到如下结论。

（1）按土∶砂∶熟石灰 = 4∶3∶2 制作的充填垫层材料既有较好的抗压强度，又有很好的耐水性。对修复后的石阙结构进行了离散元和有限元计算，并将计算结果与修复前石阙结构的应力和位移进行比较。结果表明，修复后的石阙上下构件间基本不存在相对水平位移，北阙和南阙结构中各应力分量都有所减小，减幅分别达到 9.3%～60% 和 16%～64.4%，这说明修复时在构件空隙间填入适量的垫层材料，对改善石阙受力起到了积极作用，有效减小了石阙构件的相对水平位移和应力分量大小。

（2）以阙体结构的水平峰值加速度为特征值，选择典型监测点分析修复前后水平峰值加速度的变化。结果表明，修复后石阙不同位置处的水平峰值加速度都是趋于减小的，最大减幅达到 56.3%，这说明充填垫层材料对阙体结构的减震有显著效果。

（3）根据阙体结构模态分析确定阙体楼部及以上结构易发生沿水平长边和短边尺寸方向倾覆，在此基础上定义了评价阙体结构稳定性的定量指标——抗倾覆稳定安全系数 K_0 和抗滑移稳定安全系数 K_s；采用拟静力法计算了作用于石阙楼部及以上结构的水平地震力，然后计算北阙和南阙在修复前后的抗倾覆稳定安全系数 K_0 和抗滑移稳定安全系数 K_s。计算结果表明，修复后的北阙和南阙在水平地震荷载作用下的抗倾覆稳定安全系数 K_0 和抗滑移稳定安全系数 K_s 都大于 1.2，满足规范要求，修复后的阙体结构在清平地震波水平地震作用下是安全的。

5.5.2　建议

（1）充填垫层材料尽管在实验室内进行了超过 180 天的耐水性试验，但是相比永久的阙体结构，试验周期还是比较短，因而在后期日常保养与监测工作中，应密切关注充填垫层材料的变化情况，对保护棚的防水效果进行日常观察，以防漏水及飘雨对构件垫层间充填垫层材料的侵蚀，如果发现上述情况，应及时进行处理。

（2）石阙保护工程完成后，应加强对石阙的监测工作，特别是典型构件在地震作用下的水平位移与扭转情况的监测。在后期保护研究中，通过监测数据积累，不断完善地震作用下石阙几何模型与力学参数，逐步建立、完善石阙地震受损预警与防护体系，尽可能消除或减缓地震灾害对石阙的损伤。

第6章 工程总结与建议

6.1 工程总结

6.1.1 工程运行总结

平阳府君阙保护工程（项目招标工程名称：平阳府君阙灾后恢复修缮工程第二次）于2016年2月26日动工，2017年10月24日完工，施工合同工期要求2016年2月26日动工，2017年2月25日完工。由于岩土勘察工作于2008年完成，时间已超过3年，根据相关规定，修建保护棚前，需对拟建的平阳府君阙灾后恢复修缮工程进行岩土工程补充勘察工作，该工作是整个工程延期的主要原因。另外，修建汉阙文化墙，因业主单位要求多方面选材、比价，也给工程造成了一定的延期。工程没有产生较大变更，进展顺利，施工过程没有发生文物损伤和人员伤亡等质量事故。

工程施工严格按照《中华人民共和国文物保护法》等相关法律法规所规定内容、四川省文物局批复的《平阳府君阙保护维修方案》及四川省文物批复与补充修改意见进行，工程审批与管理符合相关规定，施工技术与质量效果符合文物保护原则及相关规范和设计文件要求，工程档案与资料全齐。通过采取适宜的技术措施，达到了保证石阙安全稳定和尽可能延长其保存寿命的目标，尽最大可能保留了石阙历史信息，最大限度地保持了石阙的真实性与延续性。

6.1.2 工程措施与技术特点总结

平阳府君阙保护工程不是一项简单的建设工程，而是一项涉及多学科的综合性保护工程。施工中既采取龙门架吊运、锚杆技术、化学黏接材料、钢架结构保护棚、混凝土结构基础等成熟技术，也进行了充填垫层材料与生物病害处理材料的试验研究及石阙地震受损机理与稳定评价研究，通过这些研究，较好地解决了工程中发现的问题与技术难点。

在保护工程中，为保证石阙的安全与工程质量，除采取适当的保护措施外，始终坚持"最小干预、最大限度保持其真实性与延续性、动态化施工管理"的保护理念，针对设计方案与现场实际不一致的情况，及时组织各方进行分析、研究、咨询和论证，选择最佳保护措施施工。

充分认识施工记录与工程资料的重要性。工程实施前，对石阙历史文献记载与保护历史沿革进行收集和整理；对石阙保存现状除照相记录外，还进行了三维扫描，绘制了石阙病害图。施工时，进行了整体编号与方位记录；拆卸时，对脱落小块体及时编号、记录；对施工中所采取的每道技术措施和材料都及时进行检测、记录和资料归档，采用表格、绘图和说明详细记录施工内容和施工量，并收集、整理形成现场资料，确保整个工程资料的完整性、规范性和真实性。

本次保护修缮工程按照"不改变文物原状"的原则，最大限度地保留了文物原貌与文物所承载的历史信息，从完整性、真实性、延续性的视角实现了《保护修复设计方案》原定的恢复修缮目标。在对文物本体修缮保护施工过程中，一是工程管理组织有序有效，加强了工程项目技术管理工作，防止对文物造成二次损伤，实行施工方案专家评审制、第三方图审制等管理措施，为工程的合理有效实施提供保障。二是始终采用具有针对性的预防性保护措施，如为了防止阙体拆卸和搬运过程中对文物造成二次损伤，拆卸前对风化严重部位进行临时防护、加固或补强；对拆卸下来的石构件，制作专用木托架做支垫存放，既能保护石构件，又便于运输。三是坚持试验先行措施，施工过程中为了有效治理平阳府君阙病害现状，在实施三合土垫层、脱盐、表面清洗、灌浆黏接和锚杆加固等保护措施前，均先期进行小区域的前期试验，成功后再全面实施。四是方案设计、工程实施与研究紧密结合，取得显著成效，截至工程正式竣工验收，针对本项目的技术研究已完成论文两篇。五是新建保护性建筑，不仅基本解决了风雨对石阙本体的侵蚀，并且与石阙现保存环境相适应，实现了文物环境的提升，使用有限的经费达到了较好的保护和展示效果。

6.2　工　程　建　议

平阳府君阙保护工程按方案设计及四川省文物批复与补充修改意见实施，保护效果明显。根据《中国文物古迹保护准则（2015）》"保护的目的是通过技术和管理措施真实、完整地保存其历史信息及其价值"、"有效保护是指为消除或抑制各种危害文物古迹本体及其环境安全的因素所采取的技术和管理措施"，由此说明石阙保护不仅仅是对其实施保护措施，合理管理也是石阙保护的重要内容。本次保护通过本体保护修复、地基加固、在构件空隙中充填垫层材料、修建保护棚等工程措施，解决了一些自然因素和人为因素对石阙的影响，但为了石阙更好地长久保存，还应通过系统规划、政府干预等管理措施来逐步解决。如大气污染引起石阙风化的问题、汽车振动对石阙的影响、城市人群活动与周边环境变化对石阙的干扰等，需要行政部门采取相应的管理措施来控制或减缓。

工程完工至本书成稿时虽然已有 3 年时间，从目前来看，保护修复效果较好，但相比石阙保存历史来说，这时间还是非常短的，因此在今后管理工作中，应加强对石阙本体与保存环境的监测，通过监测数据积累，为石阙以后的维修保护提供支撑。另外，应加强石阙的日常保养与专项研究，通过日常维护保养及时排除外部因素对石阙的影响，有效避免各种病害因素日积月累对石阙造成严重损伤。还有一些问题，如石阙风化加固保护问题，在本次工程中并没有实施，但这一病害已真实地威胁到石阙的价值与保存，建议在今后工作中对石阙风化成因、保护技术及病害监测进行专项研究，制定专项方案。

第7章 资料汇编

7.1 平阳府君阙档案记录资料

7.1.1 相关研究资料目录

（1）《汉隶字源》（宋，娄机撰），文渊阁藏本。

（2）《隶释·隶续》（宋，洪适撰），中华书局 1985 年出版。

（3）《蜀碑记补·附辨伪考异》（宋，王象之原撰，李调元补编），商务印书馆发行，1960 年补印本。

（4）《中国西部考古记》（色伽兰著，冯承钧译），商务印书馆 1930 年发行。

（5）《刘敦桢全集·第三卷》（刘敦桢著），中国建筑工业出版社 2007 年出版。

（6）《梁思成西南建筑图说（手稿本）》（梁思成著，林洙整理），人民文学出版社 2014 年出版。

（7）《平阳府君阙用聚甲基丙烯酸脂类材料处理后的观察报告》（李显文、马家郁），《文物保护技术》1982 年第 2 期。

（8）《四川汉代石阙》（徐文彬、谭遥等编著），文物出版社 1992 年出版。

（9）《平杨府君阙考》（孙华、巩发明），《文物》1991 年第 9 期。

（10）《四川绵阳平杨府君阙阙身造像——兼谈四川地区南北朝佛道龛像的几个问题》（孙华），《汉唐之间的宗教艺术与考古》，文物出版社 2000 年出版。

（11）《绵阳平阳府君阙维修技术及相关问题》（曹丹），《四川文物》1996 年第 6 期。

（12）《关于汉阙研究尚待商榷的问题》（龚廷万、龚玉），《四川文物》2011 年第 3 期。

（13）《四川文物志·中册》（四川省文物管理局编），巴蜀书社 2005 年出版。

7.1.2 历史照片资料

为真实反映平阳府君阙近现代变迁，收集近 100 年来相关文献所收录的照片资料，具体如图 7-1～图 7-16 所示。

图 7-1　北阙东面（1914 年）

图 7-2　北阙南面（1914 年）

图 7-3　北阙西北面（1914 年）

图 7-4　北阙东面楼部雕刻（1914 年）

图 7-5　南阙东面（1914 年）

图 7-6　南阙西面（1914 年）

图 7-7　南阙北面（1914 年）

图 7-8　南阙北面楼部雕刻（1914 年）

图 7-9　北阙西面（1940 年）

图 7-10　南阙西面（1940 年）

图 7-11　北阙南面（1989 年维修后）

图 7-12　北阙西面（1989 年维修后）

图 7-13　北阙西南面（1989 年维修后）

图 7-14　南阙北面（1989 年维修后）

图 7-15　南阙西面（1989 年维修后）

图 7-16　南阙西南面（1989 年维修后）

7.2   平阳府君阙编号、三维扫描成果及病害图

为完整记录平阳府君阙保存现状，施工前后对石阙进行了三维扫描，同时为方便施工记录且在石阙拆卸和归安过程中各石构件不混淆，施工前对石阙每块石构件进行了编号，具体如图 7-17～图 7-48 所示。病害图如图 7-49～图 7-59 所示。

图 7-17   北阙东立面构件编号

图 7-18 北阙南立面构件编号

图 7-19 北阙西立面构件编号

图 7-20　北阙北立面构件编号

图 7-21　南阙东立面构件编号

图 7-22　南阙南立面构件编号

图 7-23　南阙西立面构件编号

图 7-24 南阙北立面构件编号

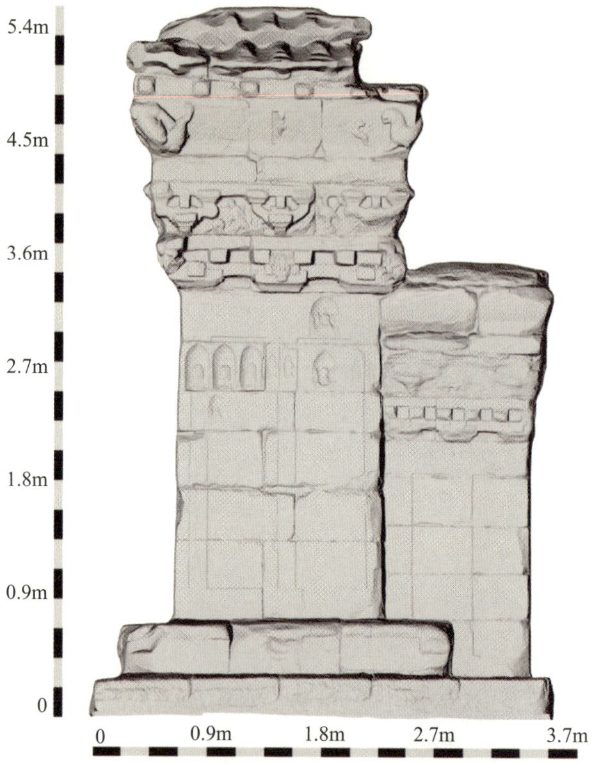

图 7-25 北阙东立面三维模型图

图 7-26 北阙东立面正射影像图

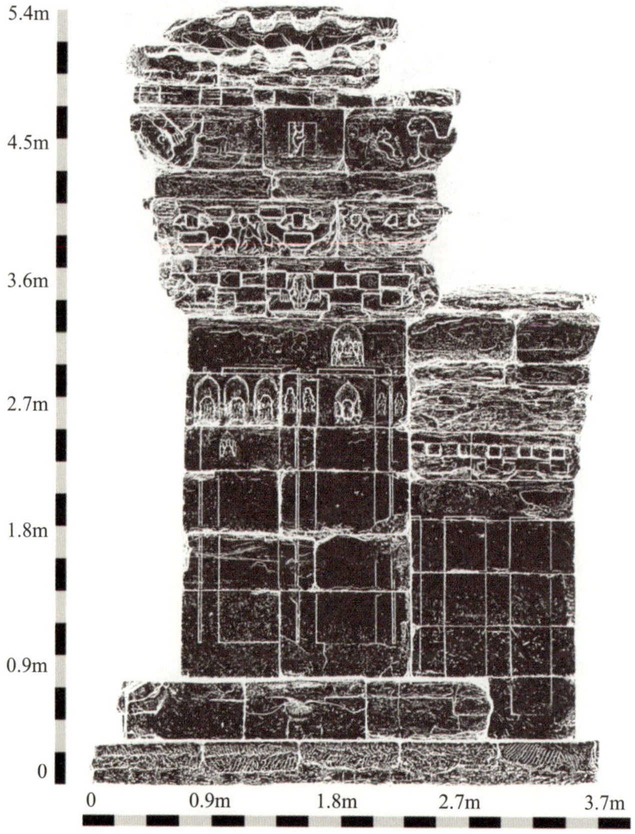

图 7-27 北阙东立面拓片

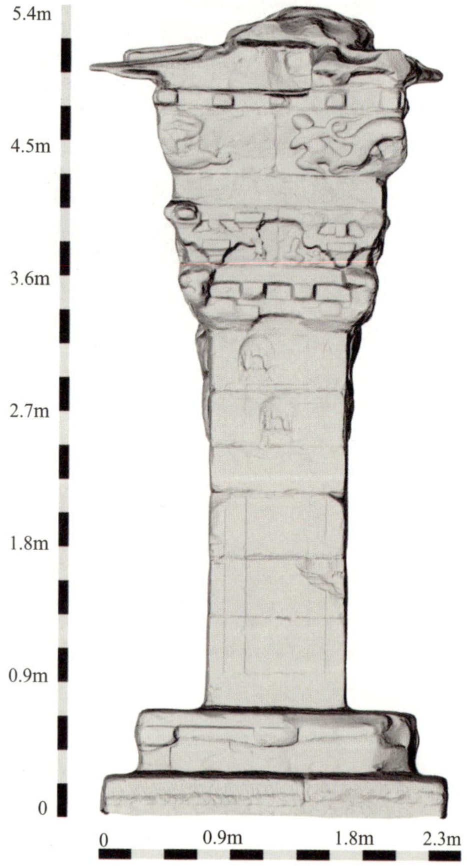

图 7-28 北阙南立面三维模型图

图 7-29　北阙南立面正射影像图

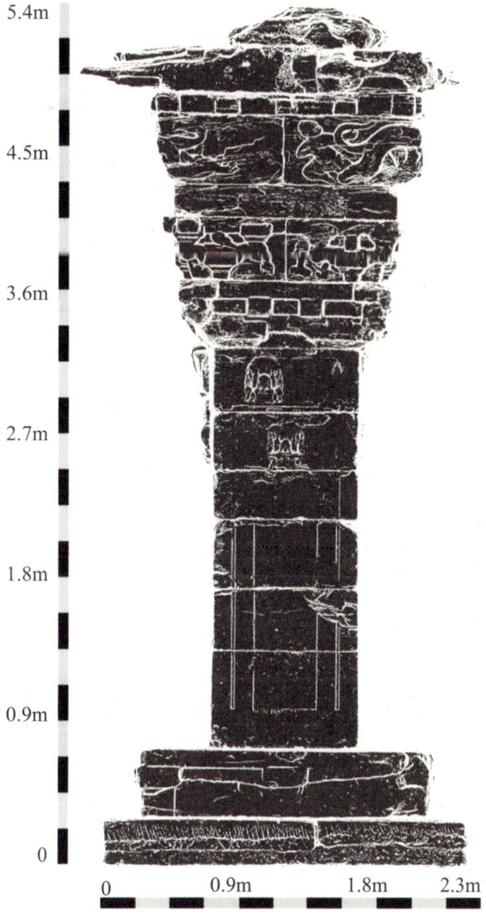

图 7-30　北阙南立面拓片

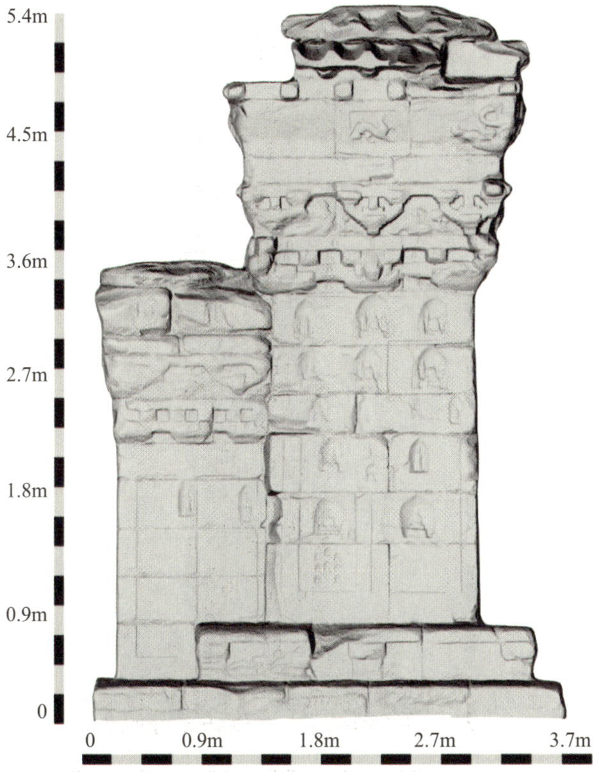

图 7-31　北阙西立面三维模型图

图 7-32　北阙西立面正射影像图

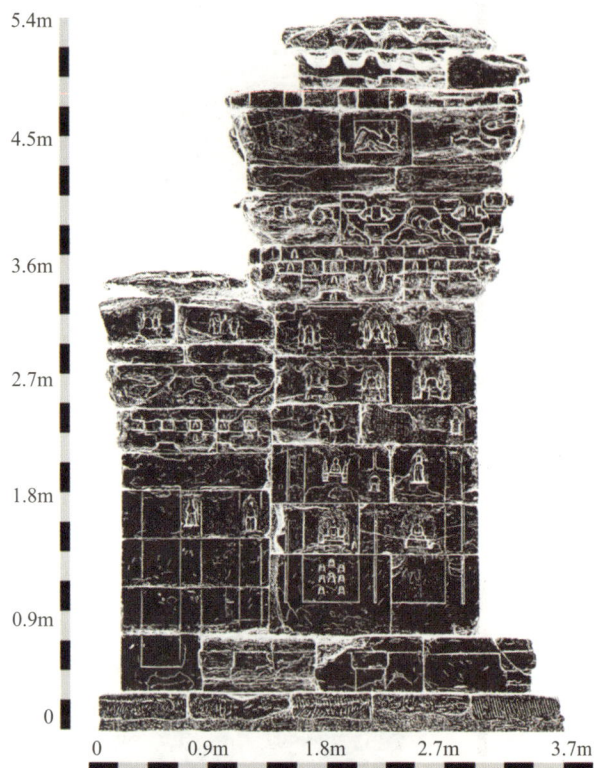

图 7-33 北阙西立面拓片

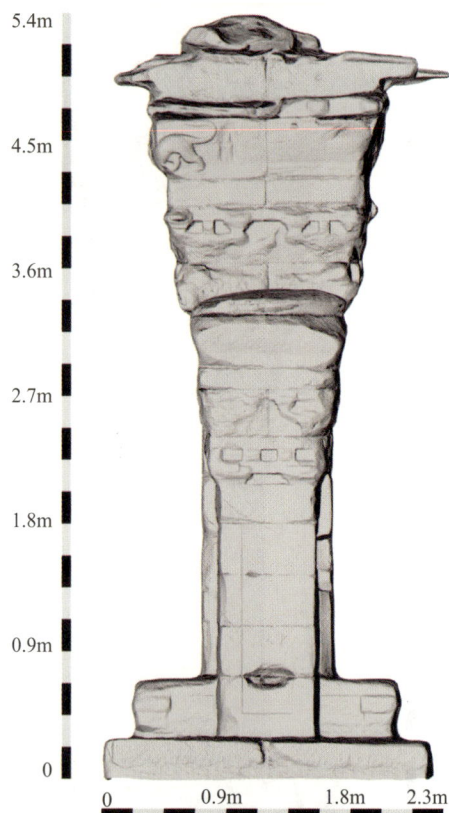

图 7-34 北阙北立面三维模型图

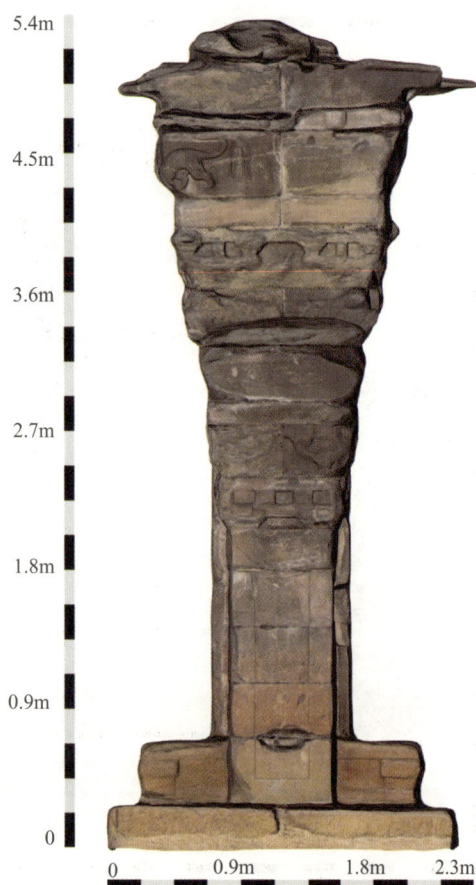

图 7-35 北阙北立面正射影像图

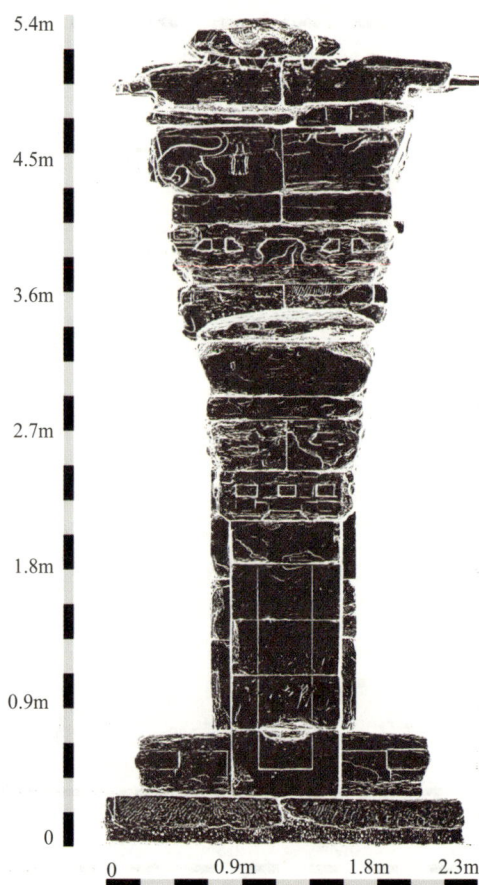

图 7-36 北阙北立面拓片

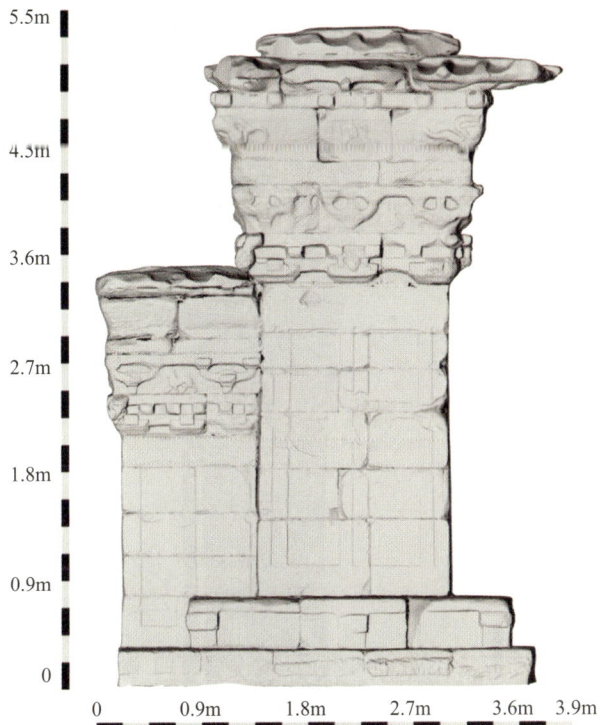

图 7-37 南阙东立面三维模型图

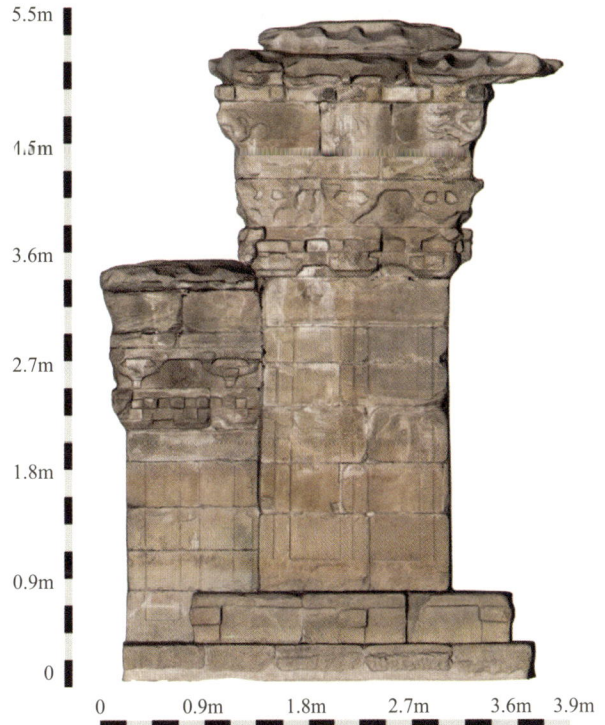

图 7-38 南阙东立面正射影像图

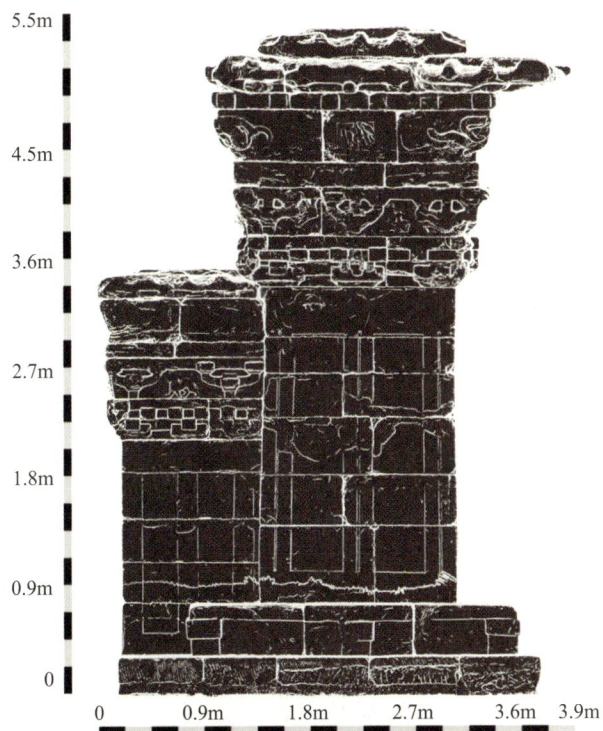

图 7-39 南阙东立面拓片

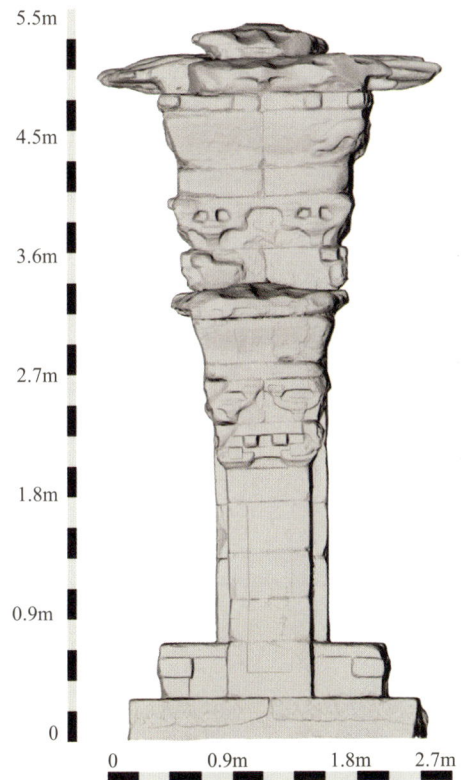

图 7-40 南阙南立面三维模型图

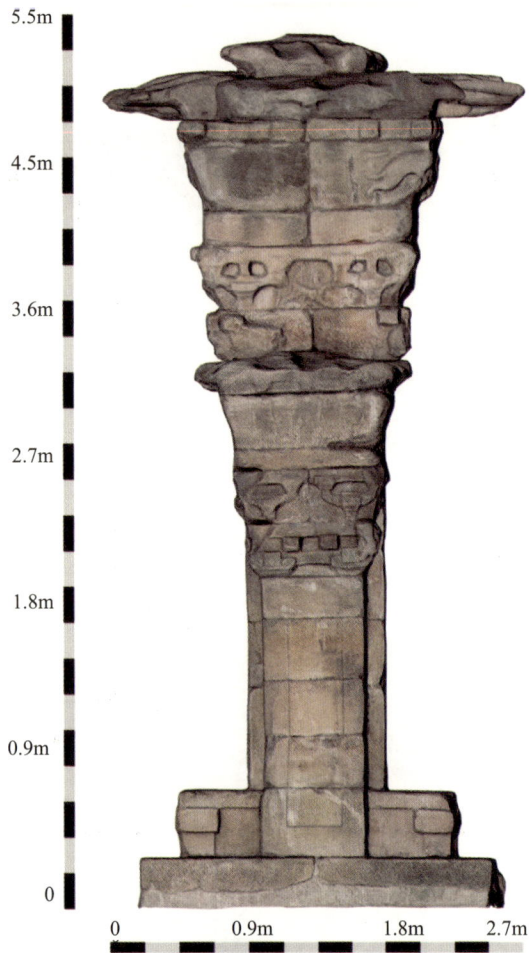

图 7-41　南阙南立面正射影像图

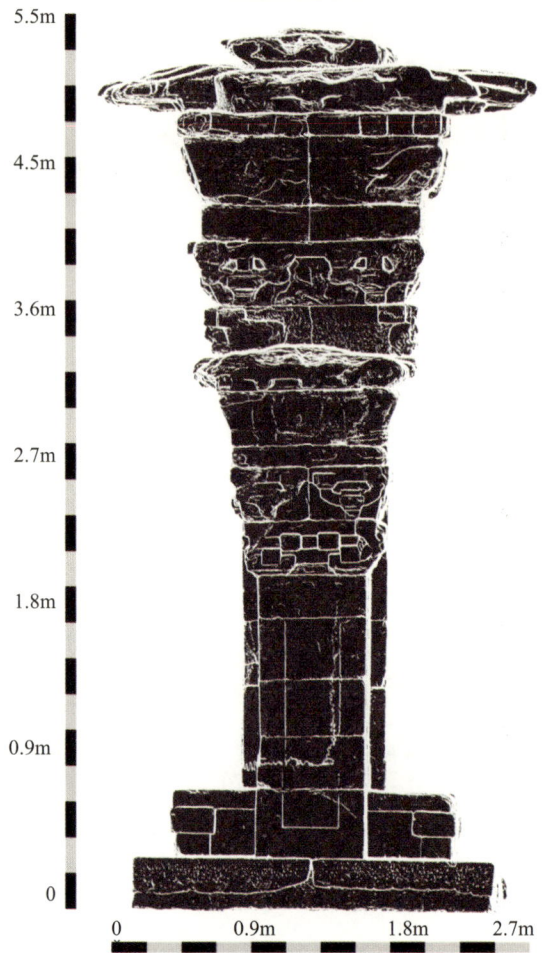

图 7-42　南阙南立面拓片

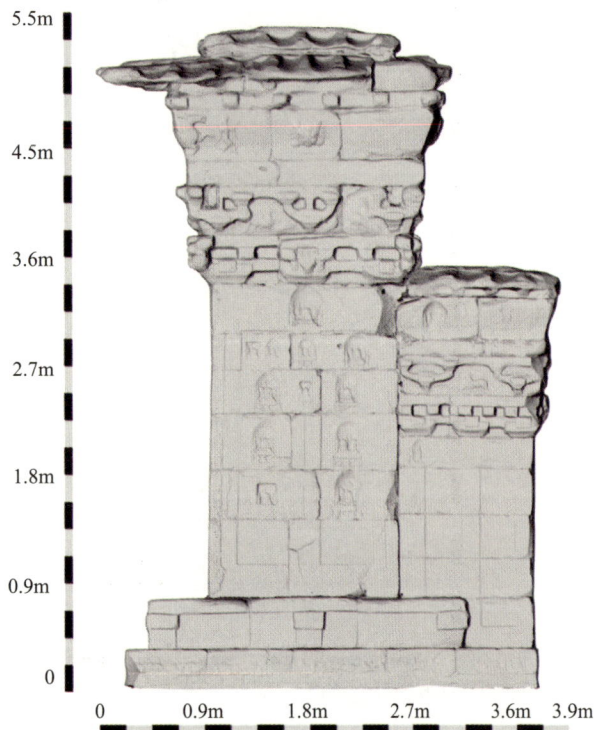

图 7-43　南阙西立面三维模型图

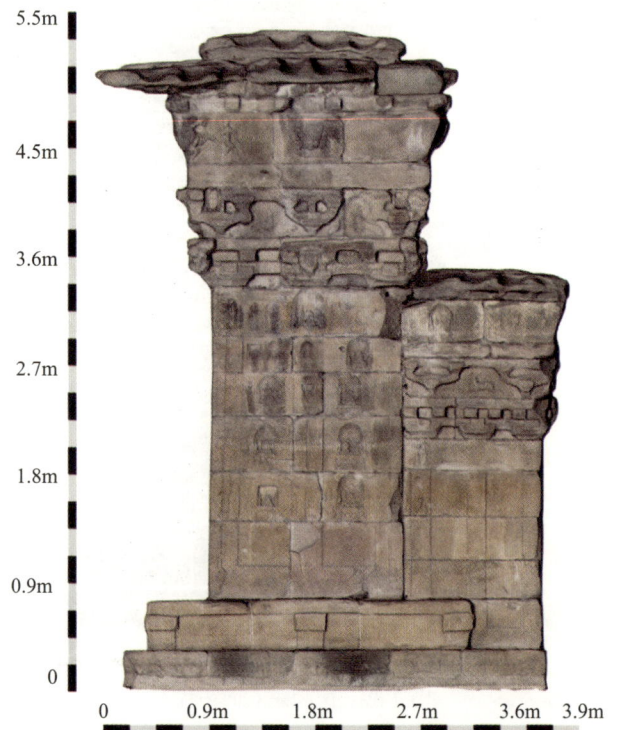

图 7-44　南阙西立面正射影像图

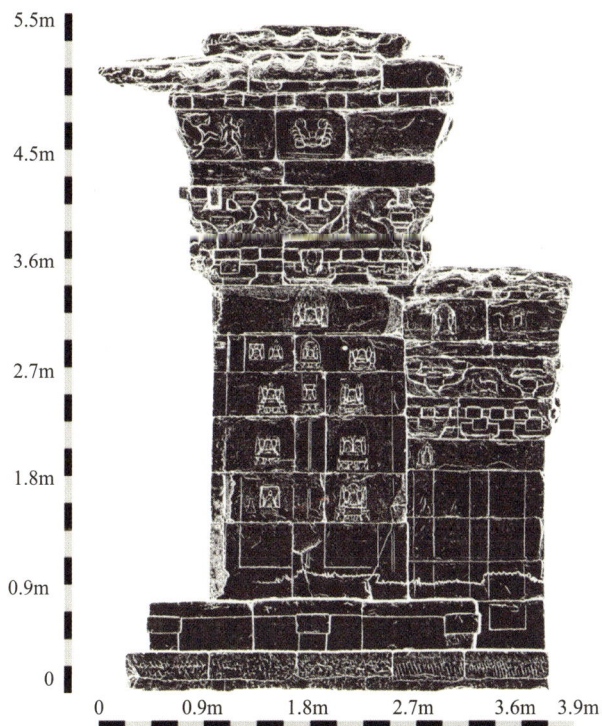

图 7-45 南阙西立面拓片

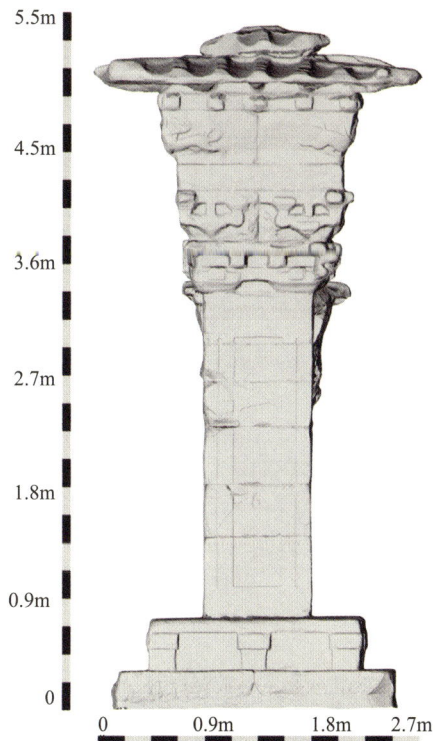

图 7-46 南阙北立面三维模型图

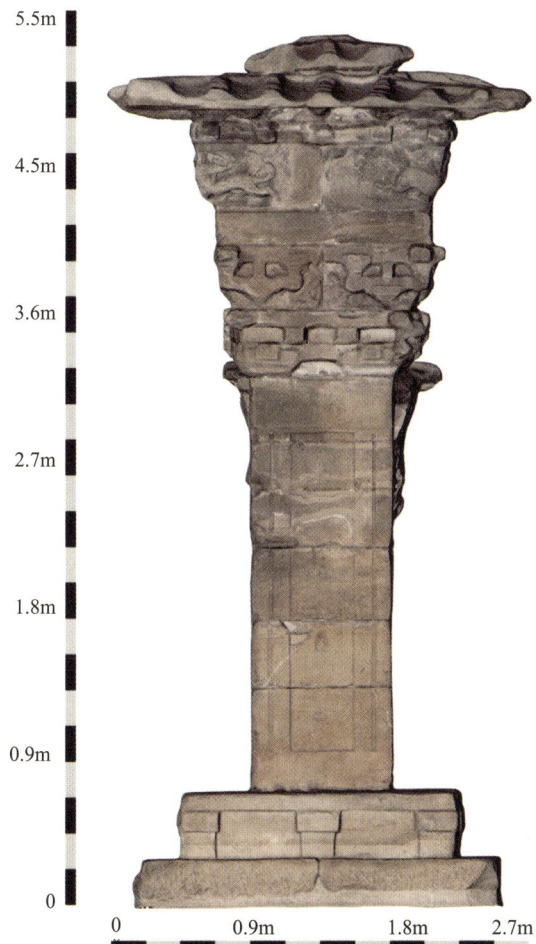

图 7-47 南阙北立面正射影像图

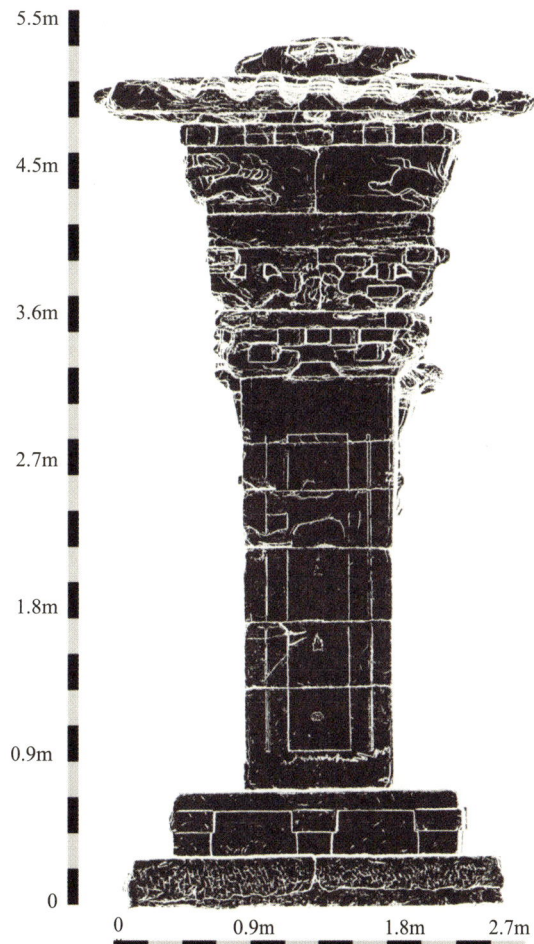

图 7-48 南阙北立面拓片

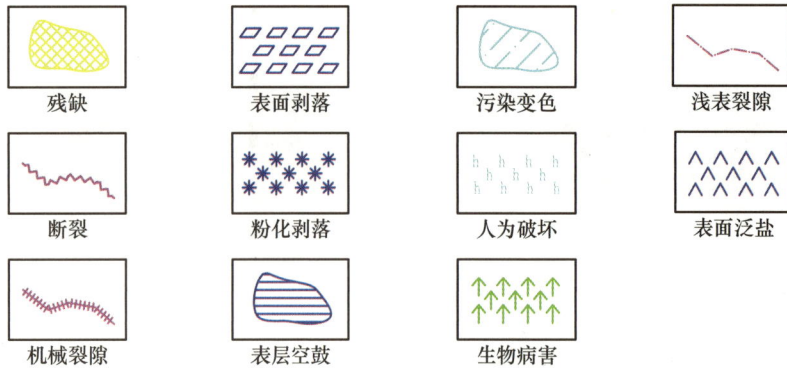

图 7-49　病害图例

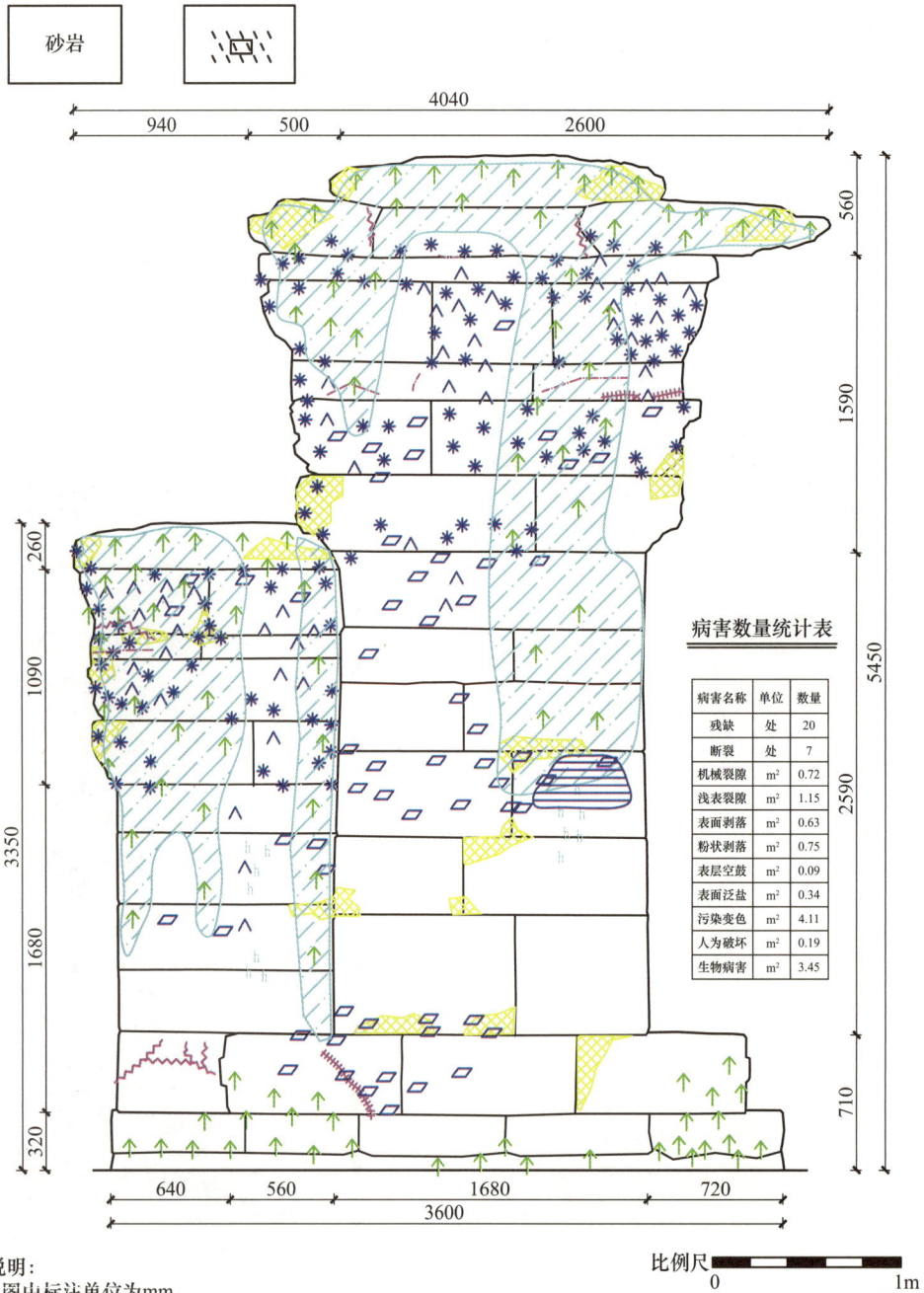

病害数量统计表

病害名称	单位	数量
残缺	处	20
断裂	处	7
机械裂隙	m²	0.72
浅表裂隙	m²	1.15
表面剥落	m²	0.63
粉状剥落	m²	0.75
表层空鼓	m²	0.09
表面泛盐	m²	0.34
污染变色	m²	4.11
人为破坏	m²	0.19
生物病害	m²	3.45

说明：
i 图中标注单位为mm。

比例尺

0   1m

图 7-50　南阙东立面病害图（1∶25）

砂岩

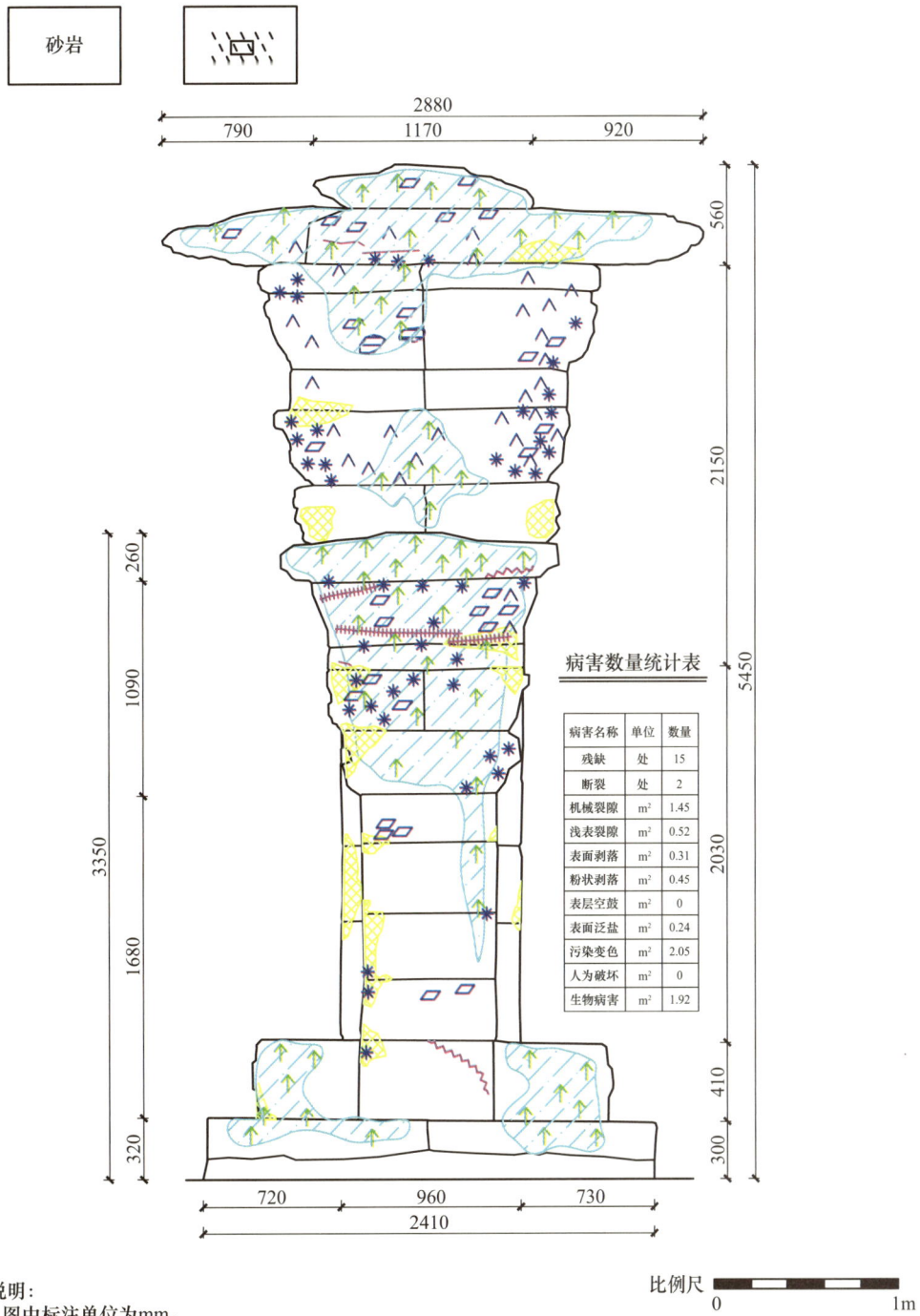

病害数量统计表

病害名称	单位	数量
残缺	处	15
断裂	处	2
机械裂隙	m²	1.45
浅表裂隙	m²	0.52
表面剥落	m²	0.31
粉状剥落	m²	0.45
表层空鼓	m²	0
表面泛盐	m²	0.24
污染变色	m²	2.05
人为破坏	m²	0
生物病害	m²	1.92

说明:
1 图中标注单位为mm。

比例尺

0   1m

图 7-51　南阙南立面病害图（1：25）

砂岩

病害数量统计表

病害名称	单位	数量
残缺	处	15
断裂	处	3
机械裂隙	m²	0.75
浅表裂隙	m²	0.62
表面剥落	m²	0.25
粉状剥落	m²	0.42
表层空鼓	m²	0
表面泛盐	m²	0.44
污染变色	m²	2.97
人为破坏	m²	0.06
生物病害	m²	2.22

说明：
1 图中标注单位为mm。

比例尺
0   1m

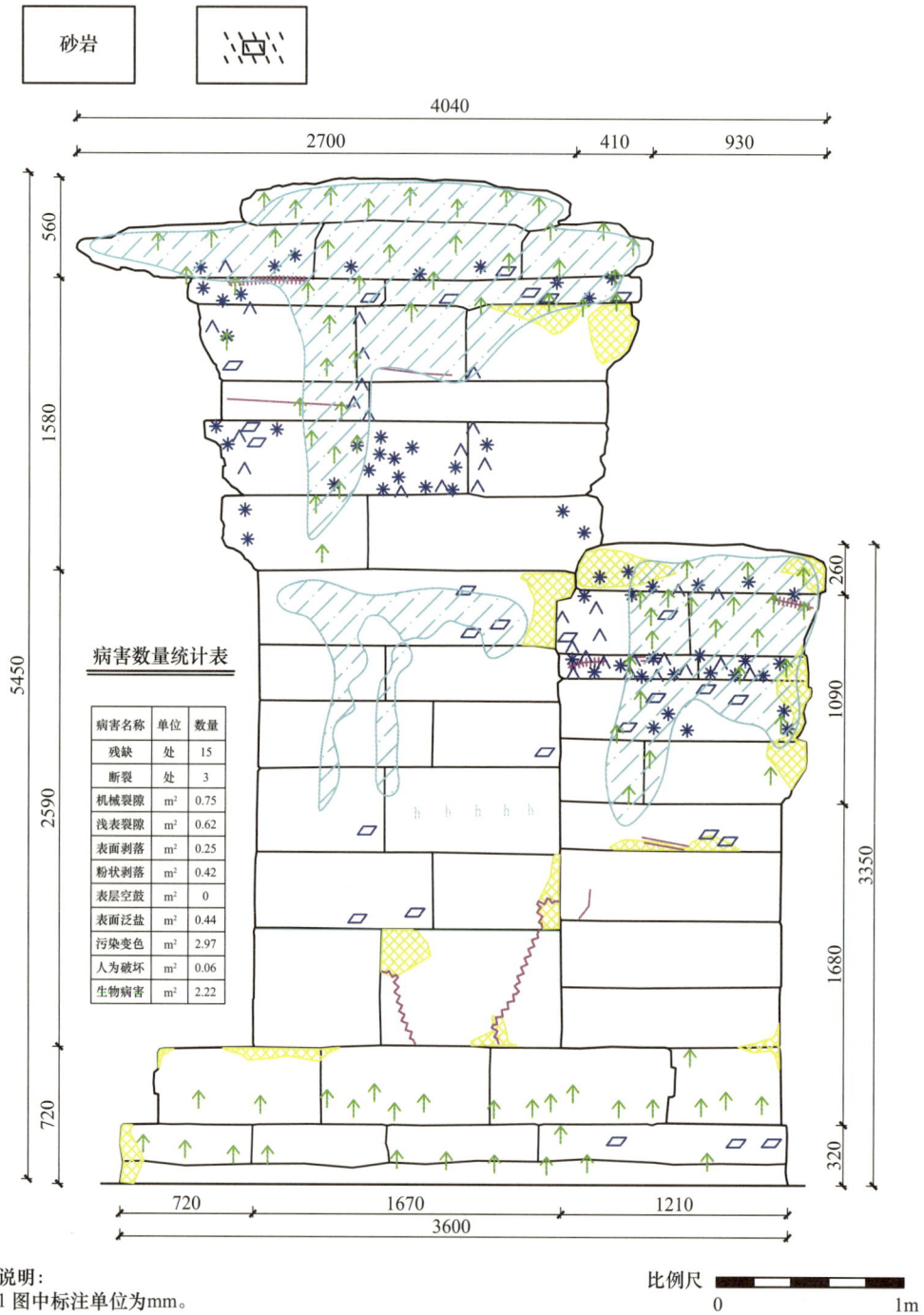

图 7-52　南阙西立面病害图（1∶25）

砂岩

2880
920 1170 790

560

1590

5450

2590

710

病害数量统计表

病害名称	单位	数量
残缺	处	9
断裂	处	5
机械裂隙	m²	0.38
浅表裂隙	m²	0
表面剥落	m²	0.11
粉状剥落	m²	0.17
表层空鼓	m²	0
表面泛盐	m²	0.14
污染变色	m²	1.89
人为破坏	m²	0
生物病害	m²	1.25

730 960 720
2410

说明:
1 图中标注单位为mm。

比例尺
0 1m

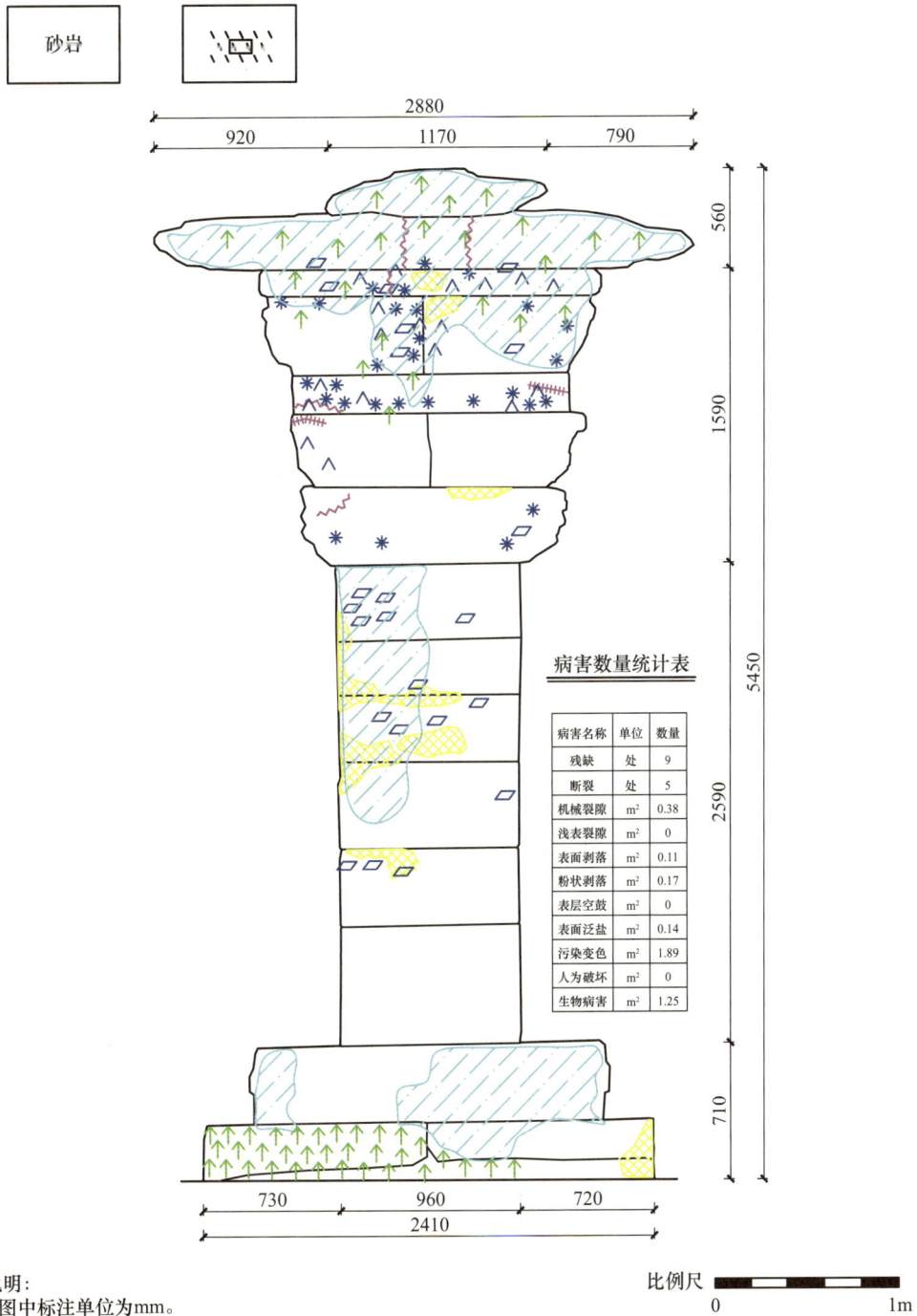

图 7-53 南阙北立面病害图（1∶25）

砂岩

2840
560 1540 740

N

1290

890

4040

1120

1760

4030

690

440

940

940

500 1410 520
2430

病害数量统计表

病害名称	单位	数量
残缺	处	多处
断裂	处	4
机械裂隙	m²	0.39
浅表裂隙	m²	0
表面剥落	m²	0.17
粉状剥落	m²	0
表层空鼓	m²	0
表面泛盐	m²	0
污染变色	m²	7.95
人为破坏	m²	0
生物病害	m²	7.95

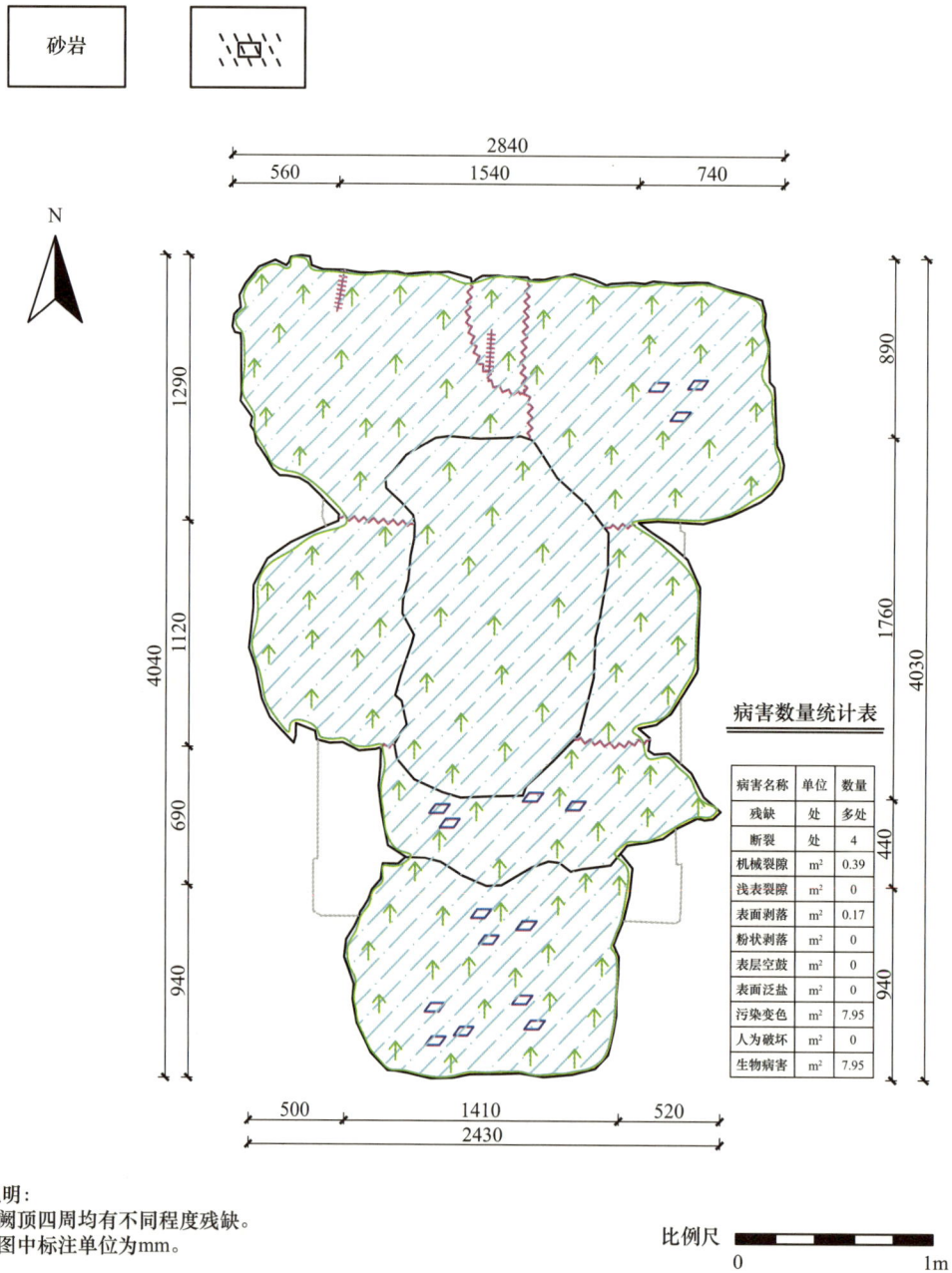

说明:
1 阙顶四周均有不同程度残缺。
2 图中标注单位为mm。

比例尺
0   1m

图 7-54 南阙顶面病害图（1：25）

砂岩

病害数量统计表

病害名称	单位	数量
残缺	处	22
断裂	处	3
机械裂隙	m²	0.55
浅表裂隙	m²	1.62
表面剥落	m²	0.33
粉状剥落	m²	0.31
表层空鼓	m²	0
表面泛盐	m²	0.27
污染变色	m²	4.58
人为破坏	m²	0
生物病害	m²	2.61

说明:
1 图中标注单位为mm。

比例尺
0　　　　1m

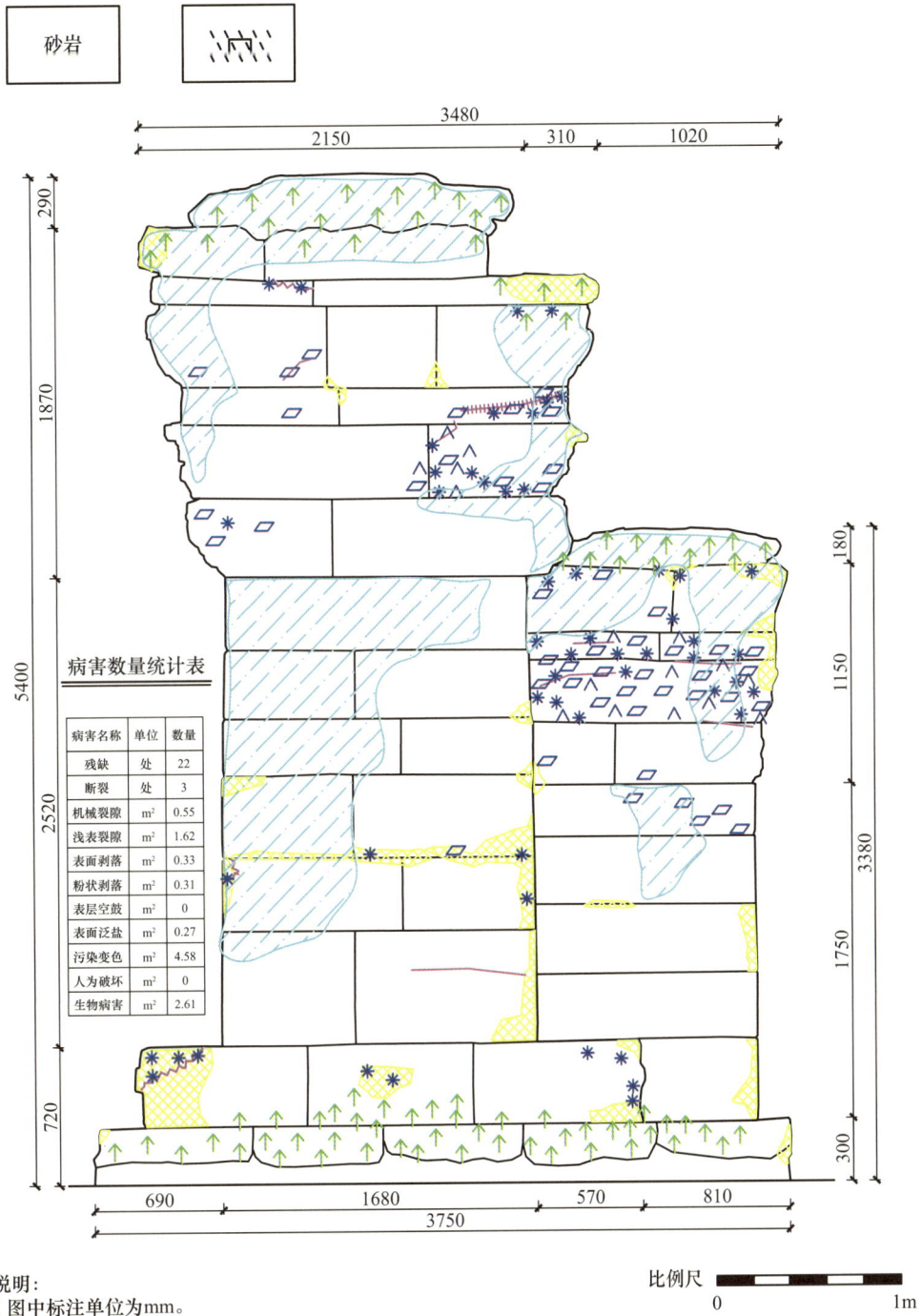

图 7-55　北阙东立面病害图（1∶25）

砂岩

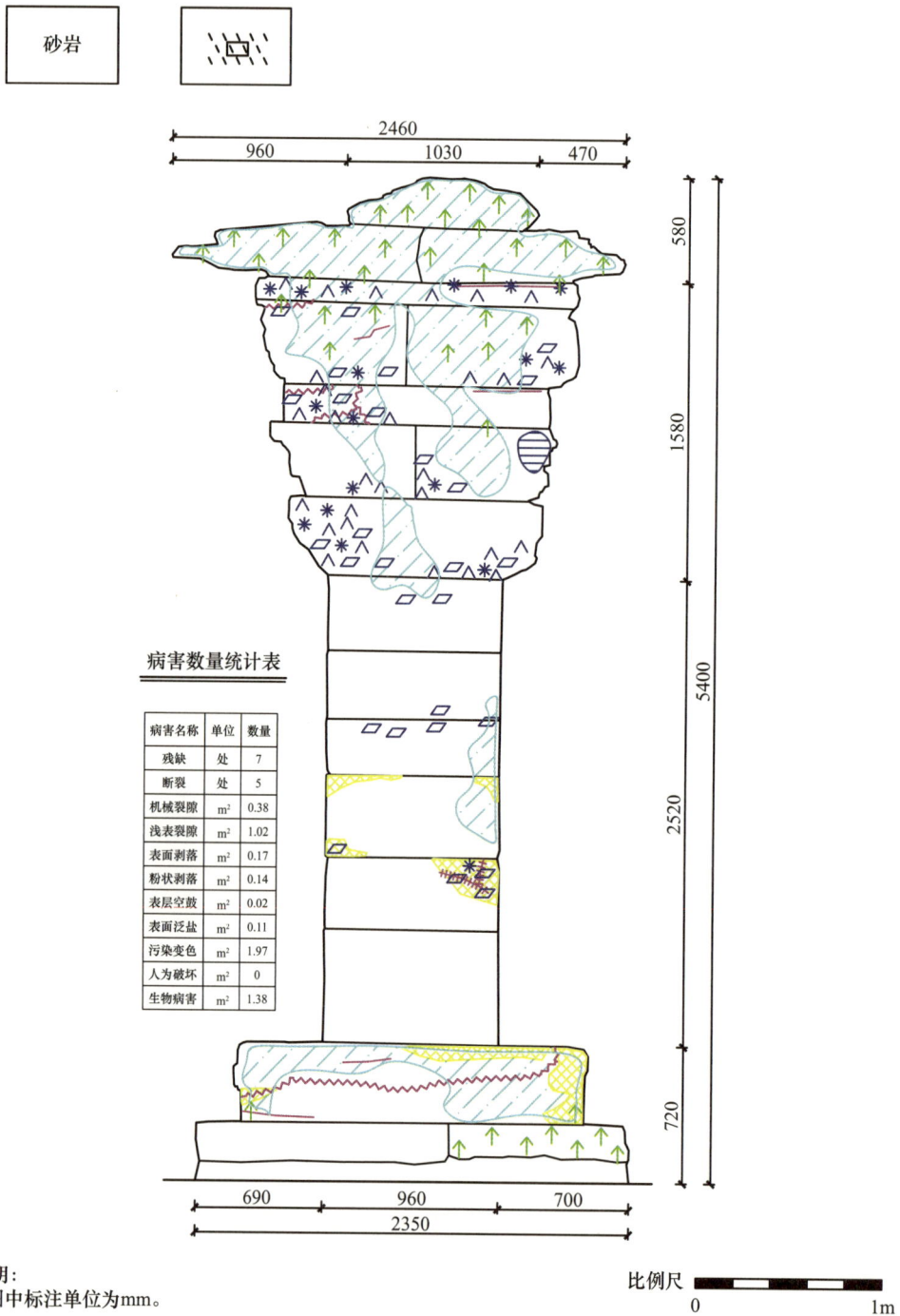

病害数量统计表

病害名称	单位	数量
残缺	处	7
断裂	处	5
机械裂隙	m²	0.38
浅表裂隙	m²	1.02
表面剥落	m²	0.17
粉状剥落	m²	0.14
表层空鼓	m²	0.02
表面泛盐	m²	0.11
污染变色	m²	1.97
人为破坏	m²	0
生物病害	m²	1.38

说明:
1 图中标注单位为mm。

比例尺
0　　　　　1m

图 7-56　北阙南立面病害图（1∶25）

砂岩

3480

1020　310　2150

560

1600

180

1150

3380

5400

2520

1750

病害数量统计表

病害名称	单位	数量
残缺	处	16
断裂	处	4
机械裂隙	m²	0.93
浅表裂隙	m²	1.37
表面剥落	m²	0.45
粉状剥落	m²	0.41
表层空鼓	m²	0
表面泛盐	m²	0.27
污染变色	m²	4.3
人为破坏	m²	0.21
生物病害	m²	2.75

720

300

1380　1680　690

3750

说明:
1 图中标注单位为mm。

比例尺

0　　　　　　　1m

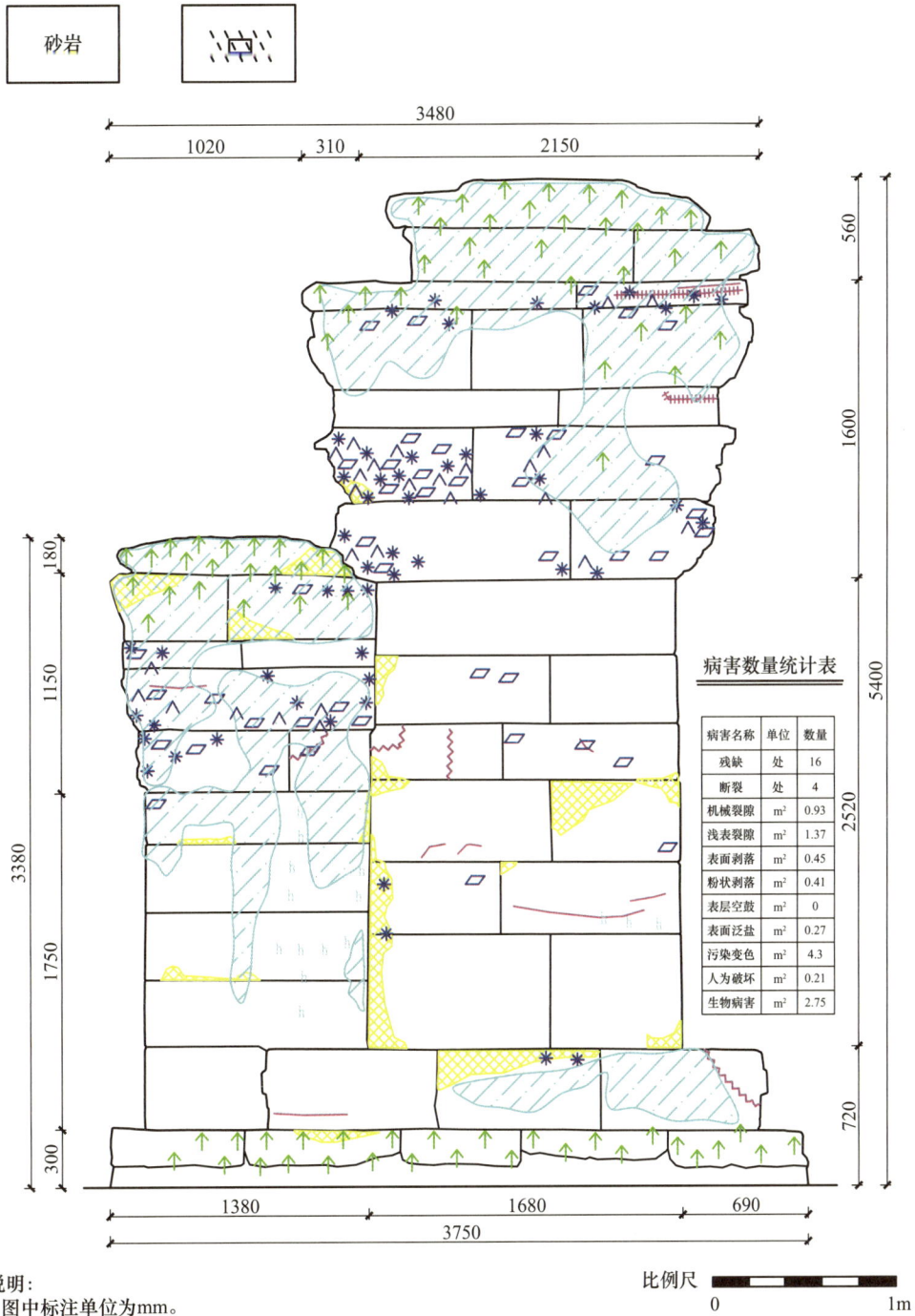

图 7-57　北阙西立面病害图（1 : 25）

砂岩

病害名称	单位	数量
残缺	处	14
断裂	处	2
机械裂隙	m²	1.18
浅表裂隙	m²	1.23
表面剥落	m²	0.17
粉状剥落	m²	0.22
表层空鼓	m²	0
表面泛盐	m²	0.15
污染变色	m²	2.69
人为破坏	m²	0
生物病害	m²	1.54

病害数量统计表

说明：
1 图中标注单位为mm。

比例尺
0　　　　1m

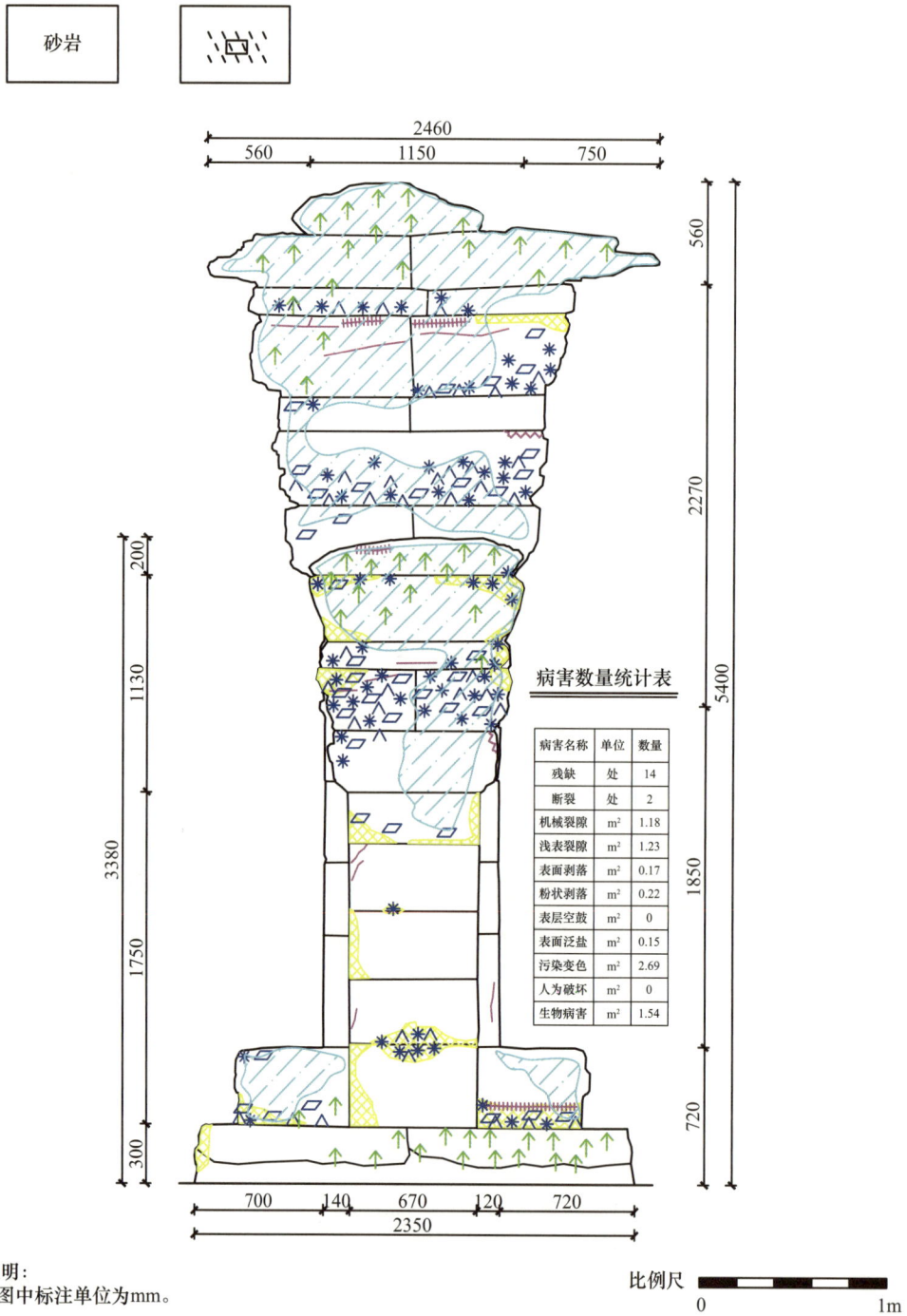

图 7-58　北阙北立面病害图（1∶25）

砂岩

N

1110

1020

310

3480

1390

760

1040

60 310

3480

1760

310

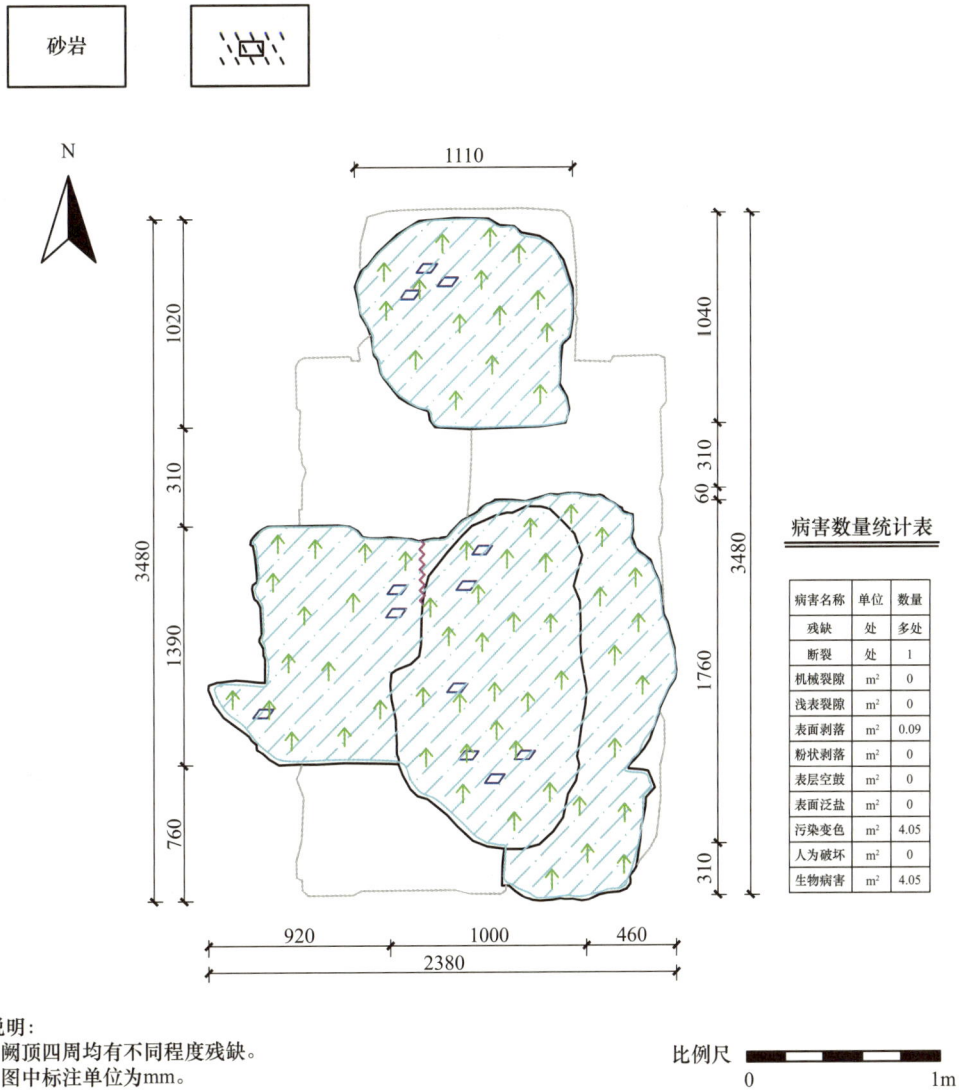

病害数量统计表

病害名称	单位	数量
残缺	处	多处
断裂	处	1
机械裂隙	m²	0
浅表裂隙	m²	0
表面剥落	m²	0.09
粉状剥落	m²	0
表层空鼓	m²	0
表面泛盐	m²	0
污染变色	m²	4.05
人为破坏	m²	0
生物病害	m²	4.05

920 1000 460

2380

说明:
1 阙顶四周均有不同程度残缺。
2 图中标注单位为mm。

比例尺

0   1m

图 7-59 北阙顶面病害图（1:25）

7.3 施工照片与部分构件保护前后对比照片

7.3.1 施工照片

为更加直观表示石阙保护工程施工细节，节选一些重点保护工序施工照片，具体如图7-60～图7-95所示。

图 7-60　剥落块体状况

图 7-61　拼对剥落块体

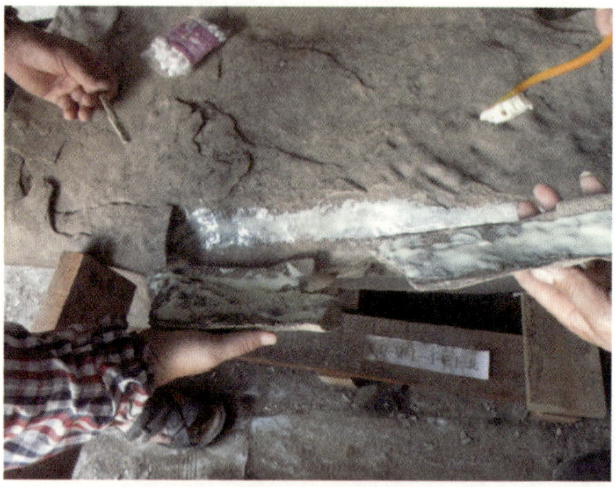

图 7-62　黏接

图 7-63　外力固定

图 7-64　修补裂隙

图 7-65　剥落块体黏接修复后

图 7-66 无雕刻部位蒸汽清洗

图 7-67 脱盐

图 7-68 脱盐纸浆电导率测试

图 7-69 脱盐后蒸馏水清洗

图 7-70 断裂构件接对

图 7-71 确定锚杆位置

图 7-72　锚孔定位

图 7-73　钻锚孔

图 7-74　清洗锚孔

图 7-75　测量锚孔深度

图 7-76　配制植筋胶

图 7-77　植入锚杆

图 7-78　将断裂构件锚固粘接

图 7-79　外力固定

图 7-80　表面修补做旧

图 7-81　清洁空鼓部裂隙

图 7-82　封堵空鼓部裂隙

图 7-83　灌浆加固

图 7-84   表面修复做旧

图 7-85   构件拆卸

图 7-86   构件临时存放

图 7-87   拆除构件间铁质燕尾榫

图 7-88   制作石阙基础

图 7-89   阙基归安

图 7-90　阙身构件归安

图 7-91　构件空隙处填充三合一土

图 7-92　安放木质燕尾榫

图 7-93　构件脱盐

图 7-94　归安后表面修复

图 7-95　取样

7.3.2　部分构件保护前后对比照片

部分构件保护前后对比照片如图 7-96～图 7-129 所示。

图 7-96　NQ-M-L-2-1 东面保护前

图 7-97　NQ-M-L-2-1 东面保护后

图 7-98　NQ-M-L-4-W3 西面保护前

图 7-99　NQ-M-L-4-W3 西面保护后

图 7-100　NQ-M-S-6-1 东面保护前

图 7-101　NQ-M-S-6-1 东面保护后

图 7-102 NQ-M-S-5-1 西面保护前

图 7-103 NQ-M-S-5-1 西面保护后

图 7-104 SQ-M-L-1-1 西面保护前

图 7-105 SQ-M-L-1-1 西面保护后

图 7-106 SQ-M-L-2-E1 北面保护前

图 7-107 SQ-M-L-2-E1 北面保护后

图 7-108   SQ-M-S-1-W2 西面保护前

图 7-109   SQ-M-S-1-W2 西面保护后

图 7-110   SQ-Z-L-2-W1 西面保护前

图 7-111   SQ-Z-L-2-W1 西面保护后

图 7-112   SQ-Z-L-3-2 东面保护前

图 7-113   SQ-Z-L-3-2 东面保护后

图 7-114 北阙东面保护前

图 7-115 北阙东面保护后

图 7-116 北阙南面保护前

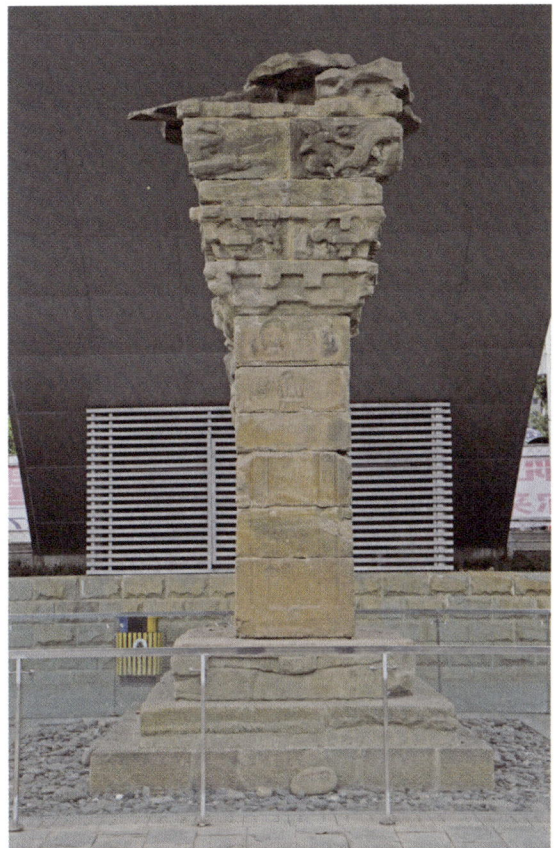

图 7-117 北阙南面保护后

图 7-118 北阙西面保护前

图 7-119 北阙西面保护后

图 7-120 北阙北面保护前

图 7-121 北阙北面保护后

图 7-122 南阙东面保护前

图 7-123 南阙东面保护后

图 7-124 南阙南面保护前

图 7-125 南阙南面保护后

图 7-126   南阙西面保护前

图 7-127   南阙西面保护后

图 7-128   南阙北面保护前

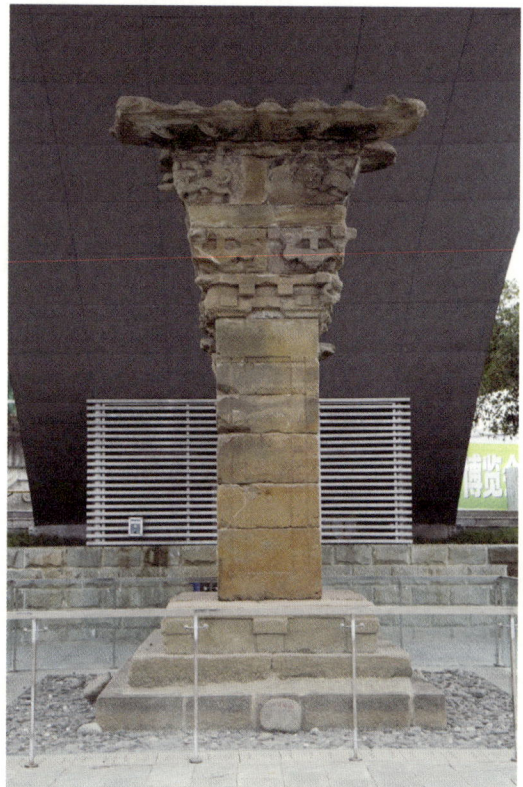

图 7-129   南阙北面保护后

特别说明：由于工作人员在照相时黑白平衡处理失误，石阙保护前的部分照片色彩失真，不能反映石阙本体表面颜色，造成保护前后石阙表面色彩对比变化较大，在此特别说明。

7.4 工程实施管理文件与重要阶段会议纪要

7.4.1 工程实施管理文件

为反映平阳府君阙保护工程审批、实施管理过程，收集该保护工程重要节点相关管理文件，具体如图 7-130～图 7-132 所示。

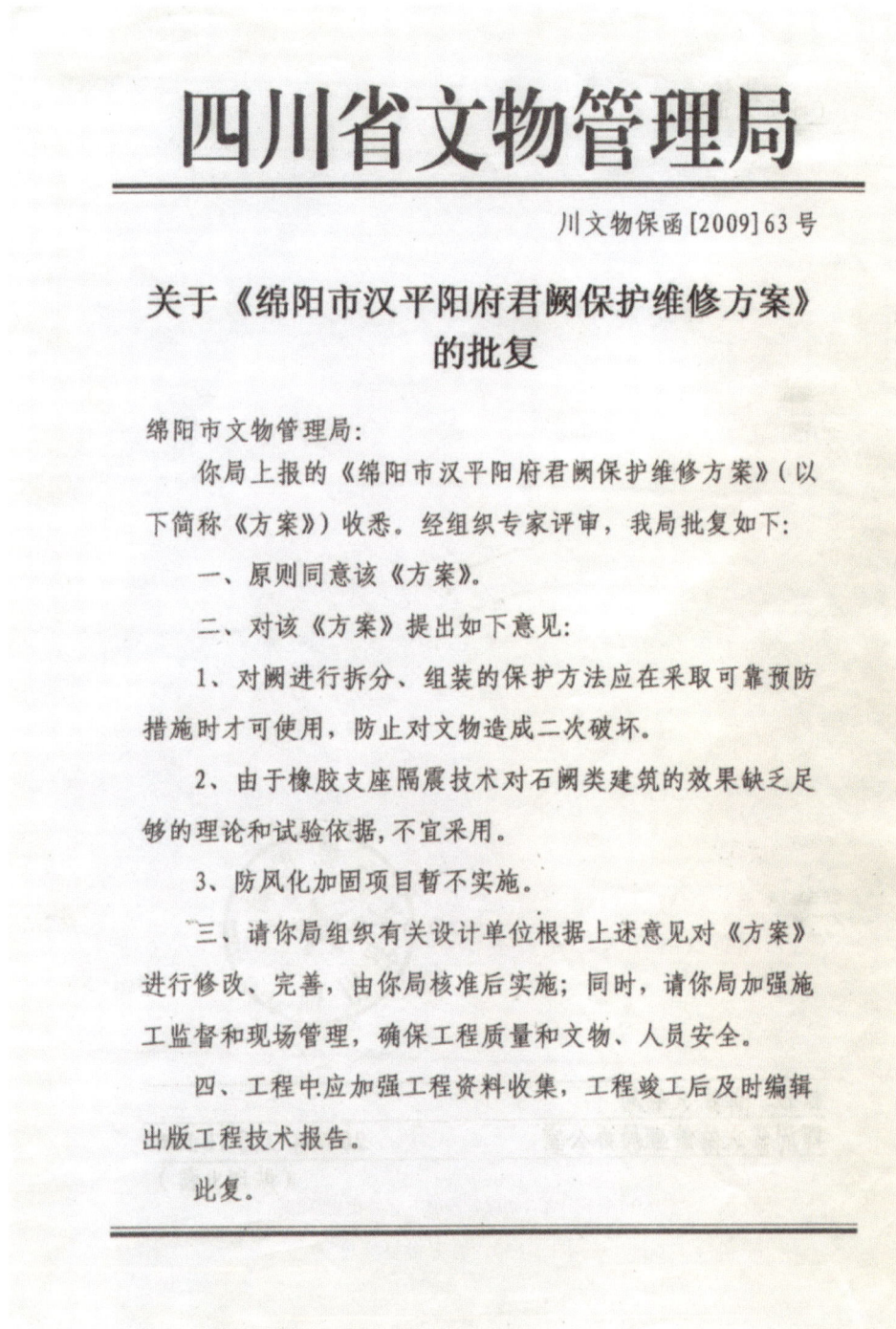

四川省文物管理局

川文物保函 [2009] 63 号

关于《绵阳市汉平阳府君阙保护维修方案》的批复

绵阳市文物管理局：

你局上报的《绵阳市汉平阳府君阙保护维修方案》（以下简称《方案》）收悉。经组织专家评审，我局批复如下：

一、原则同意该《方案》。

二、对该《方案》提出如下意见：

1. 对阙进行拆分、组装的保护方法应在采取可靠预防措施时才可使用，防止对文物造成二次破坏。

2. 由于橡胶支座隔震技术对石阙类建筑的效果缺乏足够的理论和试验依据，不宜采用。

3. 防风化加固项目暂不实施。

三、请你局组织有关设计单位根据上述意见对《方案》进行修改、完善，由你局核准后实施；同时，请你局加强施工监督和现场管理，确保工程质量和文物、人员安全。

四、工程中应加强工程资料收集，工程竣工后及时编辑出版工程技术报告。

此复。

(a)《平阳府君阙保护维修方案》批复第1页

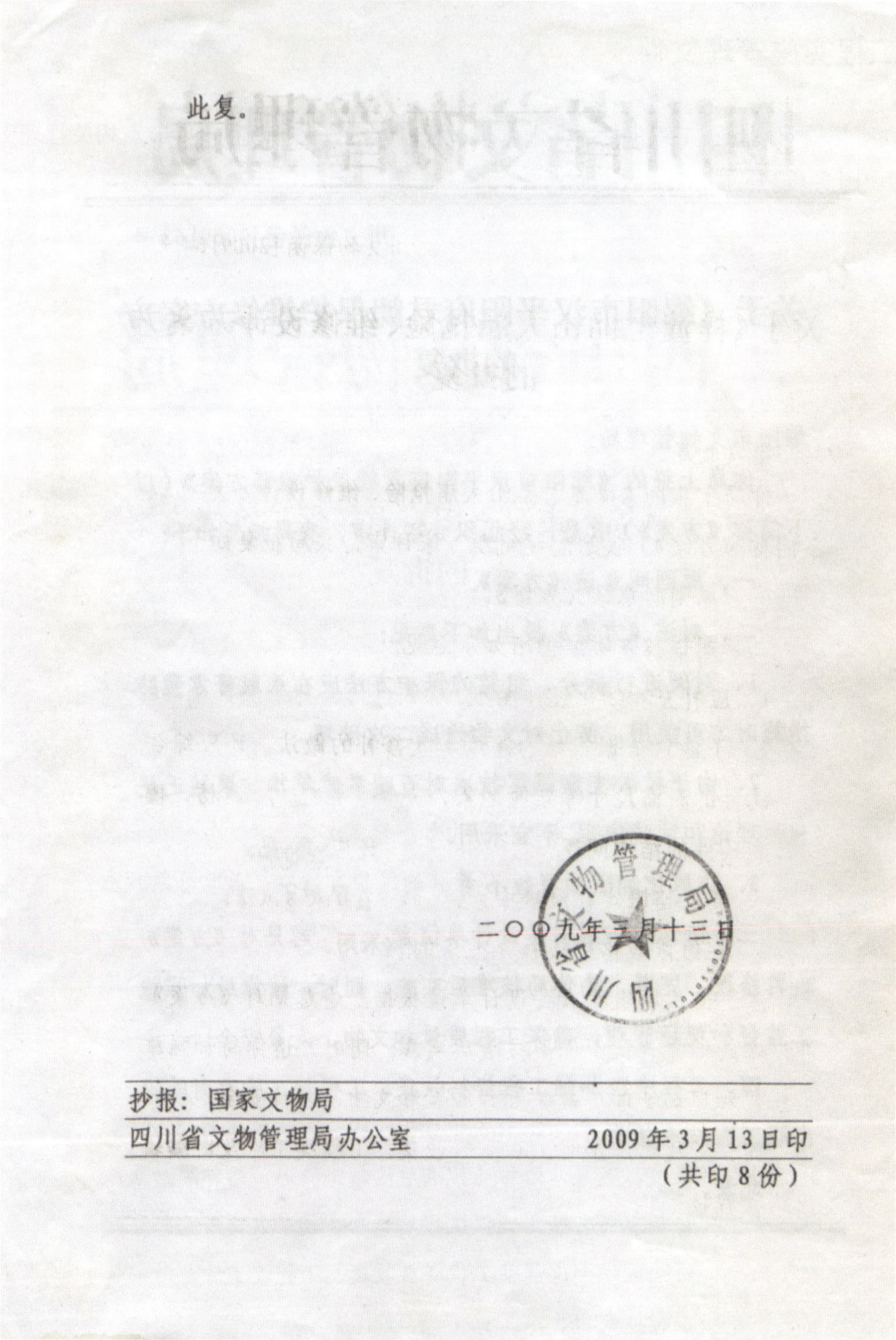

此复.

抄报: 国家文物局

四川省文物管理局办公室　　2009年3月13日印

（共印8份）

(b)《平阳府君阙保护维修方案》批复第2页

图 7-130　方案批复意见

四 川 省 文 物 局

四川省文物局
关于核准《绵阳市汉平阳府君阙保护维修
设计方案》的函

绵阳市文化广电新闻出版局：

你局《关于核准〈绵阳市汉平阳府君阙保护维修方案〉的请
示》（绵文广新〔2015〕20 号）收悉。经研究，我局核准所报由
成都市文物考古工作队编制完善后的方案。在实施过程中，应细
化保护棚顶的防雨隔热设计；完善阙体周围的地下水等防水设
计；取消阙体前方景观墙和文物本体封护加固内容；补充钢结构
的稳定性计算和结构大样图。

此函。

四川省文物局
2015 年 6 月 5 日

图 7-131   方案核准稿批复意见

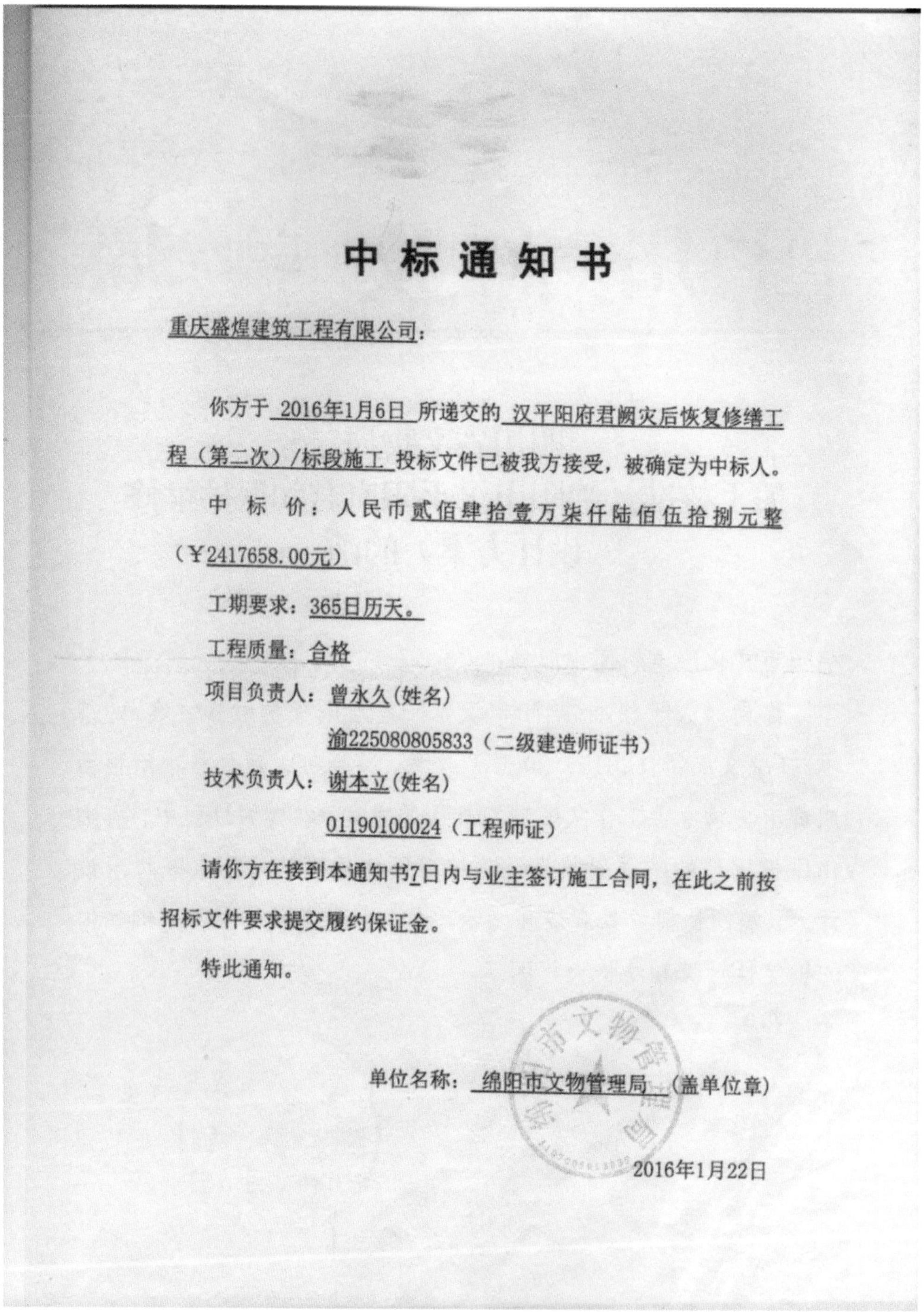

中标通知书

重庆盛煌建筑工程有限公司：

你方于 2016年1月6日 所递交的 汉平阳府君阙灾后恢复修缮工程（第二次）/标段施工 投标文件已被我方接受，被确定为中标人。

中标价：人民币 贰佰肆拾壹万柒仟陆佰伍拾捌元整（￥2417658.00元）

工期要求：365日历天。

工程质量：合格

项目负责人：曾永久(姓名)

　　　　　渝225080805833（二级建造师证书）

技术负责人：谢本立(姓名)

　　　　　01190100024（工程师证）

请你方在接到本通知书7日内与业主签订施工合同，在此之前按招标文件要求提交履约保证金。

特此通知。

单位名称：绵阳市文物管理局 (盖单位章)

2016年1月22日

图 7-132　工程中标通知书

7.4.2　工程实施重要阶段会议纪要

针对工程施工中重要环节与关键工程，工程参与单位召开了专题会议，对施工中存在的技术难题，邀请省内外相关专家到现场指导，确保工程质量。工程实施阶段的重要会议记要如图 7-133～图 7-139 所示。

SG-007附

ZAJD

图 纸 会 审 记 录

一、汉阙本体

1、现场勘查阙体楼部及顶盖部分构件酥粉掉渣严重，无法正常起吊搬运，对酥粉掉渣等构件建议使用硅酸乙酯类加固剂进行预加固，妥否？

答：由于使用硅酸乙酯类保护剂对石阙本体进行预加固的方法存在争议，设计方案最终稿取消硅酸乙酯类预加固。建议采用物理的方法进行预加固、预包装，如垫付软质材料并进行有效的绑扎等。吊装时尽可能避开风化严重部位。

2、阙体构件拆卸采用厚木板和钢丝绳吊装，可能对构件有损，拟采用软质吊带和龙门吊进行拆卸，妥否？

答：原方案原则上吊装时钢丝绳不直接接触文物本体，应对本体进行预包装防护。同意将方案中拆卸采用的钢丝绳更换为软质吊带，这样更能保证文物安全。龙门吊在吊装文物过程中，起降采用手拉葫芦控制，水平移动采用电动控制。

原设计方案6.2 阙体拆分

在拆卸前按照石阙构件的相对位置，作好连接线和安装标记。并对构件石质的性质作认真细致的检查，根据实施情况确定起撬、拆卸的方向及部位，然后在构件下面托上两块16厘米*7厘米的厚木板，将直径1.3厘米的两根钢丝绳附于木板下面。利用5吨的倒葫芦慢上轻下，对于严重风化的石阙构件，采用井字架和木制固定箱，平衡拆卸顺序排列包装、记号。施工过程中密切观察阙体受力情况，确保施工过程不对文物本体造成二次损伤。

3、阙体表面污染物如何清除？如：北阙西立面母阙楼部4层，子阙1层和南阙东立面母阙楼部1层、4层的构件表面残留以前维修污染物（疑似环氧树脂），北阙西立面上人为涂抹的石灰痕迹等。阙体填补有水泥砂浆，是否清除？

答：阙体表面污染物，尽可能使用物理方法去除，如手术刀、小型牙钻、超声波等，必要时可用蒸汽或喷砂清理表面附着物。

关于阙基水泥砂浆问题，据四川省考古院修缮绵阳汉平阳府君阙资料："为了保护阙体免受地下水浸蚀风化的影响，分别在左右阙座的下层作了18厘米和12厘米厚的细石子、防潮材料和水泥的防潮处理。"据此可知，现存阙基下面有一层混凝土防潮层，建议剔除表层水泥砂浆，用修复砂浆作表面处理。

4、石构件缺损补配的具体部位和大样图。

答：石构件缺损部位补配可按照方案6.8的原则进行，具体部位需要在阙体拆分后进行确定。

5、SAE注射砂浆中填料A和填料B是何种物质？

答：据厂商介绍，SAE注射砂浆中填料A为矿物填料，填料B是石英砂粉填料。具体参数见附件1。

6、阙基以下基础部分在阙体拆卸后应进行勘察，视情况处理。

答：同意。

7、阙体归位以2008年5.12地震前的历史照片作为主要参照依据，妥否？

答：阙体归位问题，我们的原则是恢复到有根据的历史状态，因本方案原为震后抢救性方案，因此，以地震前的历史照片作为主要参照依据。

8、由于受勘察条件的限制，设计方案中阙体病害统计可能有出入，在施工脚手架搭设后再进一步调查核实。

答：同意。

施工单位（项目经理）：（签字）	设计单位代表（签字）	监理单位：（监理工程师注册方章）	建设单位代表（签字）

注：本表一式六份，建设单位、设计单位、施工单位、监理单位、监督单位、城建档案馆各一份，记录内容可以加页，附后。

四川省建设厅制

(a) 图纸会审记录第1页

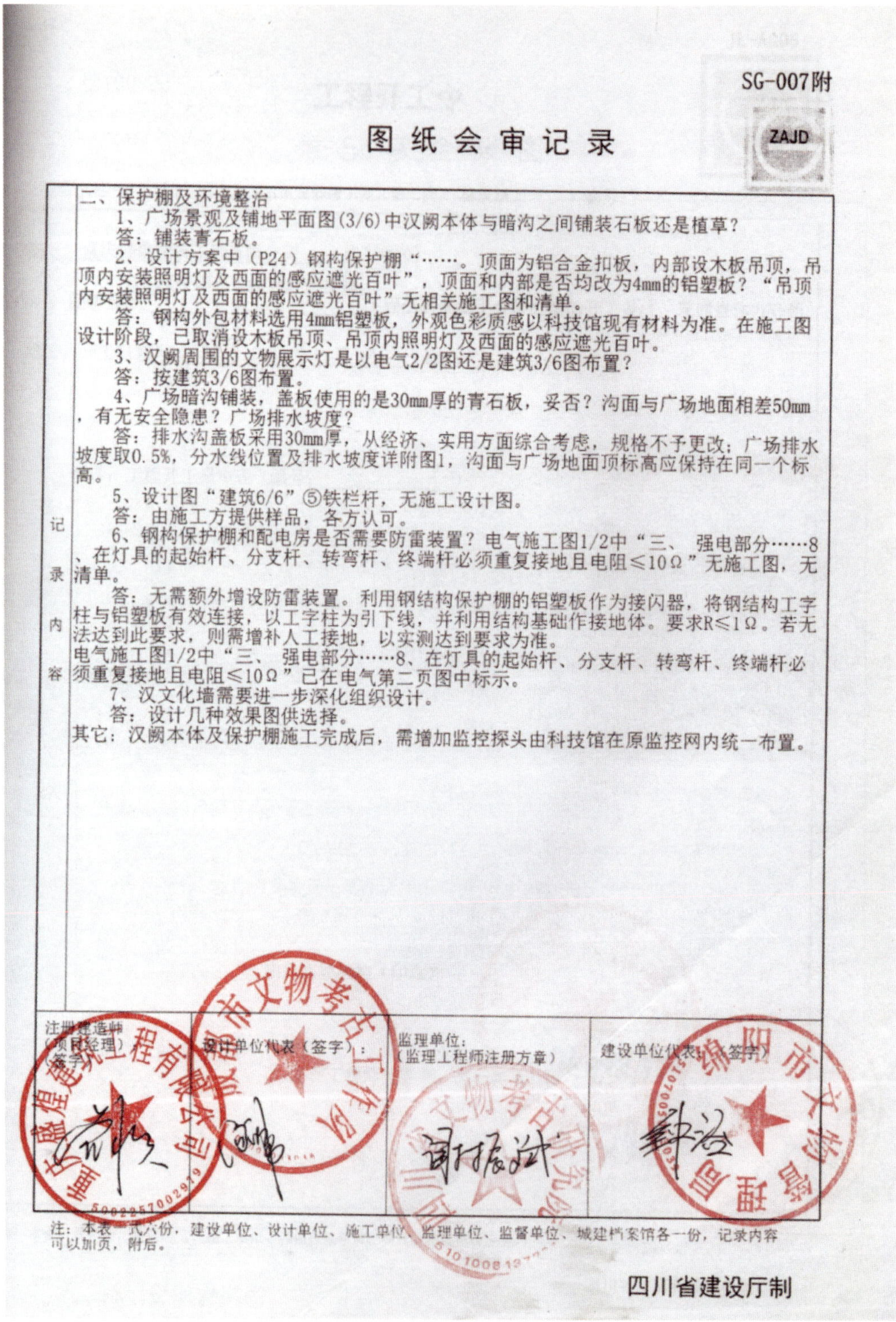

SG-007附

ZAJD

图 纸 会 审 记 录

二、保护棚及环境整治

1、广场景观及铺地平面图(3/6)中汉阙本体与暗沟之间铺装石板还是植草?

答:铺装青石板。

2、设计方案中(P24)钢构保护棚"……。顶面为铝合金扣板,内部设木板吊顶,吊顶内安装照明灯及西面的感应遮光百叶",顶面和内部是否均改为4mm的铝塑板?"吊顶内安装照明灯及西面的感应遮光百叶"无相关施工图和清单。

答:钢构外包材料选用4mm铝塑板,外观色彩质感以科技馆现有材料为准。在施工图设计阶段,已取消设木板吊顶、吊顶内照明灯及西面的感应遮光百叶。

3、汉阙周围的文物展示灯是以电气2/2图还是建筑3/6图布置?

答:按建筑3/6图布置。

4、广场暗沟铺装,盖板使用的是30mm厚的青石板,妥否?沟面与广场地面相差50mm,有无安全隐患?广场排水坡度?

答:排水沟盖板采用30mm厚,从经济、实用方面综合考虑,规格不予更改;广场排水坡度取0.5%,分水线位置及排水坡度详附图1,沟面与广场地面顶标高应保持在同一个标高。

5、设计图"建筑6/6"⑤铁栏杆,无施工设计图。

答:由施工方提供样品,各方认可。

6、钢构保护棚和配电房是否需要防雷装置?电气施工图1/2中"三、强电部分……8、在灯具的起始杆、分支杆、转弯杆、终端杆必须重复接地且电阻≤10Ω"无施工图,无清单。

答:无需额外增设防雷装置。利用钢结构保护棚的铝塑板作为接闪器,将钢结构工字柱与铝塑板有效连接,以工字柱为引下线,并利用结构基础作接地体。要求R≤1Ω。若无法达到此要求,则需增补人工接地,以实测达到要求为准。电气施工图1/2中"三、强电部分……8、在灯具的起始杆、分支杆、转弯杆、终端杆必须重复接地且电阻≤10Ω"已在电气第二页图中标示。

7、汉文化墙需要进一步深化组织设计。

答:设计几种效果图供选择。

其它:汉阙本体及保护棚施工完成后,需增加监控探头由科技馆在原监控网内统一布置。

注册建造师 (项目经理) (签字)	设计单位代表(签字)	监理单位: (监理工程师注册方章)	建设单位代表(签字)

注:本表一式六份,建设单位、设计单位、施工单位、监理单位、监督单位、城建档案馆各一份,记录内容可以加页,附后。

四川省建设厅制

(b) 图纸会审记录第2页

图 7-133   图纸会审记录

施工图审查意见表

（勘 察）专业

报告编号：22451-2017031014   项目编号：51-2017031014

工程项目	汉平阳府君阙灾后恢复修缮工程(补充勘察)	子项名称	/
审查意见	本专业工程概况与基本评价： 　　拟建场地位于绵阳市游仙区绵阳科技馆广场内，拟建建筑为1层，轻钢结构，勘察等级为乙级，拟采用独立基础，共布设勘探钻孔4个，钻探总进尺35.6米，动探2.0米，标贯8次，土样6组。 　　主要地层为素填土、粉质粘土层。勘察期间勘察孔内未揭露地下水。勘探方法适当。 　　勘探点布置、间距、孔深、现场原位测试满足《岩土工程勘察规范》GB50021-2001(2009年版)相关要求。已查明场地工程地质条件。地基基础方案论证合理、建议可行。报告文图简明、清楚，所提岩土物理力学指标建议值适当，对以下存在问题经补充完善后可以作为施工图设计资料。		

勘察设计执行工程建设标准强制性条文及涉及安全、公众利益等方面存在的主要问题：

1、项目负责人缺少对现场的资料进行验收和签字。不满足建设部令115号建设工程勘察质量管理办法第12条。

2、勘察工作依据中宜有岩土工程勘察任务委托书，请核实。

3、未提及的笔误、错漏、矛盾处应自行全面核实调整。

建议：

　　无

审查结论	☑合格	□不合格	违反强制性条文数	0
处理意见	□不修改　☑一般修改	□重大修改　□重新设计	是否复审	否
审查人(签字)	张义　2017年04月03日	审查机构 （签 章）		
审核人(签字)	年 月 日		2017年04月03日

注：1、结构、桥梁、隧道专业应有审查人及审核人签字；其他专业可不签审核人。

　　2、凡违反强制性条文，请在该条前面加"●"作标识。

　　3、在审查结论和处理意见在方形内打"√"，如☑。

第1次审查 共1页 第1页

图 7-134　保护顶棚补充地勘审查意见

施工图审查意见表

（结　构）专业

报告编号：22451-2017040030　　　　　　　　　项目编号：51-2017040030

工程项目	四川省绵阳市汉平阳府君阙灾后恢复修缮项目设计	子项名称	

本专业工程概况与基本评价：

一、工程概况：

本工程为绵阳市文物管理局四川绵阳市汉平阳府君阙灾后恢复修缮项目。涉及结构专业部分为保护文物的遮蔽蓬，采用单层钢桁架结构；平面尺寸为 19.38m×7.20m，屋面为斜坡面，最高点标高为 8.845m；轻钢屋面。工程建于绵阳市游仙区一环路东段。

二、基本评价：

1、本工程为遮蔽蓬，采用单层钢桁架结构；结构安全等级为二级，可行。

2、设计确定：本场地抗震设防烈度为 7 度，抗震设防类别为丙类，设计基本地震加速度值按 0.10g，工程多遇地震的水平地震影响系数最大值为 0.10；结构抗震等级为二级，混凝土结构环境类别为一、二 a 类，耐火等级为二级；主体结构设计使用年限为 50 年，结构嵌固于基础顶面；以上均符合相关规范的规定。

3、本工程地基基础设计等级为丙级，采用钢筋混凝土柱下扩展基础，以粉质粘土层为基础持力层，地基承载力特征值 f_{ak} 不小于 150kPa；可行。

4、结构采用建筑结构软件 PKPM-STS 进行电算，电算结果符合结构计算一般规律，基本可行。

5、抗震构造措施基本满足 GB50011-2010（2016 年版）的要求。

6、本工程施工图设计深度基本满足要求。

勘察设计执行工程建设标准强制性条文及涉及安全、公众利益等方面存在的主要问题：

1、结施 1：（1）结构形式确定为钢框架有误。（2）部分规范已作废，如 GB50016-2006、GB/T1591-94、GB/T5117-1995 等，GB50010-2010、GB50011-2010 也有更新版。（3）第五、5 条根号位置有误。（4）注意防腐漆与防火涂料间的匹配及涂刷组合关系。

审查结论	☑合格　□不合格	是否含绿色建筑是□　否☑	违反强制性条文数	0
处理意见	□不修改　☑一般修改　□重大修改　□重新设计		是否复审	否
审查人(签字)	郑翔宇　2017 年 04 月 13 日	审查机构 (签章)		
审核人(签字)	罗建中　2017 年 04 月 13 日		2017 年 04 月 14 日	

注：1、结构、桥梁、隧道专业应有审查人及审核人签字；其他专业可不签审核人。
　　2、凡违反强制性条文，请在该条前面加"●"作标识。
　　3、在审查结论和处理意见在方形内打"√"，如 ☑。

第 1 次审查　共 2 页　第 1 页

(a) 保护顶棚施工图审查意见表第1页

施工图审查意见表

（结 构）专业

报告编号：22451-2017040030 项目编号：51-2017040030

工程项目	四川省绵阳市汉平阳府君阙宝后恢复修缮项目设计	子项名称	
审查意见	2、结施2：（1）说明中抗震等级与总说明不一致。（2）选用的标准图集《西南03G601》已作废。（3）基底标高低于地下水位，未见基础施工降水要求。（4）按建施图场地有高差，未见挡土设施。 3、结施3：1节点、M24锚栓详图中标高有误。 4、结施4：平面布置中部分4.8m跨采用GL1截面偏小。 5、结施5：中部钢柱长度有误。 6、计算书：计算软件未明确版本号。 7、未提及的笔误、错漏、矛盾处应自行全面核实调整。 ------ **建议：** 无		

审查结论	☑合格 □不合格	是否含绿色建筑是□ 否☑	违反强制性条文数	0
处理意见	□不修改 ☑一般修改 □重大修改 □重新设计		是否复审	否
审查人（签字）	郑朝睿 2017年04月13日	审查机构（签章）		
审核人（签字）	吴建中 2017年04月13日			2017年04月14日

注：1、结构、桥梁、隧道专业应有审查人及审核人签字；其他专业应有签审核人。
2、凡违反强制性条文，请在该条前面加"●"作标识。
3、在审查结论和处理意见在方形内打"√"，如☑。

第1次审查 共2页 第2页

(b) 保护顶棚施工图审查意见表第2页

图 7-135 保护顶棚施工图审查意见

汉平阳府君阙灾后恢复修缮工程专家咨询会

会 议 纪 要

时间：2016 年 5 月 8 日上午：9:00

地点：绵阳博物馆 4 楼会议室

主持人：钟治

参加单位及主要人员：详见会议记录签到表

绵阳博物院钟治介绍参加会议的单位和人员及项目基本情况，与会人员对施工单位制定的汉阙本体修缮专项施工方案进行了认真审查，通过实地察看，听取施工单位汇报，提出修改意见，纪要如下：

1、汉阙本体修缮专项方案按 2016.3.28 图纸会审时监理提出的相关要求进行编制。

（1）"施工组织设计中要有明确项目经理、技术负责人、材料员及本体保护主要施工人员名单，……"；

（2）"吊装分项施工方案应细化，不能直接进行吊装，应先包装，专项方案应包括应急处理方法和临时存放保存措施等"；

（3）"……阙体补配需先确定材质，并对补配材料的性能应进行详细分析检测与论证。"；

(a) 汉阙本体修缮施工方案专家咨询会议纪要第1页

（4）"涉及汉阙本体吊装、清理、预加固必须有专项施工方案，施工材料、工艺、技术措施及保护效果检测仪器与方法应在方案中详细列明，……"。

2、依据《绵阳市汉平阳府君阙保护维修方案设计》（核准稿2015.6）进行编制。

3、龙门吊的技术参数应齐全，满足阙体构件的吊装安全；软质吊带应提供相关技术参数，检测报告和合格证齐全；

4、分项施工方案应进一步细化，补充病害图和必要的施工措施图：吊装前的预保护措施需进一步明确；表面清洁和脱盐处理应有针对性，在图纸标示；断裂构件的锚固进一步明确，铁质燕尾榫更换为木制燕尾榫需提供依据。

5、拆卸过程中做好阙体构件与构件间的现状记录、照相，收集详细的文物资料，作为复原安装时的依据。

6、拆卸过程中，调查构件断裂的原因，并在修缮过程中采用有针对性的措施。

7、应补充安全保护措施方案，施工现场应按规范做好安全措施，确保文物和人员的安全。

8、建议施工方对归安后的阙体进行安全性和稳定性评估。

记 录：庞胜军

(b) 汉阙本体修缮施工方案专家咨询会议纪要第2页

图 7-136 平阳府君阙本体修缮施工方案专家咨询会议纪要

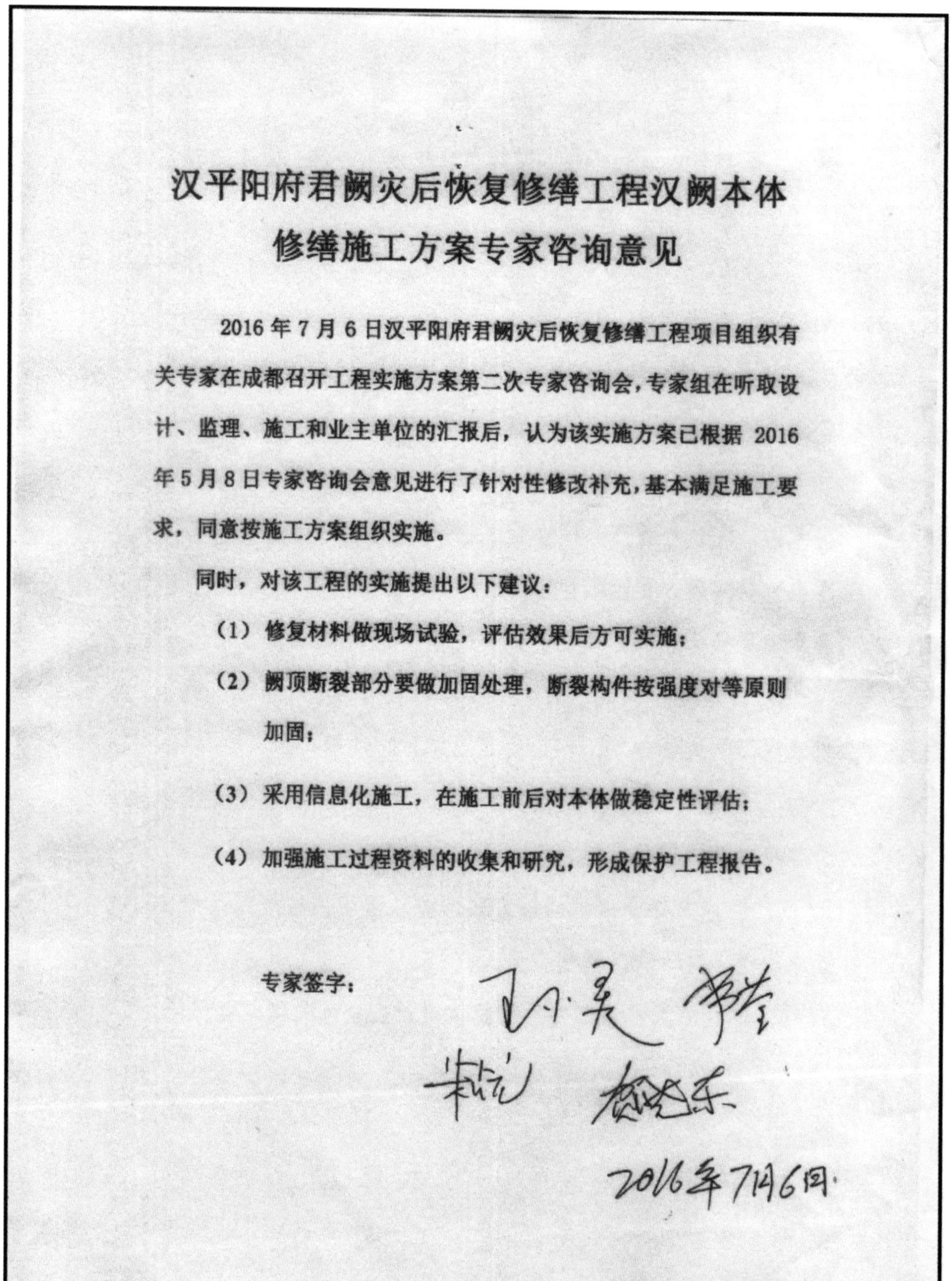

汉平阳府君阙灾后恢复修缮工程汉阙本体
修缮施工方案专家咨询意见

　　2016年7月6日汉平阳府君阙灾后恢复修缮工程项目组织有关专家在成都召开工程实施方案第二次专家咨询会,专家组在听取设计、监理、施工和业主单位的汇报后,认为该实施方案已根据2016年5月8日专家咨询会意见进行了针对性修改补充,基本满足施工要求,同意按施工方案组织实施。

　　同时,对该工程的实施提出以下建议:

　　(1)修复材料做现场试验,评估效果后方可实施;

　　(2)阙顶断裂部分要做加固处理,断裂构件按强度对等原则加固;

　　(3)采用信息化施工,在施工前后对本体做稳定性评估;

　　(4)加强施工过程资料的收集和研究,形成保护工程报告。

　　　　　　专家签字:

　　　　　　　　　　　　　　　　　2016年7月6日

图 7-137　平阳府君阙本体修缮施工方案专家咨询意见

汉平阳府君阙灾后恢复修缮工程专家咨询会

会 议 纪 要

时　间：2016 年 9 月 13 日　　下午：14:00

地　点：绵阳科技馆二楼会议室

主持人：钟　治

参加单位及主要人员：详见会议记录签到表；

　　汉平阳府君阙本体修缮工程已完成阙体拆分，正进行石构件的相关保护工作，对汉阙基础和施工中发现的问题进行商议。会议纪要如下：

　　1、汉阙基础

　　挖开北阙条石基础的西侧和北侧，发现基础底部的卵石层和混凝土层有水流出。为了确定水的来源，对东侧和南侧进一步挖掘。

　　汉阙的每次拆卸都会对汉阙本身造成一定的损害，为了确保本次修缮后汉阙的长期安全稳定性，需对现有汉阙的基础重新评价。业主委托相关检测单位对现有基础进行地基承载力检测和地基沉降观测。基础若承载力达不到要求，按建筑地基基础设计规范重新设计，要求：（1）设计年限为：100 年（四类）；（2）基础防水满足文物本体防水要求。若保留现有基础，则需要解决防水的问题，通过在基础底部灌浆进行加固，同时在基础四周进行

(a) 汉阙基础及本体保护相关问题研究会议纪要第1页

砌筑挡水墙等方式，解决水对基础的影响。

2、作为汉平阳府君阙灾后恢复修缮工程增项，业主委托川农大土木工程学院开展"平阳府君阙灾后恢复修缮工程安全性、稳定性以及阙体砌筑牺牲性填充材料选择评估工作"。

3、对汉阙归安时垫层材料进行筛选，垫层材料的物理指标和力学性能进行相关检测。

4、由于部分石构件表面风化特别严重，建议对无雕刻部位进行试验性的封护加固处理，施工部位由建设、监理与施工方三方共同确认，对有雕刻的部位尽量不进行处理。对有小裂隙的片状剥落部位进行灌浆；对粉状风化严重部位：脱盐彻底后，使用Remmers300 加固剂，适当浓度进行渗透加固。渗透加固施工，需采用合理的施工工艺，确保渗透深度，同时标明处理范围和位置。

5、阙体归安时，按设计方案，使用经防腐防虫处理后的木制燕尾榫进行施工，木制燕尾榫的材质由青杠木改为具有很好耐腐蚀性的柏木，对石构件上破损的燕尾榫口需先进行补缺加固处理。

6、阙体归安后周围采用玻璃护栏，设计方落实式样和范围并出大样图，围栏留门便于后期养护。

记　录：陈　盛

(b) 汉阙基础及本体保护相关问题研究会议纪要第2页

图 7-138　平阳府君阙基础及本体保护相关问题研究会议纪要

地震作用下绵阳平阳府君阙安全稳定性评价项目

专家验收意见

　　2017 年 11 月 25 日，绵阳市博物馆组织专家对地震作用下绵阳平阳府君阙安全稳定性评价项目进行结项验收，专家组听取四川农业大学土木工程学院的专题汇报，经质询讨论，形成意见如下：

　　1、本项目以汉平阳府君阙为研究对象，采用室内试验方法确定了充填垫层材料的最佳配比；采用有限元和 3DEC 离散元方法建立了阙体数值计算模型，以清平水平地震波作为输入地震波荷载，对修复前后的阙体结构地震稳定性进行了评价，结果表明：修复前的阙体结构位移和破坏情况与实际相符，修复后的阙体结构地震稳定性满足规范要求。

　　2、上述研究成果与项目合同内容一致，同意结项验收。

专家签字：

2017 年 11 月 25 日

图 7-139　地震作用下平阳府君阙安全稳定性评价项目专家验收意见

7.5　工程竣工检查与验收

　　平阳府君阙保护工程（项目招标工程名称：平阳府君阙灾后恢复修缮工程第二次）从方案设计到工程实施，都得到了国家文物局、四川省文物局的重视和支持，经常组织专家进行现场检查和指导；绵阳市文物局和绵阳市博物馆也高度重视该工程，针对现场施工中的重点和技术难点，召开了多次专家咨询会，所有这些都保证了工程的顺利竣工。2017年11月25日，绵阳市博物馆组织专家及建设、设计、监理、施工等单位对工程进行了初验收，施工方对初验时专家提出的问题进行了整改，整改完成后，监理方和业主方进行了检验。

　　2019年9月10日，受国家文物局委托，四川省文物局组织专家组赴绵阳对该工程进行了终验。验收组专家、领导到现场检查了保护工程效果，听取了工程汇报，审阅了竣工资料，认为该工程严格遵守了《文物法》规定的"不改变文物原状"的原则，保持了文物建筑的历史风貌，较大限度地保存了历史信息，施工过程中注重工程与研究相结合，试验数据完整、施工技术资料及各类档案较齐全和规范，工程完成了技术方案的各项内容，达到了文物保护的要求，符合按《全国重点文物保护单位文物保护工程竣工验收管理暂行办法》和《四川省文物保护工程竣工验收实施细则》规定的合格标准。相关照片如图7-140～图7-146所示。

图7-140　竣工验收专家现场检查工程效果

图7-141　竣工验收人员现场合影

图 7-142 工程汇报

图 7-143 专家审阅竣工资料

图 7-144 专家质询

汉平阳府君阙灾后恢复修缮工程（第二次）/标段施工初步验收专家意见

2017 年 11 月 25 日，绵阳市博物馆组织专家对汉平阳府君阙灾后恢复修缮工程（第二次）/标段施工项目进行了初步验收，专家组对现场实地勘察，查看竣工资料，听取业主、施工、设计、监理单位的专题汇报，经质询讨论，形成意见如下：

1、本工程按照设计方案和招投标文件实施，保护修复成果满足设计要求，达到抢救保护的目的；

2、现场试验科学规范，为工程实施提供了技术支撑，符合验收规范；

同意通过初验。

建议：

补充和优化竣工验收的相关文字和图片资料，为编写工程报告做好充分准备。

专家签字：

2017 年 11 月 25 日

图 7-145   工程初验专家意见

四川省文物局文件

川文物保函（2019）154 号

四川省文物局
关于平阳府君阙灾后恢复修缮工程
竣工验收的意见

绵阳市文物局：

你局关于《申请对绵阳汉平阳府君阙灾后恢复修缮工程（第二次）/标段施工项目竣工验收的请示》（绵文物（2019）2 号）收悉。按照《全国重点文物保护单位文物保护工程竣工验收管理暂行办法》《四川省文物保护工程竣工验收实施细则》的有关规定，我局组织专家组对该工程进行了竣工验收。验收意见如下：

一、该维修工程遵守了《文物法》规定的"不改变文物原状"的原则，保持了文物建筑的历史风貌，较大限度地保存了历史信息，完成了技术方案的各项内容，达到了文物保护的要求，符合

(a) 验收报告第1页

《全国重点文物保护单位文物保护工程竣工验收管理暂行办法》《四川省文物保护工程竣工验收实施细则》规定的合格标准，我局同意该工程验收合格。

二、对该工程提出以下整改完善要求：

（一）应对保护棚漏水问题进行整改。

（二）应补充榫卯更换的依据，并对更换的榫卯的材质、强度、含水率等作出说明。

（三）应进一步补充完善竣工资料。

三、请你局督促施工单位按照上述意见抓紧整改完善，整改情况经你局复核合格后，于7个工作日内将整改资料（含电子文档）报我局备案。

四、请你局切实加强管理，做好文物的日常养护工作，及时发现和排除隐患，确保文物安全。

四川省文物局
2019 年 10 月 9 日

抄报：国家文物局

四川省文物局综合处　　　　　　　　　　2019 年 10 月 9 日印

- 2 -

(b) 验收报告第2页

图 7-146　工程验收意见

7.6　工程大事记

- 2016 年 1 月 6 日，平阳府君阙灾后恢复修缮工程（第二次）公开招标，重庆盛煌建筑工程有限公司为中标人。
- 2016 年 3 月 28 日，施工图会审。
- 2016 年 5 月 8 日，平阳府君阙本体保护施工方案专家咨询。
- 2016 年 7 月 6 日，绵阳市文物局组织专家对平阳府君阙本体保护施工方案（修改稿）进行专家咨询。
- 2016 年 7 月 16 日～8 月 1 日，开展南阙拆卸前预加固和南阙拆卸工程；2016 年 8 月 2 日～10 月 15 日，开展南阙室内本体保护修复工程。
- 2016 年 8 月 31 日，绵阳市领导到现场视察平阳府君阙保护工作。
- 2016 年 7 月 22 日～8 月 26 日，开展北阙拆卸前预加固和北阙拆卸工程；2016 年 8 月 28 日～10 月 20 日，开展北阙室内本体保护修复工程。
- 2016 年 9 月 16 日，北京大学孙华教授到现场考察平阳府君阙保护工作。
- 2016 年 10 月 27 日，四川省文物局副局长濮新调研平阳府君阙保护工作。
- 2016 年 9 月 19 日～12 月 9 日，开展平阳府君阙基础处理工程。
- 2017 年 1 月 12 日～3 月 3 日，开展平阳府君阙归安工程。
- 2017 年 3 月 8 日～5 月 3 日，开展保护棚地基土方开挖、地基承载力检测等工作；2017 年 5 月 7 日～6 月 6 日，开展保护棚基础施工及土方回填。
- 2017 年 5 月 24 日～7 月 27 日，开展保护棚施工工程。
- 2017 年 7 月 11 日～9 月 3 日，开展平阳府君阙广场地面铺设、排水沟及局部环境整治工作。
- 2017 年 8 月 19 日～9 月 6 日，开展电气监控设备安装。
- 2017 年 9 月 7 日～10 月 30 日，开展木隔栅与护栏制安及汉文化墙安装等工程。
- 2017 年 11 月 17 日，绵阳市副市长一行到现场视察平阳府君阙保护工程。
- 2017 年 11 月 25 日，工程初验。
- 2019 年 9 月 10 日，工程终验。

工程大事相关照片如图 7-147～图 7-155 所示。

图 7-147　绵阳市副市长一行到现场视察平阳府君阙保护工作

图 7-148　北大孙华教授现场考察平阳府君阙保护工作

图 7-149　四川省文物局副局长濮新一行考察
平阳府君阙保护情况

图 7-150　图纸会审

图 7-151　专家现场指导

图 7-152 现场讨论平阳府君阙地基处理

图 7-153 保护棚施工前讨论

图 7-154 监理与施工技术人员现场讨论临时加固措施

图 7-155 工地例会

7.7 附 录

7.7.1 主要施工材料及地基承载力分析检测报告

工程实施过程中，请有资质的第三方对平阳府君阙地基承载力和主要施工材料进行检测，详见附件 1～附件 9。

第 1 页，共 4 页

QB020302

地基承载力试验检测报告（动力触探法）

试验室名称：绵阳市川正建设工程试验检测有限公司　　　报告编号：MYCZ-BG-2016-DJJ-0004

委托单位：重庆睿程建筑工程有限公司	委托编号：MYCZ-WT-2016-00418
工程名称：……阙灾后恢复修缮工程（第二次）标段施工	样品编号：MYCZ-YP-2016-DJJ-0006
工程部位/用途：汉平阳府君阙基础外围基槽（2.7m以下）北阙	试验依据：TB 10018-2003
样品描述：表面平整、湿润	判定依据：/

主要仪器设备及编号：轻型触探仪SL01

土类型	黏土	动力触探类型	轻型	测点地层高程(m)		测点示意图
项目/数据	实测数据					
测点编号	1#	1#	/	/	/	
探杆长度(m)	1	1	/	/	/	
贯入深度(cm)	30	60	/	/	/	
有效击数(次)	14	30	/	/	/	
基本承载力(kPa)	<100	220	/	/	/	
极限承载力(kPa)	/	/	/	/	/	

设计承载力(kPa)	/	基本承载力(kPa)	/	极限承载力(kPa)	/

检测结论：/

备注：试验日期：2016年09月26日

试验：　　审核：　　签发：　　日期：2016年 09月

(a) 测试点1地基承载力试验报告

第 2 页，共 4 页

QB020302

地基承载力试验检测报告（动力触探法）

试验室名称：绵阳市川正建设工程试验检测有限公司　　　报告编号：MYCZ-BG-2016-DJJ-0004

委托单位：重庆睿程建筑工程有限公司	委托编号：MYCZ-WT-2016-00418
工程名称：……阙灾后恢复修缮工程（第二次）标段施工	样品编号：MYCZ-YP-2016-DJJ-0006
工程部位/用途：汉平阳府君阙基础外围基槽（2.7m以下）北阙	试验依据：TB 10018-2003
样品描述：表面平整、湿润	判定依据：/

主要仪器设备及编号：轻型触探仪SL01

土类型	黏土	动力触探类型	轻型	测点地层高程(m)	/	测点示意图
项目/数据	实测数据					
测点编号	2#	2#	/	/	/	
探杆长度(m)	1	1	/	/	/	
贯入深度(cm)	30	60	/	/	/	
有效击数(次)	20	47	/	/	/	
基本承载力(kPa)	140	356	/	/	/	
极限承载力(kPa)	/	/	/	/	/	

设计承载力(kPa)	/	基本承载力(kPa)	/	极限承载力(kPa)	/

检测结论：/

备注：试验日期：2016年09月26日

试验：　　审核：　　签发：　　日期：2016年 09月

(b) 测试点2地基承载力试验报告

第 3 页，共 4 页

QB020302

地基承载力试验检测报告（动力触探法）

报告编号： MYCZ-BG-2016-DJJ-0004

试验室名称： 绵阳广鑫正建设工程试验检测有限公司											
委托单位： 重庆盛博建筑工程有限公司						委托编号		MYCZ-WT-2016-00418			
工程名称： 汉平阳府君阙灾后恢复修缮工程（第二次）标段施工						样品编号		MYCZ-YP-2016-DJJ-0006			
工程部位/用途： 汉平阳府君阙基础外围基槽（2.7m以下）北阙						试验依据		TB 10018-2003			
样品描述： 表面平整、湿润						判定依据		/			
主要仪器设备及编号： 轻型触探仪SL01											

土类型		黏土		动力触探类型	轻型		测点地层高程(m)			/	测点示意图
项目/数据				实 测 数 据							
测点编号	3#	3#	/	/	/	/	/	/	/	/	/	
探杆长度(m)	1	1	/	/	/	/	/	/	/	/	/	
贯入深度(cm)	30	60	/	/	/	/	/	/	/	/	/	
有效击数(次)	18	45	/	/	/	/	/	/	/	/	/	
基本承载力(kPa)	124	340										
极限承载力(kPa)												
设计承载力(kPa)		/	基本承载力（kPa）		/	极限承载力（kPa）		/				

检测结论： /

备 注： 试验日期：2016年09月26日

试验 审核 签发 日期 2016年 09月

(c) 测试点3地基承载力试验报告

第 4 页，共 4 页

QB020302

地基承载力试验检测报告（动力触探法）

报告编号： MYCZ-BG-2016-DJJ-0004

试验室名称： 绵阳广鑫正建设工程试验检测有限公司											
委托单位： 重庆盛博建筑工程有限公司						委托编号		MYCZ-WT-2016-00418			
工程名称： 汉平阳府君阙灾后恢复修缮工程（第二次）标段施工						样品编号		MYCZ-YP-2016-DJJ-0006			
工程部位/用途： 汉平阳府君阙基础外围基槽（2.7m以下）北阙						试验依据		TB 10018-2003			
样品描述： 表面平整、湿润						判定依据		/			
主要仪器设备及编号： 轻型触探仪SL01											

土类型		黏土		动力触探类型	轻型		测点地层高程(m)			/	测点示意图
项目/数据				实 测 数 据							
测点编号	4#	4#	/	/	/	/	/	/	/	/	/	
探杆长度(m)	1	1	/	/	/	/	/	/	/	/	/	
贯入深度(cm)	30	60	/	/	/	/	/	/	/	/	/	
有效击数(次)	22	49	/	/	/	/	/	/	/	/	/	
基本承载力(kPa)	156	372										
极限承载力(kPa)												
设计承载力(kPa)		/	基本承载力（kPa）		/	极限承载力（kPa）		/				

检测结论： /

备 注： 试验日期：2016年09月26日

试验 审核 签发 日期 2016年 09月

(d) 测试点4地基承载力试验报告

附件1 地基承载力试验检测报告

第 1 页 共 1 页
JB011001

金属拉伸弯曲试验检测报告

试验室名称：	四川振通公路工程检测咨询有限公司		报告编号：	1602299-01-01
施工/委托单位	重庆盛煌建筑工程有限公司	委托/任务编号		1602299
工程名称	绵阳市汉平阳府君阙灾后恢复修缮项目	样品编号		1602299-01
工程部位	汉阙基础	试验依据		GB/T 228.1-2010 GB/T 232-2010
样品描述	表面无锈蚀	判定依据		GB 1499.2-2007
主要仪器设备	微机控制电子万能试验机　自编号：19-19；数显万能材料试验机　自编号：10-1			
取样日期	2016-11-27	取样地点		/
生产厂家	四川省射洪川中建材有限公司	炉号		160221-6
牌号	HRB400E	代表数量		/
合同号				

金属拉伸弯曲试验结果

	试件编号	YP-2016-2299-01		/		/		技术要求
	试件名称	热轧带肋钢筋		/		/		
	强度等级代码或牌号	HRB400E		/		/		HRB400E
拉伸试验	单根编号	1	2	1	2	1	2	***
	公称直径	14.0	14.0	/	/	/	/	***
	下屈服强度R_{eL}（MPa）	455	465	/	/	/	/	≥400
	抗拉强度R_m（MPa）	590	605	/	/	/	/	≥540
	断后伸长率A（%）	26	25	/	/	/	/	≥16
冷弯试验	单根编号	1	2	1	2	1	2	***
	结果	完好	完好	/	/	/	/	完好
反复弯曲试验	单根编号	1	2	1	2	1	2	***
	结果	/	/	/	/	/	/	
结论	经检测，该样品下屈服强度、抗拉强度、断后伸长率、冷弯指标符合GB 1499.2-2007中规定的HRB400E强度等级技术要求。							
备注								

试验：　　　　校核：吴仕巧　　审批：汪顶攀　　日期：2016年12月14日（专用章）

说明：1.非我单位见证取样，试验结果仅对来样负责；2.如对本报告有异议，请在15日内反馈。本报告复印无效。　　　单位地址：绵阳市涪城区青龙大道59号（西南科技大学土木与建筑学院）　电话：0816-2422279；网址：http://www.sczhentong.com

附件2　平阳府君阙基础钢筋检测报告

第 1 页 共 1 页
JB011001

金属拉伸弯曲试验检测报告

试验室名称： 四川振通公路工程检测咨询有限公司 　　　报告编号：1700453-02-01

施工/委托单位	重庆学德建筑工程有限公司	委托/任务编号	1700453
工程名称	汉平阳府君阙灾后恢复修缮工程（第二次）标段施工	样品编号	1700453-02
工程部位	汉阙保护棚基础	试验依据	GB/T 228.1-2010 GB/T 232-2010
样品描述	表面无锈蚀	判定依据	GB 1499.2-2007
主要仪器设备	数显万能材料试验机　自编号:10-1		
取样日期	2017-04-21	取样地点	施工现场
生产厂家	陕西龙门钢铁（集团）有限责任公司	炉号	/
牌号	HRB400E	代表数量	/
合同号	/		

金属拉伸弯曲试验结果

	试件编号	YP-2017-0453-02		/		/		技术要求
	试件名称	热轧带肋钢筋		/		/		
	强度等级代码或牌号	HRB400E		/		/		HRB400E
拉伸试验	单根编号	1	2	1	2	1	2	***
	公称直径	22.0	22.0	/	/	/	/	***
	下屈服强度 R_{eL}（MPa）	460	455	/	/	/	/	≥400
	抗拉强度 R_m（MPa）	610	610	/	/	/	/	≥540
	断后伸长率 A（%）	22	21	/	/	/	/	≥16
冷弯试验	单根编号	1	2	1	2	1	2	***
	结果	完好	完好	/	/	/	/	完好
反复弯曲试验	单根编号	1	2	1	2	1	2	***
	结果							
结论	经检测，该样品下屈服强度、抗拉强度、断后伸长率、冷弯指标符合GB 1499.2-2007中规定的HRB400E强度等级技术要求。							
备注	监理：陈盛。							

试验： 　　　复核： 吴仕巧　　　审核：　　　日期：2017年04月25日

附件3　保护顶棚基础钢筋检测报告

编号:MYJC/M/KY2017-07688

绵阳市建设工程质量检测中心
地址：绵阳市沈家坝街22号　邮编：621000
电话：0816-2960639　网址：www.myjczx.com

混凝土立方体试件抗压强度检测报告

CMA 2014230244R

四川省建设工程质量检测专用章
川建（检）字第030号
有效期至:2019年12月18日

见证取样检测
绵阳市建设工程质量检测中心

委托单位	重庆盛煌建筑工程有限公司		委托编号	MYJC/2017-04195
工程名称	汉平阳府君阙灾后恢复修缮工程（第二次）标段施工		委托日期	2017年6月5日
检测性质	委托检测		送样人	郁林
来样方式	有见证送样		见证人	陈盛
监理单位	四川省文物考古研究院			
检测日期	2017年6月5日		报告日期	2017年6月6日
依据标准	《普通混凝土力学性能试验方法》（GB/T 50081-2002）			

检 测 结 果

成型日期	使用部位（原编号）	设计强度等级	龄期（天）	试件尺寸	破坏荷载(kN)	抗压强度(MPa) 单块值	抗压强度(MPa) 代表值
2017-04-24	基础垫层	C15	42	100mm×100mm×100mm	270.5	25.7	25.7
					270.7	25.7	
					270.2	25.7	
	——	——	——	——	——	——	——
	——	——	——	——	——	——	——
	——	——	——	——	——	——	——
	——	——	——	——	——	——	——
	——	——	——	——	——	——	——
	——	——	——	——	——	——	——
备 注	同条件养护	——					
声 明	检测报告未加盖"CMA章"和"检测资质专用章"无效。						

审批：　　　　　校核：　　　　主检：

第 1 页 共 1

编号：MYJC/M/KS2017-00026

绵阳市建设工程质量检测中心
地址：绵阳市沈家坝街22号　邮编：621000
电话：0816-2960699　网址：www.myjczx.com

CMA
2014230243

混凝土抗渗性能检测报告

委托单位	重庆盛煌建筑工程有限公司	委托编号	MYJC/2017-00442
工程名称	绵阳市汉平阳府君阙灾后恢复修缮项目	委托日期	2017年1月12日
检测性质	委托检测	送样人	卜保眼
来样方式	有见证送样	见证人	陈盛
监理单位	四川省文物考古研究院		
工程部位	汉阙基础	抗渗等级	P8
成型日期	2016年12月15日	强度等级	C30
试验方法	逐级加压法	龄　期	29天
检测日期	2017年1月13日～16日	报告日期	2017年1月17日
依据标准	《普通混凝土长期性能和耐久性能试验方法标准》（GB/T50082-2009）		

检测结果

加压时间			水压(MPa)	透水情况					
月	日	时		1#	2#	3#	4#	5#	6#
1	13	15:00～23:00	0.1	未渗透	未渗透	未渗透	未渗透	未渗透	未渗透
1	13	23:00～7:00	0.2	未渗透	未渗透	未渗透	未渗透	未渗透	未渗透
1	14	7:00～15:00	0.3	未渗透	未渗透	未渗透	未渗透	未渗透	未渗透
1	14	15:00～23:00	0.4	未渗透	未渗透	未渗透	未渗透	未渗透	未渗透
1	14	23:00～7:00	0.5	未渗透	未渗透	未渗透	未渗透	未渗透	未渗透
1	15	7:00～15:00	0.6	未渗透	未渗透	未渗透	未渗透	未渗透	未渗透
1	15	15:00～23:00	0.7	未渗透	未渗透	未渗透	未渗透	未渗透	未渗透
1	15	23:00～7:00	0.8	未渗透	未渗透	未渗透	未渗透	未渗透	未渗透
1	16	7:00～15:00	0.9	未渗透	未渗透	未渗透	未渗透	未渗透	未渗透
		——		——	——	——	——	——	——
		——		——	——	——	——	——	——
		——		——	——	——	——	——	——
		——		——	——	——	——	——	——
		——		——	——	——	——	——	——
		——		——	——	——	——	——	——

结　论	依据《普通混凝土长期性能和耐久性能试验方法标准》（GB/T50082-2009）标准检测，该样品达到设计抗渗等级P8要求。
备　注	——
声　明	检测报告未加盖"CMA章"和"检测资质专用章"无效。

审批：赵伟　　校核：谭四章　　主检：郡彦
第 1 页 共 1 页

附件5　平阳府君阙基础C30抗渗强度检测报告

编号:MYJC/M/KY2017-00724

绵阳市建设工程质量检测中心
地址:绵阳市沈家坝街22号　邮编:621000
电话:0816-2960639　网址:www.myjcsx.com

混凝土立方体试件抗压强度检测报告

委托单位	重庆盛煌建筑工程有限公司	委托编号	MYJC/2017-00442
工程名称	绵阳市汉平阳府君阙灾后恢复修缮项目	委托日期	2017年1月12日
检测性质	委托检测	送样人	卜保粮
来样方式	有见证送样	见证人	陈盛
监理单位	四川省文物考古研究院		
检测日期	2017年1月12日	报告日期	2017年1月13日
依据标准	《普通混凝土力学性能试验方法》(GB/T 50081-2002)		

检 测 结 果

成型日期	使用部位(原编号)	设计强度等级	龄期(天)	试件尺寸	破坏荷载(kN)	抗压强度(MPa)单块值	代表值
2016-12-15	汉阙基础	C30	28	100mm×100mm×100mm	395.5	37.6	37.9
					373.6	35.5	
					428.4	40.7	
——	——	——	——	——	——	——	——
——	——	——	——	——	——	——	——
——	——	——	——	——	——	——	——
备注	标准养护	——					
声明	检测报告未加盖"CMA章"和"检测资质专用章"无效。						

审批:赵伟　　校核:　　主检:　　第 1 页 共 1

附件6　平阳府君阙基础C30抗压强度检测报告

编号:MYJC/M/KY2017-07689

绵阳市建设工程质量检测中心
地址:绵阳市沈家坝街22号 邮编:621000
电话:0816-2960689 网址:www.myjczx.com

混凝土立方体试件抗压强度检测报告

2014230244R

委托单位	重庆盛煌建筑工程有限公司	委托编号	MYJC/2017-04195
工程名称	汉平阳府君阙灾后恢复修缮工程(第二次)标段施工	委托日期	2017年6月5日
检测性质	委托检测	送样人	郁林
来样方式	有见证送样	见证人	陈盛
监理单位	四川省文物考古研究院		
检测日期	2017年6月5日	报告日期	2017年6月6日
依据标准	《普通混凝土力学性能试验方法》(GB/T 50081-2002)		

检 测 结 果

成型日期	使用部位(原编号)	设计强度等级	龄期(天)	试件尺寸	破坏荷载(kN)	抗压强度(MPa) 单块值	代表值
2017-05-08	独立基础、矩形柱、地梁	C30	28	100mm×100mm×100mm	408.0	38.8	37.7
					406.1	38.6	
					376.6	35.8	
——	——	——	——	——	——	——	——
					——	——	
					——	——	
——	——	——	——	——	——	——	——
					——	——	
					——	——	
——	——	——	——	——	——	——	——
					——	——	
					——	——	
——	——	——	——	——	——	——	——
					——	——	
					——	——	

备 注	同条件养护	——
声 明	检测报告未加盖"CMA章"和"检测资质专用章"无效。	

审批: 校核: 主检:

第 1 页 共 1

附件7 保护棚基础C30抗压强度检测报告

JB011001

金属拉伸弯曲试验检测报告

试验室名称：四川振通公路工程检测咨询有限公司　　　　　报告编号：1601575-02-01

施工/委托单位	重庆盛煌建筑工程有限公司	委托/任务编号	1601575
工程名称	汉平阳府君阙灾后恢复修缮工程（第二次）标段施工	样品编号	1601575-02
工程部位	阙体石构件锚固	试验依据	GB/T 228.1-2010
样品描述	表面无锈蚀（刻有螺纹）	判定依据	/
主要仪器设备	微机控制电子万能试验机　自编号：19-19		
取样日期	2016-09-09	取样地点	/
生产厂家	兴化市利祥不锈钢制品制造厂	炉号	/
钢种	304	代表数量	/
合同号	/		

金属拉伸弯曲试验结果						
试件编号	YP-2016-1575-02		/		技术要求
试件名称	不锈钢锚杆		/		
钢种	304		/		/
拉伸试验	单根编号	1	2	/	/	/	/
	公称直径（mm）	16	16	/	/	/	/
	下屈服力F_{eL}（kN）	/	/	/	/	/	/
	最大力F_m（kN）	141170	140040	/	/	/	/
	断后伸长率A（%）	/	/	/	/	/	/
冷弯试验	单根编号						
	结果						
反复弯曲试验	单根编号						
	结果						
结论	该样品仅提供测试数据，不作符合性判定。						
备注	/					监理签字

试验：　　　　校核：吴　　　　审批：　　　　日期：2016 年 09 月 12 日（专用章）

说明：1. 非我单位见证取样，试验结果仅对来样负责。2. 如对本报告有异议，请在15日内反馈，本报告涂改、复印、无章无效。

单位地址：绵阳市涪城区青龙大道59号（西南科技大学土木与建筑学院）电话：0816-2422279。网址：http://www.sczhentong.com

附件 8　螺纹锚杆拉伸性能检测报告

编号: MYJC/M/XY2017-00140

绵阳市建设工程质量检测中心
地址: 绵阳市沈家坝街22号　邮编: 621000
电话: 0816-2960639　网址: www.myjczx.com

型钢原材力学性能检测报告

MA
2014230244R

川建(检)字 第030号
有效期至: 2019年12月18日

见证取样检测
绵阳市建设工程质量检测中心

委托单位	重庆盛煌建筑工程有限公司		委托编号	MYJC/2017-04195	
工程名称	汉平阳府君阙灾后恢复修缮工程（第二次）标段施工		委托日期	2017年6月5日	
检测性质	委托检测		送样人	郁林	
来样方式	有见证送样		见证人	陈盛	
监理单位	四川省文物考古研究院				
钢筋种类	碳素结构钢		检测日期	2017年6月5日	
依据标准	《碳素结构钢》GB/T700-2006		报告日期	2017年6月6日	

型钢种类		方管 Q235 B		----	----	----
试件尺寸(mm)		4×20		----	----	----
生产厂家		陕西盛发钢管有限公司		----	----	----
进场数量				----	----	----
工程部位		汉阙保护棚		----	----	----
试件编号		1	2	3	4	
屈服强度(MPa)	标准值	≥235	≥235			
	实测值	280	----			
抗拉强度(MPa)	标准值	370~500	370~500			
	实测值	405				
伸长率(%)	标准值	≥26	≥26			
	实测值	30.5				
弯曲试验	弯芯直径(mm)	a	a			
	弯曲角度	180度	180度			
	弯曲结果	无裂纹				
结 论	该样品所检参数符合《碳素结构钢》GB/T700-2006要求。					
备 注	----					
声 明	检测报告未加盖"CMA章"和"检测资质专用章"无效。					

审批:　　　　校核:　　　　主检:

第 1 页 共 1 页

附件 9　保护棚型钢原材检测报告

7.7.2   平阳府君阙保护棚施工设计图纸

为记录平阳府君阙保护棚隐蔽工程细节，收录保护棚施工设计图，详见附件10～附件16。

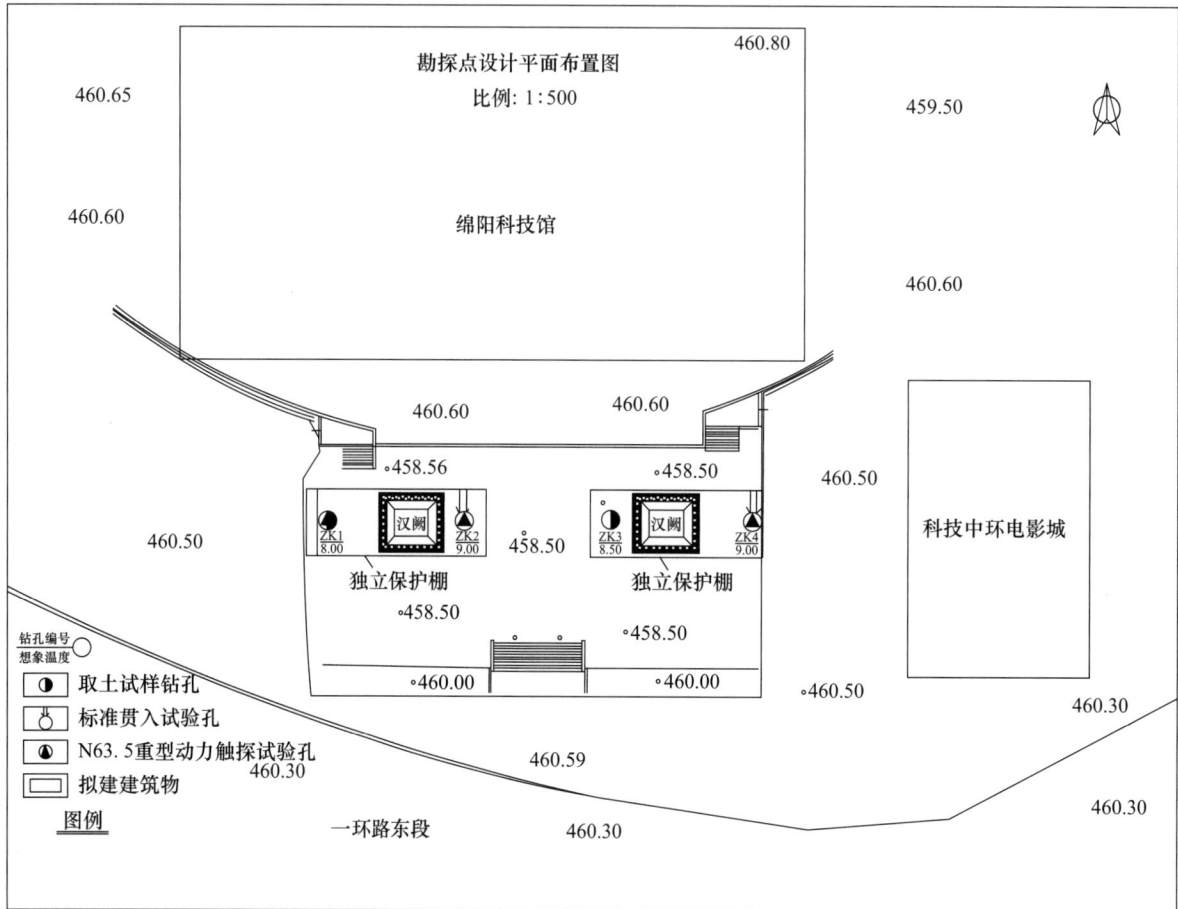

附件10   平阳府君阙地勘钻孔平面布置示意图

后 记

汉代石阙是我国现存时代最早的地面建筑遗存，四川是我国保存汉代石阙数量最多的地区，在我国汉阙研究中占有重要地位。绵阳汉平阳府君阙不论是构造形制与题材内容还是雕刻艺术与文化内涵都极具代表性，对秦汉时期建筑形制、雕刻艺术、本土文化特质、陵墓的形制与布局等方面的研究都有极其重要的价值。然而，绵阳汉平阳府君阙历经两千余年的自然营力与近代大气污染的双重作用，石构件风化病害比较严重，阙身和阙顶上的画像雕刻以及造像龛都存在不同程度的粉化、剥落、酥碱泛盐、裂隙、空鼓、残缺、污染变色、生物侵蚀、人为破坏等病害，特别是2008年"5·12"汶川特大地震给阙体的稳定性及石构件造成极大影响，其保存状况十分堪忧。各级领导对平阳府君阙的修缮保护高度重视，地震后，国家文物局和四川省文物局多次派专家到现场指导保护方案设计与工程实施；北京大学考古文博学院孙华教授、四川省文物局副局长濮新和四川省文物考古研究院院长唐飞研究馆员多次提出保护意见，并亲临现场指导工作；施工期间，绵阳市文化广播电视和旅游局领导也多次到现场督察保护工作，绵阳市委、市政府领导的大力支持为保护工程的有序推进提供了充分保障。

绵阳汉平阳府君阙灾后恢复修缮项目经过多轮方案论证、修改完善，该工程于2016年2月正式施工。由于保护工程较为复杂、涉及学科多，在施工过程中始终坚持动态化施工管理的保护理念，针对施工中遇到的问题与技术难点，业主、施工、设计、监理共同进行分析、研究、讨论，并组织相关专家进行咨询和论证，选择最佳保护措施，使整个工程取得满意效果。工程实施期间，方案设计单位成都文物考古研究院相关技术人员鼎力支持，保障工程顺利实施；现场取样与试验得到施工单位重庆盛煌建筑工程有限公司的大力支持；四川省文物考古研究院文保中心与绵阳市博物馆的同仁们为绵阳汉平阳府君阙保护工程的实施做了大量工作，为工程顺利完成付出辛勤劳动；文物保护专家马家郁研究馆员、韦荃研究馆员对此次保护工程与报告编写给予了大量的帮助和赐教；岩样分析得到了四川大学考古文博学院罗雁冰教授的大力帮助。特别值得一提的是，受绵阳市博物馆委托，四川农业大学朱占元教授团队在地震对绵阳汉平阳府君阙影响分析、阙体修复后的地震稳定性评价等方面做出卓有成效的研究，其成果为充填垫层材料与保护措施的选择提供了科学支撑；报告编写期间，四川大学考古文博学院董华锋教授帮助查找相关资料，在读博士研究生马伯垚为阙身新发现造像提供详细资料；西南民族大学姚雪博士为本书整理图片资料并绘制病害图。在此一并表示衷心的感谢！

本书的出版，不仅为绵阳汉平阳府君阙的研究与保护积累了大量的基础资料，而且该工程运行管理为保护技术难大、工程管理体系复杂的文物保护工程提供了可借鉴经验。因绵阳汉平阳府君阙保护工程涉及多个学科，加之，编者学识有限，书中遗漏与错识之处，请各位学者批评指正。

本书共7章，参与编写人员如下：

第1章：钟治、谢振斌；

第2章：谢振斌、钟治；

第3章：钟治、潘文军；

第4章：谢振斌、潘文军；

第5章：钟治、谢振斌；

第 6 章：谢振斌、潘文军；

第 7 章：钟治、赵凡、谢振斌。

绘图：杨文成、姚雪

照相：杨伟

拓片：戴堂才、陈传中

编　者

2023 年 8 月

图版 1

平阳府君阙

图版 2

1. 20 世纪 80 年代初摄（西—东）

2. 1914 年摄，引自《中国西部考古记》（西—东）

3. 1940 年摄，引自《梁思成西南建筑图说（手稿本）》（西—东）

平阳府君阙

1. 20 世纪 90 年代初（西—东）

2. "5·12" 地震前（西—东）

平阳府君阙

图版 4

1. 北阙（西面）

2. 南阙（西面）

阙体维修后

1. 铺首（东面）

2. 金刚力士

3. 扛杆人物·兽图

4. 持剑侧卧人图

5. 人物·奔兽图

6. 妇人启门图

画像雕刻

1. 虎图

2. 双虎咬噬图

3. 雄狮捕兽图

4. 师旷抚琴图

5. 白虎图

6. 饕餮图（西面）

画像雕刻

1. 交龙图

2. 仙人翼马图

3. 朱雀图

4. 第 1 号龛

5. 第 2～4 号龛

画像雕刻与北阙造像龛

1. 第 5 号龛

2. 第 9 号龛

北阙造像龛

1. 第 10 号龛

2. 第 12 号龛

北阙造像龛

1. 第 13 号龛

2. 第 15 号龛外题记

北阙造像龛与题记

1. 第 17 号龛及题记

2. 第 19 号龛

北阙造像龛

1. 第 22 号龛

2. 第 23、24 号龛

北阙造像龛

1. 第 25 号龛

2. 第 26 号龛

北阙造像龛

1. 第 44 号龛

2. 第 50 号龛

北阙造像龛

1. 第 27 号龛

2. 第 28、29 号龛

南阙造像龛

1. 第 30 号龛

2. 第 31 号龛

南阙造像龛

1. 第 32 号龛

2. 第 33 号龛

南阙造像龛

1. 第 34 号龛

2. 第 35 号龛

南阙造像龛

1. 第 36 号龛及题记

2. 第 37 号龛

南阙造像龛

1. 第 38 号龛

2. 第 39 号龛

3. 第 40 号龛

南阙造像龛